Ernst Piper / Bettina Raab · 90 Jahre Piper

SERIE PIPER
Band 1990

Zu diesem Buch

Der Piper Verlag feiert 1994 sein 90jähriges Bestehen. Reinhard Piper ließ ihn am 19. Mai 1904 in das Münchner Handelsregister eintragen, und seitdem hat er zahllosen Büchern zum Leben und zum Erfolg verholfen. Der Gründer vermochte es, seiner Firma in kurzer Zeit einen Platz unter den Verlagshäusern zu sichern, die durch ihre Aktivität und ihr persönliches Profil zu wesentlichen Faktoren im kulturellen Leben Deutschlands der Jahrhundertwende wurden. Die Chronik nun will Rückschau halten auf beinahe ein Jahrhundert imponierender verlegerischer Arbeit.

Ernst Piper, geboren 1952 in München, wo er auch lebt. Promotion als Historiker 1981.
Bettina Raab, geboren 1967 in München. Studium der Kunstgeschichte an der Universität München.

Ernst Piper / Bettina Raab

90 Jahre Piper

Die Geschichte des Verlages von
der Gründung bis heute

Mit 74 Abbildungen

Piper
München Zürich

Der Verlag dankt der Druckerei Clausen & Bosse, Leck, und der Firma Gebr. Czech & Partner, München, für die Hilfe und Sorgfalt bei der Herstellung dieses Buches.

ISBN 3-492-11990-5
Originalausgabe
April 1994

Umschlag: Federico Luci
Gesamtherstellung: Clausen & Bosse, Leck
Printed in Germany

Inhalt

Lesen bedeutet doppelt leben

Dies ist die dokumentarische Geschichte eines deutschen Verlags in den neun Jahrzehnten seines bisherigen Bestehens. Es ist eine »Geschichte«, die zeigt, zu welchen Folgen der Entschluß eines 25jährigen jungen Menschen – Reinhard Piper – geführt hat, die Bücher zu seiner Lebensaufgabe zu machen, Verleger zu werden. Schon als Schüler war Reinhard Piper ein leidenschaftlicher Leser. Aber er wollte nicht nur das lesen, was schon gedruckt war, sondern als »Büchermacher« selbst für die Verbreitung neuer Ideen, neuer geistiger Strömungen tätig werden. Auch die zweite und dritte Generation in der Nachfolge des Verlagsgründers ist von dem Bestreben geleitet, die Werke schreibender Persönlichkeiten möglichst vielen Menschen zu erschließen. Das Nichtfestgelegtsein im Speziellen, die engagierte Beteiligung an den literarisch-künstlerischen und, in den fünf letzten Jahrzehnten, auch an den wissenschaftlichen und an den gesellschaftlich-politischen Tendenzen der Zeit hat das Programm des Piper Verlags bis heute geprägt.

Was heißt: lesen ist doppelt leben? Es heißt, daß der *Leser* seine eigene Lebenserfahrung vervielfältigt. Er überschreitet im Raum der Zeiten, der Länder und Kulturkreise die Grenzen des ihm gegebenen Daseinsausschnitts. Der Leser begegnet Charakteren und Schicksalen in der unendlichen Fülle des Menschlichen. Er wird Zeuge von Siegen und

Niederlagen, Gedanken und Empfindungen von Männern und Frauen, die seinen, des Lesers, Erlebnishorizont – oft überraschend oder auch erschreckend – in buchstäblich »unerhörter« Weise erweitern.

In den Werken der Forscher und Denker prüft der Leser an den Aussagen des Autors seine eigenen Überzeugungen und Fragen. Ob wir uns in ein Werk der dichterischen Gestaltungskraft vertiefen oder in eines, das Strukturen der objektiven Wirklichkeit zu erhellen versucht – wir erleben Lektüre als dynamischen Vorgang. Bücher, auf die es ankommt, dulden uns nicht als nur passiv Konsumierende – sie fordern uns produktiv heraus. Solche Bücher geben neue Richtungen an, sie verändern um ein Stück die Welt.

Dies soll nicht allzu ernsthaft-fordernd erscheinen. Wir leben, wenn wir lesen, auch dann doppelt – oder sogar vielfach, wenn wir uns dem legitimen Genuß hingeben, uns von einer spannenden Geschichte forttragen zu lassen. Das Unterhaltungstalent guter Erzähler will uns verwöhnen! »Unterhaltung« ist Unterhalt, Nahrungsspende. Deshalb ist auch die tragische Kulmination, die uns in einem großen Roman erschüttert und reinigt, im höheren Sinn »unterhaltend«.

Wir lieben die Autoren, die uns befreien, weil ihr Herz befreit ist, – und die Autoren, die uns, vielleicht selbst noch nicht freigeworden, an ihrem inneren Ringen teilnehmen lassen. In einer Zeit, in der die Unsicherheiten der Zukunft ihre Schatten auf uns werfen, begrüßen wir die Autoren, die uns durch wegweisende Analysen und Entwürfe Orientierungshilfen bieten. Bei alledem können wir das Komische, wenigstens als Zwischenmahlzeit, nie entbehren.

Glücklich, zumindest niemals ganz unglücklich, sind die Menschen, die schon in jungen Jahren Bücheraktivisten geworden sind. Da sie die Chancen des geistigen Lebensaufbaus genutzt haben, gewannen sie vor den Nichtlesern einen großen Vorsprung. Die älter Gewordenen genießen die Bücher doppelt, weil sie in die Lektüre die Summe ihrer eigenen Lebenserfahrungen einbringen. Dem jungen Menschen gibt das Buch notwendige ihn zur Selbsttätigkeit herausfordernde Anstöße, den für das Neue offengebliebenen älteren verjüngt es.

Es wird in unseren Tagen die Sorge geäußert, das Buch werde sich vielleicht vor den »aggressiven« neuen (elektronischen) Medien nicht behaupten können. Die tatsächlichen Verkaufszahlen auf dem gegenwärtigen Buchmarkt stützen diese Befürchtung nicht. Gewiß nehmen inzwischen elektronische Speicherung und Abrufmöglichkeiten dem gedruckten Buch mehr und mehr die Lieferung von Informationen überall dort ab, wo Fakten in beliebigem Umfang und jederzeit verfügbar sein sollen. Jenseits dieser rein praktischen Dienstleistung aber werden die gedruckten Bücher in der unbegrenzten Fülle der Stoffe und Ausdrucksarten die unschlagbaren Leseparadiese bleiben. – Die Verleger begrüßen Brückenschläge zwischen den beiden Bereichen, z. B. durch Hörkassetten, die für viele Menschen schon eine Wohltat geworden sind. Um auf diese Entwicklung produktiv zu antworten, haben sich mehrere deutsche Verlage zu dem Gemeinschaftsunternehmen »Der HÖR Verlag« zusammengetan.

Wenn wir auf die rund 5000 Neuerscheinungen zurückblicken, die im Piper Verlag von 1904 bis zum Frühjahr '94 herausgekommen sind, erkennen wir als das eigentliche Zentrum unserer Arbeit den Dienst an den Autoren als den Trägern der Inhalte und Gestaltungen. Ihnen dankt der Verlag für eine Zusammenarbeit, die die Verleger und Mitarbeiter täglich von neuem stimuliert. Der Verlag dankt den Redakteuren und Rezensenten, die seine Produktion aufmerksam beobachten und kritisch fördern. Die Buchhändler sind für alle, die sich ins Büchermeer hinauswagen wollen, »an Ort und Stelle« – in der Buchhandlung – die Lotsen. Der Verlag dankt Ihnen und allen anderen Helfern in nah und fern.

Möge sich der Bücherfreund – der, der es schon ist, oder der, der es erst werden sollte – durch die Piper-Verlagsgeschichte zu vielfältigen Entdeckungsreisen animieren lassen. Diese Chronik versammelt wie in einem Prisma Tendenzen und Linien der kulturellen und auch nicht wenige der politischen Geschichte Deutschlands in diesem Jahrhundert. Der geistige Aufbruch in den Jahren vor dem Ersten Weltkrieg, der die Autoren und Künstler über die Notzeiten des Ersten Weltkriegs hinweg verband; der Optimismus noch und wieder in den 20er Jahren; nach der harten Zäsur von 1933 das »Trotzdem« vieler Schaffender da, wo es möglich war; die Nischen-Existenz des Verlags im Zweiten Weltkrieg; der Neuanfang nach dem Befreiungsjahr 1945; seitdem fast fünf Jahrzehnte demokratischer Kontinuität bis hin zu den neuen Herausforderungen nach dem Erlöschen des Realen Sozialismus: in den so gegensätzlichen Phasen und Zerreißproben der deutschen Zeitgeschichte ist der Piper Verlag seinem Grundwollen treu geblieben. Indem er sich verstärkt an dem Austausch der Literaturen über die Staatengrenzen hinweg beteiligt, begreift er seine Arbeit mehr und mehr auch als eine weltbürgerliche Aufgabe im Dienste der Zukunft.

Allen neugierigen Lesern dieses besonderen Taschenbuchs in der »Serie Piper« ein Wohlauf!

München, im November 1993

Klaus Piper

Vorbemerkung

Der Verlag R. Piper & Co. feiert in diesem Jahr sein 90jähriges Bestehen. Am 19. Mai 1904 ließ ihn Reinhard Piper in das Münchner Handelsregister eintragen.

Schon mehrfach stellte sich der Piper Verlag durch Almanache vor, so in den Jahren 1914, 1924, 1929, 1934, 1939, 1954, 1964, 1974, 1979 und schließlich 1984. In verschiedenen Ausstellungen, 1929 und 1949 in der Neuen Sammlung in München, 1961 in den Räumen des Goethe-Institutes in Mailand und zuletzt in einer großen Ausstellung im Frühjahr 1980 im Münchner Stadtmuseum sowie in Berlin, Offenbach und Ludwigshafen wurde die Verlagsgeschichte in Wort und Bild von der Gründungszeit bis in die Gegenwart präsentiert. In ihr wurde zum ersten Mal auch die verlegerische Arbeit der zweiten Generation ausführlich dargestellt.

Die vorliegende Chronik will mit den Autoren bekannt machen, die in den vergangenen neunzig Jahren ihre Werke dem Haus Piper anvertraut haben. Um Zusammenhänge und Entwicklungen aufzuzeigen, wird die Chronologie immer wieder durchbrochen; die vorangestellten Jahreszahlen erlauben dennoch eine schnelle Orientierung und Rückkehr in die geordnete Abfolge historischer Daten und Ereignisse. Auf Anmerkungen wurde verzichtet. Bei wichtigen Zitaten wird die Quelle im Text genannt, das gilt vor allem für die Stellen aus Reinhard Pipers Erinnerungen »Mein Leben als Verleger« und seinem »Briefwechsel mit Autoren und Künstlern« sowie aus den »Schriften und Briefen« Klaus Pipers. Lebensdaten beziehungsweise Kurzbiographien der Autoren und Künstler werden entweder bei der ersten Nennung oder aber dann angegeben, wenn ausführlichere Informationen zur Person folgen.

Folgende Abkürzungen werden verwendet:
BAK: Reinhard Piper, Briefwechsel mit Autoren und Künstlern 1903–1953, hrsg. v. U. Buergel-Goodwin und W. Göbel. München 1979
LaV: Reinhard Piper, Mein Leben als Verleger. Vormittag – Nachmittag. München 1991
SuB: Klaus Piper, Schriften und Briefe, hrsg. v. R.-P. Märtin und E. R. Piper. München 1991

Vorgeschichte. Kindheit und Jugend des Verlagsgründers Reinhard Piper Die Jahre bis 1904

»Ich war sehr glücklich daran, denn ich habe große Aufgaben in meinem Leben gefunden, die noch nicht gelöst waren.« So hatte Reinhard Piper (1879–1953) den Aufruf der Zeit verstanden, als er 1904 seine Firma gründete, die bald zu den bedeutendsten Buch- und Kunstverlagen Deutschlands gehören sollte. Mehr als tausend neuen Büchern hat er in den über vier Jahrzehnten seiner aktiven Tätigkeit zum Leben verholfen. »Reinhard Piper ist kein Nachverleger, sondern fast immer ein Vorverleger gewesen. Er ging... nicht nach der Mode, sondern vor ihr her«, hat Ernst Penzoldt von ihm gesagt. Darum ist es in seinem Fall ganz besonders wichtig, die Wurzeln seiner verlegerischen Tätigkeit, die schon in seiner Kindheit und Jugend begründet wurden, genauer zu schildern.

Reinhard Piper wurde am 31. Oktober 1879 als Sohn des Bürgermeisters und späteren Burgenforschers Otto Piper (1841–1921) in der mecklenburgischen Kleinstadt Penzlin geboren. Er stammte aus einem belesenen Elternhaus. Seine Mutter, Sophie Krüger, war die Tochter eines Rostocker Anwaltes. Großvater und Urgroßvater väterlicherseits waren Pastoren gewesen. Der Vater hatte sich im Jahre 1867 nach einem Jurastudium in Rostock als Rechtsanwalt niedergelassen, wurde 1873 Chefredakteur des »Niederrheinischen Kuriers« in Trier und Düsseldorf, war von 1879 bis 1889 Bürgermeister von Penzlin, zog dann nach Konstanz und 1893 nach München. Schon während des Studiums hatte er seine Freizeit zur Abfassung von Schauspielen, Opern einerseits und juristischen Kommentaren andererseits genutzt. Seine große Liebe zu Büchern gab er an den Sohn weiter, der später einmal der Verleger des Vaters werden sollte. Dessen umfangreiche Bibliothek übte von frühester Kindheit an eine große Faszination auf Reinhard Piper aus:

> »Die größte Rolle spielten in meinem Leben von früh an die Bücher. Zu Geburtstag und Weihnachten war das Buch immer das Hauptgeschenk. Darauf war ich am meisten gespannt. ... Zu meinen frühesten gehörte – wie könnte es anders sein! – der unzerreißbare Struwwelpeter. Ich konnte ihn auswendig. ...
>
> Zwei bändereiche Werke in der Bibliothek meines Vaters waren für uns Kinder besonders bedeutungsvoll: Brehms Tierleben und Spamers Illustriertes Konversationslexikon. Beide hatten unzählige Bilder. Wenn meine Eltern sonntags in die Kirche gingen, dann wurde uns zur Unterhaltung, und um uns das Artigsein während dieser Zeit zu erleichtern, beim Fortgehn ein Band zum Anschaun ausgehändigt.« (LaV, S. 31 ff.)

Nach dem Umzug der Eltern besuchte Reinhard Piper das Gymnasium in Konstanz. Er berichtet aus dieser Zeit:

> »Wenn mir schon in der Penzliner Kindheit Bücher unendlich viel bedeuteten, so konnte ich mir jetzt, als Gymnasiast, ein Leben ohne sie erst recht nicht vorstellen.

Als wir in unser Haus eingezogen waren, blieb in einer Kammer ein dicker Stapel Papier ohne Umschlag und Einband liegen. Bei näherem Zusehen entpuppte er sich als das ›Leben und die Taten des scharfsinnigen Edlen Don Quichotte von La Mancha von Miguel de Cervantes Saavedra‹, mit den Illustrationen von Doré, von denen einzelne herausgelöst in Penzlin an unsrer Schlafzimmerwand gehangen hatten. Ich nahm den offenbar mißachteten Folianten an mich, ordnete die losen Bogen, vertiefte mich in sie, und so entwickelte sich daraus eine Freundschaft fürs Leben. Es war dies das erste wirklich große Buch, das ich gelesen habe.« (LaV, S. 72)

Jahrzehnte danach heißt es im »Vormittag«, dem ersten Teil der Erinnerungen Reinhard Pipers:

»Die Schaufenster der drei Konstanzer Buchhandlungen übten auf mich eine magische Anziehungskraft aus, und als ich zwölf oder dreizehn Jahre alt war, stand es schon so ziemlich fest, daß ich nichts andres als Buchhändler werden wollte.

Fast mein ganzes Taschengeld ging in Meyers Volksbüchern und in Reclamheften auf. Erstere kosteten glücklicherweise nur zehn Pfennige und wurden deshalb bevorzugt.

Noch viel später, in München, als mein Bruder in einem Bankgeschäft ein kleines Anfangsgehalt bekam, beneidete ich ihn, weil er sich wirklich täglich – wohlverstanden: täglich! – mehrere Reclamhefte kaufen konnte. (Was er aber gar nicht tat.)

1 *Reinhard Piper (oben, dritter von links) während seiner Ausbildung in der Buchhandlung Weber, Berlin, 1899. Sitzend von links nach rechts: J. B. Neumayr, Adolf Weber, Georg Müller*

Ich meinerseits blätterte fieberhaft immer wieder die Verzeichnisse von Reclam und Meyer durch, bis ich mich für die nächste Anschaffung entschied.

Vor den großen Ferien bat ich meinen Vater einmal ernsthaft, mir doch zu erlauben, während derselben in einer Buchhandlung wenigstens Laufbursche zu werden, um dadurch den Büchern recht nahe zu kommen. Vor allem wollte ich mir aber dadurch auch Geld verdienen, um mir Bücher kaufen zu können.« (LaV, S. 75f.)

In München schloß Reinhard Piper im Jahre 1895 das Gymnasium mit dem »Einjährigen« ab. Mit noch nicht ganz sechzehn Jahren trat er am 1. August des Jahres in die Palmsche Hofbuchhandlung in der Theatinerstraße als Lehrling ein. Nach dreijähriger Lehrzeit war er im Anschluß daran in der Buchhandlung W. Weber in Berlin als Gehilfe tätig. Um den Verlag kennenzulernen, begann er im Februar 1901 im Kunstwartverlag Georg D. W. Callwey in München zu arbeiten, wo er den leitenden Expeditionsposten inne hatte und die Kontenführung sowie die Korrespondenz mit dem Sortiment besorgte. Von Oktober bis Dezember 1902 dann hielt er sich in Paris auf, um seine allgemeine Bildung, speziell seine französischen Sprachkenntnisse, zu verbessern. Mit von der Partie war dabei Georg Müller (1877–1917), ein ehemaliger Kollege bei Weber in Berlin und erster Kompagnon des späteren Piper Verlages.

Die beiden Jahrzehnte vor und nach der Jahrhundertwende, in die auch die Gründung der Firma R. Piper & Co. 1904 fällt, waren eine Ära von Errichtungen bedeutender Verlage eines neuen, individuellen Typs:

»Samuel Fischer, Eugen Diederichs, Albert Langen, Georg Müller, Anton Kippenberg, Reinhard Piper, Ernst Rowohlt und Kurt Wolff – diese Verleger waren eine Gründergeneration. Sie repräsentierten einen neuen Typ – den künstlerisch geprägten Kulturverleger. Nach Herkunft und Temperament waren sie sehr verschieden. Aber die ›beispielhafte Erlebnisfähigkeit‹, von der Ernst Penzoldt einmal bei seinem Freund Reinhard Piper sprach, wäre bei jedem seiner bedeutenden zeitgenössischen Kollegen zu rühmen. Wohl auch das, was der große Kunstschriftsteller Julius Meier-Graefe an seinem jungen Verleger lobte: ›. . . Sie haben sich vor dem Fachmännischen, das jeden Deutschen bedroht, zu bewahren verstanden. Es gibt für Sie Dinge, die Sie nicht verlegen und die Ihnen trotzdem wichtig bleiben. Sogar eine ganze Menge.‹

Was war das eigentlich Neue der ›Gründer‹? Man könnte es in die Formel fassen: Geschäft und Geist gelangten zu einer veränderten Relation. Die Zeit um die Jahrhundertwende vibrierte von neuen literarischen und künstlerischen Strömungen. Die neuartigen Werke verlangten nach Verlegern, die bereit waren, für sie – von Gerhart Hauptmann bis Karl Kraus, vom ›Blauen Reiter‹ bis Musil – als persönlich engagierte Partisanen einzutreten. Diese Verleger machten die Bücher, die sie selbst haben wollten. Sie waren strikte Individualisten und leisteten gerade deshalb objektiv Bedeutendes, Weiterwirkendes. Die emporstrebende bürgerliche Gesellschaft der wilhelminischen Zeit, von der politischen Mitbestimmung ausgeschlossen und sich zugleich von ihr distanzierend, genoß lesend die Früchte jener Blütezeit deutscher Verlegerarbeit vor dem Ersten Weltkrieg, die sich in einer kurzen Nachblüte in den 20er Jahren fortsetzte (die stimulierend war, aber nicht durchgehend so ›golden‹, wie es Spätergeborene manchmal glauben möchten).« (SuB, S. 72f.)

In Reinhard Pipers Zeugnis, das ihm Georg D. W. Callwey am 1. Juli 1902 nach eineinhalbjähriger Tätigkeit in der Expedition ausstellte, hieß es: »An einem anderen, mehr geistige und selbständige Arbeit erfordernden Posten würde er nach meiner Überzeugung noch mehr an seinem Platze sein und Hervorragendes leisten können.«

Zunächst jedoch nahm Piper eine Buchhändlerstelle in Dresden an. Hier entstanden die ersten konkreten Verlagspläne, und bereits im Jahre 1903 wurde ein Autorenvertrag mit Arno Holz (1863–1929) geschlossen, dem naturalistischen Dramatiker, Lyriker und Theoretiker, der seit 1875 in Berlin lebte. Durch die Freie Bühne war der deutsche Naturalismus (und mit ihm seine Autoren), dessen erste Ansätze in Bohèmezirkeln und kurzlebigen Zeitschriften unterzugehen drohte, nun plötzlich zu einem öffentlichen, in ganz Europa registrierten Durchbruch gelangt. Was bisher programmatisch diskutiert worden war, wurde jetzt geistiges Allgemeingut und rief die deutschen Autoren der jüngsten Generation, wie Gerhart Hauptmann, Otto Erich Hartleben und nicht zuletzt auch Arno Holz, auf den Plan. Noch während seiner Münchner Lehrzeit, im Februar 1897, hatte Reinhard Piper an den ihm persönlich nicht bekannten Holz geschrieben. Daraus ergab sich eine Verbindung, die den künftigen Verleger unter anderem dazu bewogen hatte, seine erste Stelle als Gehilfe in Berlin anzutreten. Nach einem ersten Zerwürfnis kam es 1902 zu einer erneuten Verbindung, die Reinhard Pipers Verlagspläne entscheidend förderte. Am 13. Juli 1903 schrieb er aus Dresden in froher Zuversicht an Holz:

»Bei mir steht einiges am Horizont. Am 1. Oktober fange ich voraussichtlich an, selbständig zu wirtschaften. Fange klein an, habe aber grosse Rosinen im Sack. ... Zunächst hoffe ich, dass mein Vater sich als Inhaber des von mir zu gründenden Verlags gefällt. An Ostern sprachen wir von volkstümlichem, anständigem, hochanständigem Verlag ... Haben Sie irgend einen Buch-Einfall, beim Kaffeetrinken oder sonst, so notieren Sie ihn bitte, falls es nicht gleich zu einer Karte langt. Ich weiss, Sie wissen, was ich brauchen kann. Ich selbst habe Stunden der Inspiration, in denen mir schon eine Masse nicht Unbrauchbares eingefallen ist. Mein Wachstuchheft wird immer voller. ... Ich würde mich vom 1. Okt. an in München auf eigne Hand noch mit der Herstellung mehr vertraut machen, Unterricht in doppelter Buchhaltung und Sprachen nehmen. Zugleich den ersten Schlag vorbereiten.

Bitte, nehmen Sie meine diversen Bitten so ernst wie möglich und schreiben Sie mir, ob ich auf Ihr aktives Wohlwollen rechnen darf.« (BAK, S. 38 f.)

Die Gründung der Firma R. Piper & Co. und das erste Jahrzehnt der Verlagsarbeit Die Jahre 1904 bis 1914

Mit den 18000 Mark, die Reinhard Piper sich von verschiedenen Seiten geliehen hatte, besaß er von all den bereits erwähnten Verlagsgründern, wie Samuel Fischer, Albert Langen, Eugen Diederichs oder Georg Müller, am wenigsten Kapital. Der Letztgenannte beispielsweise hatte sein Unternehmen mit immerhin 150000 Mark gestartet. Piper war deshalb über dreißig Jahre lang auf wohlhabende Teilhaber angewiesen, ehe der Verlag im Jahr 1937 schließlich ganz in seinen Besitz überging. Aus Pipers Aufsatz »Zum Bild des Verlegers« wird deutlich, welches Abenteuer die Gründung für ihn bedeutete:

> »Obwohl ich von der Pike auf gedient habe und mit noch nicht ganz 16 Jahren Lehrling wurde, waren meine praktischen Erfahrungen, als ich mit 25 Jahren meinen Verlag gründete, sehr gering. Ich hatte noch nie in der Herstellung oder in der Buchhaltung eines Verlages gearbeitet. Ich war einfach ein junger Mann mit geistigen Interessen, etwas Erfindungsgabe und sehr wenig Geld. Aber ich hatte einen unabweisbaren Drang, das, woran ich glaubte, anderen mitzuteilen.«

Der Verlag profitierte gerade in der schwierigen Anfangsphase von den zahlreichen Kontakten, die Piper während seiner Lehrzeit zu Schriftstellern und Künstlern geknüpft hatte. So hatte er bereits 1901 im Kreis des Malerfreundes Ernst Neumann (1871–1954) den Schriftsteller, Kunst- und Theaterkritiker Hermann Esswein (1877–1934) kennengelernt, der Herausgeber des ersten umfangreichen Kunstprojektes der späteren Firma R. Piper & Co. – der

2 *Ernst Neumann mit seiner Frau, um 1900*

Reihe »Moderne Illustratoren« – werden sollte. Darüber hinaus stand Piper damals bereits mit den Malern und Graphikern Richard Winckel (1870–1941), Thomas Theodor Heine (1867–1948) und Hans Baluschek (1870–1935), dem Indologen Karl Eugen Neumann (1865–1915), dem Bildhauer Adolf von Hildebrand

(1847–1921), dem Bibliothekar Erich Petzet (1870–1928) sowie dem Philosophen Paul Deussen (1845–1919) in engem brieflichen Kontakt – Verbindungen zu Persönlichkeiten der Kulturszene Münchens, die er zu einem großen Teil seinem Freund Neumann zu verdanken hatte. In seinen Erinnerungen schrieb Reinhard Piper über ihn:

> »Es war meine erste Beziehung zu Künstlern! Sie wurde ebenso folgenreich für mich wie mein Briefwechsel mit Arno Holz – folgenreich auch für meinen künftigen Verlag. Dieser schwebte mir allerdings damals noch nicht einmal als Wunschbild vor, aber rückblickend macht es mir Freude zu sehen, wie seine drei Richtungen sich keimhaft schon in meiner Lehrlingszeit anmeldeten: Dichtung, Kunst und Philosophie ... Neumann wurde mein ›Mentor‹, der Verkehr mit ihm war eine gute Kur gegen Sentimentalität und Empfindlichkeit. Er wechselte schnell die Tonart; von jungenhafter Ausgelassenheit zu mephistophelischem Sarkasmus war nur ein Schritt. Er war ein scharfer Denker und ausgezeichneter Sprecher. Er gefiel sich in Paradoxen, hinter denen aber immer ernsthafte Erkenntnisse standen. Neben ihm erschienen mir alle andern Menschen als Philister. Man konnte sonntags stundenlang mit ihm in einer Kiesgrube Steine nach einer alten Gießkanne werfen und sich dabei in tiefsinnigen Spekulationen ergehen.« (LaV, S. 124 ff.)

Neumann war Mitarbeiter bei den beiden populärsten Zeitschriften der Jahrhundertwende gewesen, die erstmals im Jahre 1896 erschienen waren, der »Jugend.

Münchner Illustrierte Wochenschrift für Kunst und Leben«, die von Georg Hirth begründet worden war und einer bald weitverbreiteten Stilrichtung – dem Jugendstil, der prägend für die zwei Jahrzehnte bis zum Kriegsausbruch wurde – ihren Namen geben sollte, und dem von Albert Langen herausgegebenen gesellschaftskritischen »Simplicissimus«.

»›Simplicissimus‹ und ›Jugend‹ waren kurz nacheinander gegründet worden. Diese Zeitschriften machten Sensation und erzeugten in der Künstlerschaft und im Publikum ein lebhaftes Gebrodel. Welche Fülle von Talenten! Die meisten Münchner bekreuzten sich davor, manche lachten schadenfroh. Auch Neumann zeichnete dafür. Aber er war doch zu sehr Einzelgänger, um allzuoft das machen zu können, was die Redaktionen brauchten.« (LaV, S. 127)

In den Jahren 1901/02 war Ernst Neumann als »Kaspar Beil« zudem einer der »Elf Scharfrichter«, die sich im Jahre 1901, gleichzeitig mit Eröffnung der Münchner Kammerspiele und des Prinzregententheaters, gegründet hatten und zum berühmtesten literarisch-künstlerischen Kabarett der Wilhelminischen Epoche wurden. Auch der Verleger wirkte bei den Aufführungen dieses avantgardistischen Theaters, das ihm neue Kontakte zur Kunstszene verschaffte, als sogenannter »Henkersknecht« mit und führte die Puppen bei satirischen und burlesken Marionettenspielen.

Neumann hatte Piper auch mit dem sozialdemokratischen Kommunalpolitiker und Lyriker Richard Scheid bekannt gemacht, einem ehemaligen Apotheker, der seinen Beruf aufgegeben hatte, um eine lyrische Zeitschrift namens »Avalun« herauszugeben. Diese bibliophile Münchener Jugendstilzeitschrift erschien nur ein Jahr lang in insgesamt neun Heften, deren künstlerische Ausgestaltung neben Ernst Neumann auch Georg Braumüller und Hans Heise besorgten, zwei weitere Künstlerfreunde des Verlegers während seiner Münchner Lehrzeit. Piper wurde eingeladen, Gedichte dazu einzusenden, zumal er bereits zuvor einige Aufsätze in der im Jahre 1899 von Wilhelm Ruland und Alexander von Bernus gegründeten »Freistatt. Kritische Wochenschrift für Politik, Literatur und Kunst« veröffentlicht hatte:

> »[Die] Zeitschrift ›Avalun‹ widmete jedem Lyriker ein eigenes Heft, und hierzu machten Neumann und Braumüller einfallsreiche Titelblätter in farbigem Holzschnitt. Die Zeitschrift erschien nur in dreihundert Exemplaren und war eines der originellsten, für die Zeit charakteristischsten Druckwerke. Sie brachte Erstdrucke von Rilke, Wilhelm von Scholz, Leo Greiner, Wilhelm Michel, Richard Schaukal, Ernst Schur, Emil Rudolf Weiß, Oskar A. H. Schmitz, Otto Falckenberg und anderen … In diesem illustren Kreis erschien also auch ein Heft mit Gedichten von mir. Ernst Neumann schmückte sie mit einem Holzschnitt, der zwei weggeworfene alte Stiefel, die auf Zaunlatten aufgespießt waren, zeigte. Er wollte damit meinen Sinn sowohl für das Groteske wie für das Idyllische symbolisieren.« (LaV, S. 191)

Nach Abschluß seiner Lehrzeit und der einjährigen Berufspraxis in der Buchhandlung Alexander Köhler in Dresden, also von Dezember 1902 bis Oktober 1903, arbeitete Piper zeitweise als Gehilfe in dem im September gegründeten Verlag Georg Müllers und war hier unter anderem für den Vertrieb der »Süddeutschen Monatshefte« verantwortlich:

> »Aus meinem Berliner Kollegen und meinem Pariser Reisegefährten war mein Chef geworden. Er ließ mich dies aber, human wie er gesinnt war, nicht fühlen.« (LaV, S. 235)

Nebenher bereitete Piper die Gründung der eigenen Firma vor, deren Teilhaber Müller werden sollte:

> »Während meiner Tätigkeit bei Müller arbeitete ich an meinen eigenen Verlagsplänen still eifrig weiter. Die Korrespondenz mit Arno Holz ging immer lebhaft hin und her. Aus dem freundschaftlichen Umgang mit Hermann Eßwein erwuchs der Plan einer Monographienreihe ›Moderne Illustratoren‹ ... Alle diese Vorarbeiten konnte ich aber über einen gewissen Punkt nicht hinaustreiben, solange der Verlag nicht wirklich und offiziell gegründet war. Mit den achtzehntausend Mark, die mir verfügbar waren, durfte ich – soviel war mir endgültig klargeworden – die Gründung nicht riskieren. Ich konnte mit dem Geld wohl ein halbes Dutzend Bücher machen, aber wenn diese nicht sofort die Kosten deckten, wäre ich mit meinen Mitteln schnell am Ende gewesen. Und was dann? Der ältere Benn-

dorf, der ja schon mit dem Gedanken gespielt hatte, die Juristerei aufzugeben und sich mit mir zu assoziieren, lehnte endgültig ab. Ob eine Zusammenarbeit mit Müller möglich war? Ich überlegte hin und her;... Schließlich konnte ich ihn ja fragen!

Ich suchte den psychologisch richtigen Moment abzupassen. Endlich, Anfang Februar 1904, schien er mir gekommen. Alles ging wider Erwarten glatt ... Wenige Tage später schon unterschrieben wir unsern Vertrag. Eine Klippe, die ich glücklich umschiffte, war die Frage: Wie sollte der neue Verlag heißen? Reinhard Piper & Georg Müller oder abgekürzt Piper & Müller oder gar, dem Alphabet entsprechend, Müller & Piper? Müller war schließlich mit R. Piper & Co. einverstanden. Alles andere, so setzte ich ihm auseinander, hätte ständige Verwechslung der beiden Verlage zur Folge. Und diese Lösung war gut. So konnte die Firma unverändert bleiben, auch nach dem Ausscheiden Müllers und obwohl auch dann meine Co.'s noch mehrmals wechselten ...

Bald kam der große Tag, an dem Müller und ich das Prunkportal des neubarocken Justizpalastes am Karlsplatz durchschritten und die fast opernhaft prächtige Treppe emporstiegen, um den Verlag als Offene Handelsgesellschaft ins Handelsregister eintragen zu lassen. Dies geschah am 19. Mai 1904, und so ist dieser Tag zum eigentlichen und amtlichen Geburtstag des Verlags geworden. Ich war noch keine fünfundzwanzig Jahre alt.« (LaV, S. 237ff.)

Reinhard Piper war zunächst, seinen eigenen Worten zufolge, »so ziemlich ›Mädchen für alles‹« (LaV, S. 238). Er führte den Briefwechsel mit den Autoren und zumeist auch den mit den herstellenden Firmen. Nur anfangs beteiligte sich Müller als der schon etwas Erfahrenere daran. Da der Verlag keine Schreibmaschine besaß, erledigte man sämtliche schriftlichen Arbeiten von Hand.

Die Korrespondenz der ersten Verlagsjahre läßt den Mut erkennen, mit dem Reinhard Piper auch berühmte Persönlichkeiten anschrieb, um sie für sein Unternehmen zu gewinnen. Der briefliche Dialog zwischen Verleger und Autor zeichnet sich besonders dadurch aus, daß jener immer der fachlich Unwissendere bleibt. »Ich bin auf keinem Gebiete ganz beschlagen, weiß aber viel von Kunst und Literatur und habe so einen weiteren Blick wie mancher Mann vom Fach«, schrieb Piper einmal selbstbewußt. Es ist eine Ausnahme unter den Verlegern seiner Zeit, daß er eine umfassende Autobiographie verfaßt hat wie auch ein eigenhändig angelegtes Archiv mit einem ansehnlichen Teil der über 150000 Briefe, die im Laufe von 48 Jahren verlegerischer Tätigkeit gewechselt wurden, hinterlassen hat. Aus diesem Quellenmaterial wird auch die folgende Chronik in ausgiebigem Maße schöpfen, vor allem in der ersten Epoche der Verlagsgeschichte.

1904

Die handelsgerichtliche Eintragung der Firma R. Piper & Co. erfolgte am 19. Mai 1904 in München. Gesellschafter des Verlags war neben Reinhard Piper der zwei Jahre ältere Georg Müller, der bereits ein Jahr zuvor – im September 1903 – nach Übernahme des Verlages Georg Heinrich Meyer eine eigene Firma gegründet hatte.

Im ersten Paragraphen des Vertrages zwischen Reinhard Piper und Georg Müller vom 17. Februar 1904 war nachzulesen: »Herr Georg Müller und Herr Reinhard Piper begründen eine Verlagsbuchhandlung unter der Firma R. Piper & Co. Jeder der beiden Inhaber ist berechtigt, die Firma zu zeichnen, und zwar wird Herr G. M. zeichnen R. Piper & Co. Georg Müller und Herr R. P. R. Piper & Co. Reinhard Piper. Die handelsgerichtliche Eintragung erfolgte am 1. Juli 1904. Die Vorarbeiten beginnen schon jetzt.«

Noch vor der Verlagsgründung hatte Reinhard Piper zwei Verträge abschließen können: den einen mit Arno Holz über »Dafnis« und den anderen mit Hermann Esswein über die Reihe »Moderne Illustratoren«.

Holz, zu dessen engstem Schülerkreis der spätere Verleger in Berlin zeitweise gehörte, hatte hier bereits einige Werke bei Johann Sassenbach publiziert, einem Berliner Gewerkschafter, der sich nebenher als Schriftsteller versuchte und bei dem auch die Lyrikhefte von Holz' Schülern veröffentlicht wurden, darunter 1899 »Jugend« von dem damals knapp zwanzigjährigen Reinhard Piper unter dem Pseudonym Ludwig Reinhard. Im selben Jahr war Holz' »Revolution der Lyrik« erschienen, in der das reim- und strophenlose, frei rhythmisierte Gedicht propagiert wurde. Holz war es schließlich auch gewesen, der Piper entscheidende Impulse zu eigenen Verlagsplänen gegeben hatte. »Wir ... rechnen längst stark auf Sie!« schrieb er im Februar 1903. Doch erst als sich ein vermögender Freund,

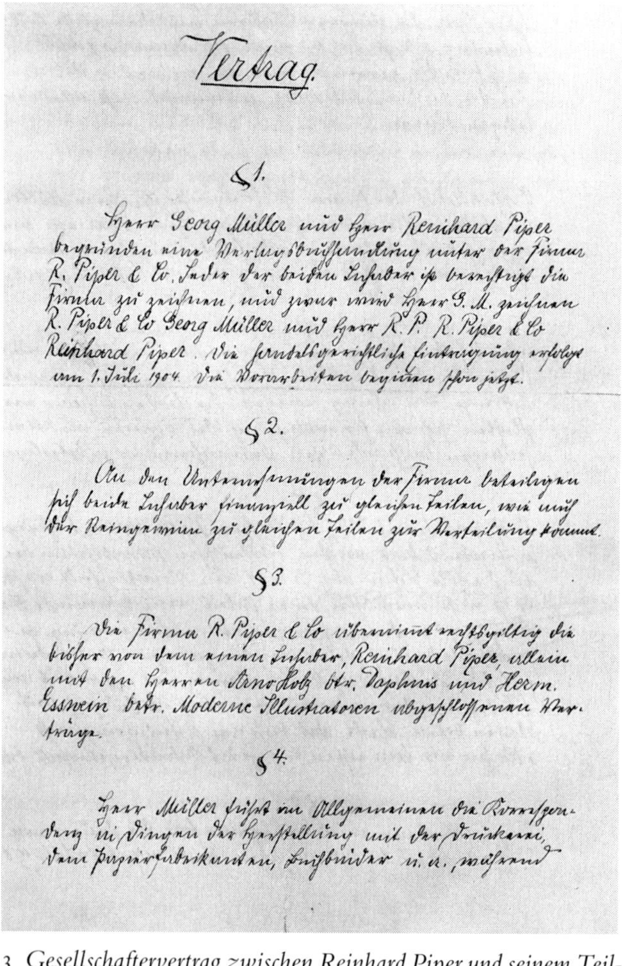

Vertrag.

§ 1.

Herr Georg Müller und Herr Reinhard Piper begründen eine Verlagsbuchhandlung unter der Firma R. Piper & Co. Jeder der beiden Inhaber ist berechtigt die Firma zu zeichnen, und zwar wird Herr G. M. zeichnen R. Piper & Co Georg Müller und Herr R. P. R. Piper & Co Reinhard Piper. Die handelsgerichtliche Eintragung erfolgt am 1. Juli 1904. Die Vorarbeiten beginnen schon jetzt.

§ 2.

An den Unternehmungen der Firma beteiligen sich beide Inhaber finanziell zu gleichen Teilen, wie auch der Reingewinn zu gleichen Teilen zur Verteilung kommt.

§ 3.

Die Firma R. Piper & Co übernimmt rechtsgültig die bisher von dem einen Inhaber, Reinhard Piper, allein mit den Herren Arno Holz betr. Daphnis und Herm. Esswein betr. Moderne Illustratoren abgeschlossenen Verträge.

§ 4.

Herr Müller führt im Allgemeinen die Korrespondenz in Dingen der Herstellung mit der Druckerei, den Papierfabrikanten, Buchbinder u. a., während

3 *Gesellschaftervertrag zwischen Reinhard Piper und seinem Teilhaber Georg Müller vom 17. Februar 1904*

der Jurist Franz Benndorf – ein Bruder des Lyrikers und Musikers Friedrich Kurt Benndorf, dem sich Reinhard Piper während seiner Tätigkeit in Dresden 1902/03 angeschlossen hatte –, zu einer Beteiligung bereitfand, und auch der Vater, Otto Piper, mit einem Darlehen aushalf, war im August ein Vertrag zwischen Piper und Holz zustandegekommen.

Das erste von Piper verlegte Buch wurde also im September 1904 »Dafnis« mit seinem barocken Untertitel »Des berühmbten Schäffers Dafnis sälbst verfärtigte... Sämbtliche Freß-, Sauff- und Venus-Lieder... benebst angehänckten Auffrichtigen und Reue müthigen Buß-Thränen...«. Es handelte sich dabei um eine erweiterte Neuausgabe der zuerst 1903 im Insel-Verlag veröffentlichten und wenig beachteten »Lieder auf einer alten Laute«. Die Erstauflage bei Piper zählte 10000 Exemplare, ihr Preis betrug in gehefteter Form eine Mark, in gebundener zwei Mark. Den Schutzumschlag hatte ein ehemaliger Schulfreund Pipers, der in München tätige Künstler Richard Winckel entworfen. Auch in den darauffolgenden Jahren wurde er immer wieder als Umschlaggestalter, einmal auch als Übersetzer, für Reinhard Piper tätig.

So schwer sich Holz als Autor bisher auf dem Buchmarkt getan hatte, so groß war nun sein Erfolg. Noch im September wurden zwei weitere Auflagen des »Dafnis« von je 10000 Exemplaren gedruckt. Gleichzeitig erschien die von Holz geschriebene Komödie »Sozialaristokraten« sowie der mit Oskar Jerschke (1861–1928) verfaßte »Traumulus«, von dem ebenfalls innerhalb kurzer Zeit eine zweite Auflage notwendig wurde.

Nicht nur die Literatur, sondern auch die bildende Kunst sollte bereits im Gründungsjahr einen wesentlichen Platz unter den Veröffentlichungen finden: Sie setzte ein mit der von Hermann Esswein herausgegebenen Reihe »Moderne Illustratoren«, die in Form von Monographien der Künstler Thomas Theodor Heine, Hans Baluschek, Henri de Toulouse-Lautrec und Eugen Kirchner begann:

> »Eßwein arbeitete schwer. Die ›Illustratoren‹ gaben ihm vor allem Anlaß, sein eigenes psychologisches Zeitbild zu geben. Die Texte waren problembeladen. Zu den Problemen der Zeichner fügte er noch seine eignen hinzu. Er berichtete fast nichts vom Entwicklungsgang der Künstler, der Leser erfuhr kaum etwas Biographisches. Das enttäuschte. Und doch sind die Texte noch heute lesenswert. Auch sie sind, um ein Wort Hamlets zu gebrauchen, eine ›abgekürzte Chronik des Zeitalters‹.« (LaV, S. 248)

Leider hatten die »Modernen Illustratoren« keinen Erfolg beim Publikum. So beliebt »Dafnis« gewesen war, so zögernd ging der Verkauf der Reihe voran. »Das drohende Illustratoren-Ende geht mir doch sehr im Kopf herum«, gestand Esswein seinem Verleger am 9. Oktober 1905. Auch ein angebotener Honorarverzicht konnte die Einstellung nach dem achten Band nicht verhindern. Kurz darauf startete Piper mit den »Klassischen Illustratoren« eine neue Reihe. Der Archäologe Ernst Buschor (1886–1961) stellte darin »Griechische Vasenmalerei« vor, der Kunsthistoriker Wilhelm Worringer

(1881–1965) schrieb über »Lucas Cranach« und »Die altdeutsche Buchillustration« und der Kunstkritiker Julius Meier-Graefe (1867–1935) über »William Hogarth«. Diese Kunstbuchreihe war erfolgreicher.

Darüber hinaus übernahm Piper eine Mappe mit zehn farbigen Originalholzschnitten Münchner Künstler von der »Vereinigung Graphischer Künstler« in Kommission, die bereits im Jahre 1903 erschienen war. Hermann Esswein und Ernst Neumann hatten einen gemeinsamen Text dazu verfaßt. Das Ziel, das Piper vorrangig mit diesem Werk verfolgte, war es, möglichst vielen Interessierten den Kauf von Originalkunst zu ermöglichen. So wurde es auch zum Grundstein der von ihm 1904 gegründeten »Vertriebsstelle für Graphik«, die er noch bis in die zwanziger Jahre hinein führte, die dann aber ihren Betrieb einstellen mußte, da die Wirtschaftskrise den Verkauf von Graphik unmöglich machte:

> »Ich hatte mich damals – als Nachwirkung meines Verkehrs mit Ernst Neumann – mit einer ›Vertriebsstelle für Graphik‹ belastet, in der sich leider überwiegend Mittelmaß zusammenfand.« (LaV, S. 250f.)

Schon im ersten Geschäftsjahr also zeichnete sich Reinhard Pipers vielseitige geistige Orientierung ab: Literatur, Kunst und bald darauf auch Philosophie.

1905

Vom Zeitpunkt der Gründung an bis zum heutigen Tage befand sich das Verlagsdomizil immer in München-Schwabing, zunächst in der Königinstraße 59/I, bis man im Jahre 1905 in das Haus am Josephsplatz 7 übersiedelte.

Piper begann zu dieser Zeit eine Taschenbibliothek unter dem Namen »Die Fruchtschale«. Die Sammlung sollte vor allem Begegnungen mit Persönlichkeiten vermitteln, »die das Leben heftiger, tiefer, bewußter erlebten und uns anderen davon abgeben konnten. Darum überwiegen die Aphorismen und die Tagebücher. Jeder Band sollte ein nahrhafter Extrakt sein, in der ganzen Sammlung durfte keine langweilige Seite vorkommen.« (LaV, S. 267) An den Herausgeber der in diesem Jahr als Band zwei der Reihe erschienenen Auswahl aus den »Tagebüchern« August von Platens, den Münchner Bibliothekar und Platen-Forscher Erich Petzet, schrieb der Verleger, daß die »Fruchtschale« »aber unter sich nicht anders zusammenhängen soll als durch den gleichmäßig vornehmen Gehalt der einzelnen Bände.« (BAK, S. 75)

> »Platens ›Tagebücher‹ zeigten zum erstenmal unverhüllt das Ringen dieser vom Eros gequälten Natur. Erich Petzet gelang es, die Auswahl so zu treffen, daß sie den Eindruck einer nach künstlerischem Prinzip sich aufbauenden Selbstbiographie machte. Anschließend brachte ich dann noch die große zweibändige Biographie des Dichters von Rudolf Schlösser, dem Jenenser Universitätsprofessor – eine der eingehendsten, die je einem deutschen Dichter gewidmet wurden.« (LaV, S. 267f.)

Die »Fruchtschale« wurde eine Sammlung der Weltliteratur. Sie begann mit chinesischer Lyrik sowie Texten von Friedrich Schlegel, Henri Frédéric Amiel, Adalbert Stifter, Jörg Wickram, Walt Whitman und Jakob Böhme. Der Umfang der Bände betrug zwischen 190 und 400 Seiten, teilweise waren sie illustriert. Beinahe ein halbes Jahrhundert später äußerte sich der Verleger noch mit ungebrochenem Enthusiasmus über die »Fruchtschale«:

> »Am liebsten möchte ich aus jedem der neunzehn Bände, die alle längst vergriffen sind, eine kurze Stelle ausheben und hier anführen, ist doch kein Band darunter, der nicht mehr so lebendig wäre wie vor vierzig Jahren!« (LaV, S. 270)

Gleichzeitig gestand er jedoch – nicht ohne Enttäuschung und mit ein wenig spitzer Ironie –, daß er mit dem Programm der Reihe einen Fehler begangen habe: statt das Gängige noch einmal anzubieten, habe er sein Interesse auf das Entlegene gerichtet, das beim Publikum nicht ankomme:

> »Die Gunst des Publikums war der ›Fruchtschale‹ nicht hold. Ich wollte mit jedem Band etwas Neues, Unabgegriffenes bringen, wollte den umlaufenden geistigen Bestand auffrischen und bereichern. Es wäre aber praktischer gewesen, das dutzendfach Gedruckte, Altvertraute nochmals zu drucken. Die Hälfte aller Bücher wurden zu ›Geschenkzwecken‹ gekauft, und da mochte das Publikum mit Unerprobtem kein Risiko laufen.« (LaV, S. 271)

4 *Titelblatt des Kataloges der 1904 gegründeten »Vertriebsstelle für Graphik R. Piper & Co.«, 2. Auflage 1905*

Mit dem neunzehnten Band wurde im Jahre 1910 die Reihe wieder eingestellt.

Aus anderen Verlagen wurden 1905 weitere Werke von Arno Holz übernommen.

Die Reihe »Moderne Illustratoren« setzte man im zweiten Jahr mit Beiträgen über Adolf Oberländer, Ernst Neumann und Edvard Munch fort; bei der Veröffentlichung zu letzterem handelte es sich um das erste Buch in deutscher Sprache über ihn.

Gleichzeitig übernahm Reinhard Piper ein Werk seines Vaters Otto Piper in zweiter Auflage: die »Burgenkunde. Bauwesen und Geschichte der Burgen zunächst innerhalb des deutschen Sprachgebietes«. Mit diesem Werk hatte Otto Piper die Burgenkunde als wissenschaftliche Disziplin begründet.

»Ein Buch, das meinem Verlagsgebiet fernlag, mir aber durch die Person des Verfassers um so näherstand, war die ›Burgenkunde‹ meines Vaters. Als sie im Jahre 1905, zehn Jahre nach ihrem ersten Erscheinen, vergriffen war, lag es nahe, daß mein Vater sie seinem Sohn in Verlag gab. Der erste Verleger, Theodor Ackermann, ärgerte sich darüber und suchte das zu verhindern. Er machte schließlich sogar geltend, die Klischees seien sein Eigentum und er könne und werde sich zu ihnen von irgend jemand anderm einen neuen Text schreiben lassen. Doch drang er mit dieser Drohung nicht durch. Mein Vater hatte das Werk auf Grund seiner vielen Burgenfahrten inzwischen ganz neu bearbeitet. Ich honorierte ihm die zweite Auflage mit dreitausend Mark. 1911 erschien dann noch eine dritte.« (LaV, S. 271)

Als die wichtigsten Werke Otto Pipers gelten »Rheinische Spaziergänge« (1880), die oben genannte »Burgenkunde« (1894), »Ut 'ne lütt Stadt« (1898), »In'n Meddelkraug« (1900), »Die angebliche Wiederherstellung der Hohkönigsburg« (1902), »Österreichische Burgen« (8 Bände, 1902–10), »Der Spuk« (1917) und schließlich »Jugend und Heimat« (1941); der Titel »Struensee« blieb unvollendet.

Und noch ein weiteres Interessengebiet des Verlegers zeichnete sich bereits jetzt ab. Piper, auf der Suche nach Herausgebern für seine »Fruchtschale«, hatte den in Wien lebenden Indologen und kongenialen Buddho-Übersetzer Karl Eugen Neumann um die Zusammenstellung eines philosophischen Breviers im Geiste der Schopenhauerschen Philosophie gebeten. Neumann arbeitete dieses Brevier zwar nicht aus, die von Piper aufgenommene schriftliche Verbindung führte aber dennoch zu einem ersten Ergebnis: Der Verleger erhielt ein kleines Manuskript »Krischnas Weltengang«, zu dem Neumann ein Geleitwort geschrieben hatte und das unter Pseudonym veröffentlicht wurde. Dazu hatte dieser in einem Brief an Piper vom 22. April 1904 geschrieben:

> »Das kleine Werk ... ist die erste indische Mythologie, die erscheinen wird, auf Grund der Originalurkunden sorgsam ausgearbeitet und zugleich frei von jedem philologischen Ballast: es liest sich wie eine spannende Novelle und ist doch eines der schönsten Denkmale aus der klassisch hindustanischen Heroenzeit.« (BAK, S. 61)

1906

Bei Piper fand in diesem Jahr eine erste Umstrukturierung statt: Georg Müller, Reinhard Pipers Co-Gesellschafter, schied aus dem Verlag aus, um sich ganz der Arbeit in seiner eigenen Firma widmen zu können. Beide, sowohl Piper als auch Müller, waren Individualitäten mit ausgeprägten Zielvorstellungen, die erkennen mußten, daß sie kaum gedeihlich unter einem Verlagsdach würden arbeiten können. So trat an Georg Müllers Stelle Kurt Bertels (1877–1910), ein wohlhabender ehemaliger Volontär Müllers, für die folgenden drei Jahre als Teilhaber in den Verlag ein, der zugleich die Herausgabe der »Klassischen Illustratoren« übernahm. Das Büro bezog nun das vier Räume umfassende Gartenhaus in der Hohenzollernstraße 23. Neben Piper und Bertels arbeiteten noch zwei Expedienten, eine Kontenführerin, eine Stenotypistin, die zugleich die Buchhaltung besorgte, und ein Volontär in der Firma. Reinhard Pipers Schwester Gertrud war neben den Teilhabern in den Jahren nach der Gründung die wichtigste Mitarbeiterin Reinhard Pipers und bis zu seiner Heirat seine engste Vertraute. Sie war vor allem mit dem Korrekturlesen betraut, einer Tätigkeit, der sie jahrzehntelang mit großer Sorgfalt und Sachkenntnis oblag. So las sie beispielsweise alle Bände der wenige Jahre später verlegten Schopenhauer-Ausgabe. Als sie den jüdischen Arzt Dr. Stern heiratete, zog sie sich aus der Verlagsarbeit zurück. Nach seinem Tod 1927 war sie noch einmal mehrere Jahrzehnte für den Verlag tätig.

In diesem Jahr wurde die Reihe der »Modernen Illustratoren« mit Beardsley abgeschlossen:

> »Das Publikum blieb durchaus ungerührt. Die Reihe erwies sich als ein Verlustunternehmen. Nur von Beardsley und Lautrec, die am meisten ›Mode‹ waren, konnte ich eine Neuauflage drucken.« (LaV, S. 252)

Dem Toulouse-Lautrec in der Illustratoren-Reihe folgte die Mappe »Elles« in einer Liebhaberausgabe von 250 Exemplaren, die bald ausverkauft war. Sie bestand aus elf farbigen Lithos aus dem Leben der Pariser Kokotten. Reinhard Piper hatte im Vorfeld der Veröffentlichung den größten Toulouse-Lautrec-Sammler, Alfred Walter Heymel (1878–1914), kennengelernt. Dieser stammte aus Bremen und hatte im Jahre 1899 den Insel-Verlag mitbegründet. Für die Neuauflage des Toulouse-Lautrec-Bandes von 1912 schrieb er einen einleitenden Aufsatz.

Vor allem aber ergab sich in diesem Jahr für Reinhard Piper die sehr produktive Beziehung zu Julius Meier-Graefe, der in den nächsten Jahren kunstgeschichtlicher Hauptautor des Verlages wurde und zu den bedeutendsten deutschen Kunstschriftstellern überhaupt zählt. Meier-Graefe galt als energischer Befürworter der Moderne. Er trug entscheidend zur Rezeption des französischen Impressionismus in Deutschland bei und hatte sich für dessen Vertreter und die der Art-Nouveau-Bewegung zu einer Zeit eingesetzt, als das deutsche Publikum noch die wilhelminischen Akademiemaler verehrte. Er verfaßte Bücher über die »Impressionisten« (1907), »Die großen Engländer« (1908), »Paul Cézanne« (1910) und »Vincent van Gogh« (1910), über »Auguste Renoir« (1911) und »Corot und Courbet« (1911), er schrieb über »Edouard Manet« (1912) und »Eugène Delacroix« (1913).

Die Begegnung war dadurch zustande gekommen, daß Piper sich von Meier-Graefe einige Adressen für die Subskription auf die »Elles«-Mappe Lautrecs erbeten hatte. Eine langdauernde Freundschaft sollte die beiden verbinden, und Reinhard Piper verlegte im Lauf der Jahre etwa zwei Dutzend seiner Werke, darunter als erstes die in diesem Jahr als zweiten Band erschienene Monographie über »William Hogarth« in der Reihe der »Klassischen Illustratoren«.

Eines der bekanntesten Werke Meier-Graefes wurde seine dreibändige bahnbrechende »Entwicklungsgeschichte der modernen Kunst« (1914 und 1924). Hans Belting schrieb 1987 im Nachwort zur Neuausgabe: »Meier-Graefe war ein Mensch des 19. Jahrhunderts, der seine Auftritte im 20. Jahrhundert hatte und dennoch auch dann immer noch zu modern war. Er wurde zunächst nur akzeptiert von dem fortschrittlichen Großbürgertum, mit dem er verkehrte, und von einigen Nutznießern, die ungeduldig auf die Moderne warteten. Dabei war er oft so sehr Bannerträger der Tradition, daß die Angriffe auf den radikalen Außenseiter mehr über seine Gegner als über ihn selbst aussagen.«

Julius Meier-Graefe – er war auch der Initiator und Herausgeber der Faksimiledrucke der Marées-Gesellschaft – lobte einmal seinen Verleger: »... Erstens, daß Sie aus Ihrem Beruf keine Industrie machen, und zweitens, daß Sie aus Ihrem Leben keinen Beruf machen. Zu dem ersten gehörte Ihre Gewohnheit, die von Ihnen zu verlegenden Bücher zu lesen, was man den wenigsten Verlegern modernen Schlags nachsagen kann... Wir sind beide aneinander nicht reich geworden, aber haben zusammen etwas hingestellt, das sich sehen lassen kann... Sie haben sich vor dem Fachmännischen, das jeden Deutschen bedroht, zu wahren verstanden... Die Kunst war Ihnen immer mehr wert als Ihre Haut. Etwas Besseres kann man Ihnen nicht nachsagen.« (LaV, S. 260)

Die enge Verbindung mit Julius Meier-Graefe war ein ebenso großer Glücksfall wie die Verpflichtung von Wilhelm Worringer, der bei Piper seine bedeutende kunsttheoretische Schrift »Abstraktion und Einfühlung« und mehrere Monographien veröffentlichte, und die Anbindung an den Kunstschriftsteller Wilhelm Hausenstein (1882–1957), der zum ersten Mal im Jahre 1909 mit seiner Arbeit an die Öffentlichkeit treten sollte.

Die Taschenbibliothek »Fruchtschale« wurde 1906 mit neun weiteren Bänden komplettiert.

Das wichtigste Ereignis dieses Jahres, von großer, bis heute nachwirkender Bedeutung war der Beginn der deutschen Ausgabe sämtlicher Werke Fjodor M. Dostojewskis (1821–1881). Sie wurde – unter Mitarbeit von Dmitri Mereschkowski, Dmitri Philossophoff, René Fülöp-Miller und anderen – von Arthur Moeller van den Bruck (1876–1925) herausgegeben.

Der Kulturschriftsteller Moeller van den Bruck hatte sich von Paris aus im Jahre 1905 an den Verlag gewandt und ihm eine Gesamtausgabe der Werke Dostojewskis vorgeschlagen. Der russische Schriftsteller war in Deutschland beinahe noch unbekannt, viele seiner Romane waren noch nicht übersetzt. Reinhard Piper sagte zu und verpflichtete Moeller van den Bruck selbst als Herausgeber der auf 22 Bände veranschlagten Ausgabe. Dessen Schwägerin Elisabeth Kaerrick (1886–1966), eine

Baltin, die für Piper später auch Dmitri Mereschkowski übersetzte, hatte unter dem Pseudonym E. K. Rahsin die Übertragung besorgt. Die Gesamtübersetzung Dostojewskis wurde zum Lebenswerk Less Kaerricks, die daran auch nach der Drucklegung ständig weiterarbeitete. In den Briefen an Reinhard Piper lassen sich ihre nie ganz geschwundenen Zweifel an der adäquaten Übertragung ablesen, im Bewußtsein, daß gewisse Elemente des Textes und der schriftstellerischen Botschaft vielleicht nur im Original erlebbar seien: »Übersetzen ist ein ewiges Wägen, und der Übersetzer ist zwischen den zwei Wagschalen die zitternde Nadel«, schrieb sie einmal.

Noch im Jahre 1906 erschienen »Die Dämonen« und »Die Brüder Karamasoff« als die ersten Titel Dostojewskis. Die Einleitung zu den »Brüdern Karamasoff« hatte Dmitri Mereschkowski (1865–1941) geschrieben, ein russischer Schriftsteller, den Moeller van den Bruck für die Gesamtausgabe gewonnen hatte. Piper hatte sich mit seinem Anliegen direkt an Mereschkowski gewandt. Dieser bot ihm sein letztes Buch an, das unter dem Eindruck der Russischen Revolution von 1905/06 geschrieben wurde. Ein Jahr später, 1907, wurde es unter dem Titel »Der Anmarsch des Pöbels« veröffentlicht. Reinhard Piper ließ auch Mereschkowskis berühmte Romantrilogie »Christ und Antichrist« neu übersetzen, diesmal von Alexander Eliasberg. Insgesamt sind bis 1938 zehn Bücher des russischen Religionsphilosophen bei Piper erschienen.

»Gegen Ende seines Lebens hat sich meine Verbindung mit Mereschkowski nochmal erneut. Im Jahre 1938, kurz vor dem zweiten Weltkrieg, konnte ich seinen ›Franz von Assisi‹ bringen. Der Siebzigjährige bewährte auch hierin seine einzigartige Fähigkeit, dichterische und wissenschaftliche Darstellung zu vereinen.« (LaV, S. 287)

Die graphische Einbandgestaltung der Dostojewski-Ausgabe übernahm der damals 28jährige Paul Renner (1878–1956) – Maler, Gebrauchsgraphiker, Buch- und Schriftkünstler –, der damit erstmals für Piper tätig wurde. Renner sollte die buchkünstlerische Gestaltung des Verlages für lange Zeit mitprägen; von ihm stammen beispielsweise sechs Fassungen des Verlagssignets. Im Jahre 1927 gründete er (gemeinsam mit Oldenbourg) die Meisterschule für Deutschlands Buchdrucker in München. Er blieb von den Attacken der Nazis nicht verschont: 1933 wurde er wegen seiner ein Jahr zuvor veröffentlichten Broschüre »Kulturbolschewismus« aus dem Lehramt entlassen.

Der Absatz der Dostojewski-Ausgabe ließ zu wünschen übrig, obwohl Piper den bekannten Schriftsteller Otto Julius Bierbaum (1865–1910) für einen Essay über Dostojewski gewinnen konnte, den er in hoher Auflage kostenlos verteilte.

Von einem seiner Autoren nahm der Verlag in diesem Jahr Abschied. »Frei!«, eine »Männerkomödie« von Arno Holz und Oskar Jerschke, war das letzte Ergebnis der Zusammenarbeit zwischen Holz und Piper. Der Umgang war so schwierig geworden, daß sich Reinhard Piper von seinem ersten Autor trennen mußte.

1907

In diesem Jahr begann ein weiteres großes Unternehmen des Verlages: die umfassende Ausgabe der deutschen Buddho-Übertragungen von Karl Eugen Neumann. Schon in der Berliner Gehilfenzeit hatte Gotamo Buddhos Lebens- und Weltlehre auf Reinhard Piper eine starke Wirkung ausgeübt:

> »Ich war in jenen Jahren ergriffen von der Vergänglichkeit und dem Leiden der Welt. Manche nennen das etwas überlegen lächelnd ›Weltschmerz‹ und erklären es für eine Erscheinung der Pubertätsjahre. Aber es ist doch ein zeitlos tiefes Gefühl, in dem die Geister aller Zeiten übereinstimmen: Buddho, die griechischen Tragiker, Michelangelo, Pascal, Jean Paul, Schopenhauer. Die ›Meeresstille des Gemüts‹, zu der Buddho den Weg zeigt, erschien mir als ein Ziel, aufs innigste zu wünschen.« (LaV, S. 263)

Für die zehnbändige Gesamtausgabe, das umfangreichste religionsphilosophische Projekt der Kriegs- und Nachkriegszeit, hatte der Verleger die entscheidenden vorbereitenden Schritte schon 1904 unternommen. 1906 trug Neumann dem Verlag die Herausgabe der »Längeren Sammlung der Reden Buddhos« in drei Bänden – die erste deutsche Übersetzung in diesem Umfang – an. 1907 erschien der erste Band, 1912 der zweite, und Band drei erst 1918, nach Neumanns Tod. In der Folgezeit sammelte Piper – unter Mithilfe von Neumanns Schüler Ernst Reinhold – die bei mehreren Verlagen verstreuten Übersetzungen und legte das gesamte Werk zwischen 1923 und 1928 in einer einheitlich ausgestatteten zehnbändigen Neuausgabe in einer besonderen Typographie und einem handlichen Taschenformat vor: »Dichter, Philosophen, Historiker legten Zeugnis ab für die Bedeutung des Werks.« (LaV, S. 265) So die Worte Reinhard Pipers im »Vormittag«, und Jahrzehnte später heißt es in Klaus Pipers »Gedanken eines Verlegers«: »Bernard Shaw verglich ihre Bedeutung mit der der Lutherschen Bibelübersetzung.« (SuB, S. 65f.)

Buddho und der später verlegte Arthur Schopenhauer sind die bei weitem wichtigsten philosophischen Autoren in der ersten Periode der Verlagsgeschichte.

Anatole France (1844–1924), der 1921 den Nobelpreis für Literatur erhielt, war in diesem Jahr erstmals mit dem Roman »Die Bratküche zur Königin Pedauque« vertreten.

Gleichzeitig begannen Ernst Heilbronn und Erich Schmidt mit der Herausgabe der gesammelten Werke des mährischen Schriftstellers Jakob Julius David (1859–1906).

Aufgrund von Zensurproblemen erschien die »Japanische Erotik« mit 36 Holzschnitten von Moronobu, Harunobu und Utamaro in 300 Exemplaren als Privatdruck. Der Preis betrug 60 Mark. Da fast die ganze Auflage bei Erscheinen schon vorausbestellt war, wurde dieses Mappenwerk ein wichtiger und langersehnter finanzieller Erfolg für den jungen Verlag:

> »Der Versand erfolgte durchweg unter Nachnahme, und so ging innerhalb weniger Tage eine Summe ein,

die wir bis dahin selten beisammen gesehen hatten. Das war ein großes Ereignis!« (LaV, S. 288)

In diesem vierten Verlagsjahr erschienen insgesamt 29 Bücher, darunter befanden sich allein fünf Bände Lyrik.

1908

Der Verlag zog 1908 in die Kurfürstenstraße um. Die Belegschaft bestand nun aus fünf Mitarbeitern; Lektorat, Herstellung und Werbung besorgte Reinhard Piper selbst.

In diesen Jahren erschütterte eine Revolte, die bald unter dem Titel »Expressionismus« auf sämtliche Künste übergriff, das kulturelle Bewußtsein Deutschlands. Gruppierungen expressionistischer Maler, Graphiker, Lyriker und Dramatiker bildeten sich, es wurden neue Zeitschriften und Verlage gegründet und eine öffentliche Polemik entfacht, die an den versteinerten wilhelminischen Verhältnissen rüttelte.

In Pipers Programm kündigte sich diese neue Bewegung 1908 erstmals an. Wilhelm Worringer brachte seine Dissertation »Abstraktion und Einfühlung« heraus. Sie sollte für eine neue Auffassung der Kunst programmatische Bedeutung gewinnen; ursprünglich hatte sich der Verleger an Worringer gewandt, um von ihm für die »Klassischen Illustratoren« einen Text über Cranach zu erhalten. Wilhelm Worringer war im Generationsjahrzehnt der Expressionisten geboren worden. Er studierte in München Kunstgeschichte und promovierte 1907 mit seiner Arbeit »Abstraktion und Einfühlung«, die Nachwirkungen wie selten eine andere derartige Schrift gehabt hat. Worringer nannte die wenig später bei Piper erschienene Buchveröffentlichung im Untertitel »Ein Beitrag zur Stilpsychologie« und war sich damals wohl nur ansatzweise bewußt, daß er damit eine neue Richtung in der Kunstbetrachtung eröffnet hatte. Piper schrieb über Worringer und sein zentrales Werk in seinen Erinnerungen:

> »Worringer war autodidaktisch zu seiner Entwicklung gelangt. Insofern wußte er, als ich ihn nach dieser fragte, auch kaum etwas darüber auszusagen, wie es dazu gekommen war, daß sich in ihm so selbständige Gedankengänge ausgebildet hatten, wie sie dann in ›Abstraktion und Einfühlung‹ zur Niederschrift gekommen sind. Ihm hatte damals jedes Bewußtsein davon gefehlt, daß er damit etwas Besonderes in die Welt gesetzt hatte ... Er dachte von seiner Arbeit so wenig groß, daß er gar nicht auf die Idee gekommen war, es werde sich ein Verleger dafür finden. Und so begnügte er sich mit der vorgeschriebenen bloßen Drucklegung als Dissertation ... bald folgte Auflage nach Auflage, das Buch wurde berühmt und hatte weittragende Wirkung. Auf Kunst- und Menschheitsgeschichte eröffnete die Arbeit überraschende Ausblicke. Vom Verfasser ungewollt, wurde sie zu einer Programmschrift des Expressionismus.« (LaV, S. 276f.)

1909

Kurt Bertels schied aus dem Verlag aus. Er hatte bereits drei Jahre nach seinem Eintritt das Interesse wieder verloren und wollte seinen Anteil verkaufen.

> »Das war mir eine sehr unangenehme Überraschung, brachte sie doch neue Unruhe und Ungewißheit für mich. Innerhalb dreier Jahre sollte ich nun schon wieder den Teilhaber wechseln! Das einzige, was mir Bertels gegenüber etwas Sicherheit bot, war der Umstand, daß er seinen Anteil nicht an jeden beliebigen, der dazu Lust hatte, verkaufen konnte. Der neue Teilhaber mußte sich auch mit mir verständigen, und ich mußte bereit sein, mit ihm einen Vertrag abzuschließen.« (LaV, S. 289)

Daraufhin nahm Reinhard Piper den 34jährigen Adolf Hammelmann (1875–1959) als Kompagnon auf. Im Jahre 1913, als eine weitere Verbreiterung der Kapitalbasis sinnvoll schien, kam schließlich noch der vermögende Finanzamtmann Alfred Eisenlohr (1875–1952) hinzu, der für die Jahre bis 1931 die kaufmännische Leitung des Verlages übernahm.

Hammelmann, der in Freiburg im Breisgau lebte, hatte Medizin und Literatur studiert und einen Verlag gesucht, in den er sich einkaufen konnte:

> »Mit Hammelmann bin ich von 1909 bis 1926 zusammengeblieben, und wir haben in diesen nahezu zwanzig Jahren kaum einen ernsten Konflikt miteinander

gehabt. Er erwies sich als klug, vornehm denkend, offen und umgänglich und schrieb klare, wohldurchdachte Briefe. Auch war er musikalisch, und so fanden wir uns gar manches Mal am Flügel zusammen. Im Verlag überließ er mir neidlos die Initiative.« (LaV, S. 289)

Bevor Hammelmann Pipers Teilhaber wurde, hatte er Erkundigungen über den Verlag eingezogen. In der Beurteilung der Münchner Auskunftei Schimmelpfeng wurde ihm in bezug auf Piper bescheinigt: »Einzelne Werke des Verlages erreichten schon eine hohe Auflage und brachten guten Verdienst, andere rentierten weniger gut. Die Betriebsmittel liegen anscheinend im Verlage ziemlich fest, da Zahlungen manchmal langsam erfolgen, im Allgemeinen gelten jedoch die Verhältnisse der Firma als geordnet. Am Platze wird den fleißigen und strebsamen jungen Leuten mit Vertrauen begegnet.« (Auskunft der Auskunftei W. Schimmelpfeng vom 4.5.1909, Archiv des Piper-Verlages; künftig abgekürzt als Piper-Archiv)

Dem entspricht auch eine Darstellung der Auskunftei Bürgel, die nur wenige Tage später der Firma Carl Seippel, Karlsruhe, folgende Auskunft gab: »Irgend welche Klagen über die Firma sind bisher noch nicht laut geworden, man bringt den Inhabern persönlich wie geschäftlich Vertrauen entgegen & glaubt derselben demnach auch einen mäßigen Credit gewähren zu dürfen. Für die ... Geschäftsräume zahlt die Firma monatl. 45 Mark, welcher Betrag bisher prompt abgeführt wurde.« (Auskunft der Auskunftei Bürgel vom 8.5.1909, Piper-Archiv)

Adolf Hammelmanns Tochter Marianne de Barde

(1909–1992) war dem Verlag bis zuletzt freundschaftlich verbunden.

Seit diesem Jahr stand das neuentdeckte Werk Hans von Marées' im Zentrum des Kunstprogramms. Wieder einmal war es Ernst Neumann gewesen, der Piper mit dem Werk des in Vergessenheit geratenen Künstlers bekannt gemacht hatte. Mit dem Namen Hans von Marées ist der von Julius Meier-Graefe in gleicher Weise eng verknüpft wie der von Reinhard Piper. Nach der Absage Adolf von Hildebrands nämlich hatte der Verleger in Meier-Graefe 1906 den richtigen Autor für eine Monographie gefunden. »Seit langem hege ich den Plan, einem großen Künstler in einem Buch ein Denkmal zu setzen: Hans von Marées« (BAK, S. 71), schrieb Piper im April 1904. In mehrjähriger Arbeit entstand die dreibändige Gesamtdarstellung »Hans von Marées. Sein Leben und sein Werk« (1909–1910), von der in diesem Jahr der erste Teil erschien. Zur Finanzierung der zunächst einbändig geplanten Ausgabe hatte der Verlag eine Subskriptionseinladung für eine »Museumsausgabe« in 30 Exemplaren versandt:

> »Das Buch wurde aus einem Einbänder ein Zweibänder und schließlich ein Dreibänder. Es sollten alle Gemälde und fast alle Zeichnungen abgebildet werden. Mit dem Umfang des Werkes wuchsen selbstverständlich die Kosten. Die ursprüngliche Kalkulation war längst überschritten, und wir konnten uns schließlich nicht verhehlen, daß die Herstellung aller drei Bände zusammen gegen vierzigtausend Mark kosten würde. Ich hatte mich mit dem Buch in ein Abenteuer gestürzt. Die Mittel des Verlags waren damals noch sehr bescheiden.

> Wie sollte das Geld durch den Verkauf wieder hereinkommen? Da hatte Meier-Graefe eine ausgezeichnete Idee. Es wurde eine ›Museumsausgabe‹ in dreißig Exemplaren hergestellt, und diesen wurden als Auszeichnung je drei Mappen beigegeben mit Photographien von Zeichnungen, aufgelegt auf Karton, vor allem solcher, die in dem Buch selbst nicht reproduziert wurden. Der Preis des Exemplars wurde auf achthundert Mark festgesetzt und die Ausgabe brieflich Museen und Sammlern angeboten. Bevor noch das Werk ganz fertig war, lagen bereits Subskriptionen auf die Mehrzahl dieser Exemplare vor. Damit war schon die Hälfte der Gesamtkosten gesichert.« (LaV, S. 254 f.)

Im Jahre 1912 dann gab Meier-Graefe eine kleine populäre Fassung, 1920 eine Sonderausgabe der Briefe heraus.

Wilhelm Hausensteins Werk »Der Bauern-Bruegel« erschien in diesem Jahr in erster Auflage als sechster Band in der Reihe der »Klassischen Illustratoren«. Es war die erste kunsthistorische Schrift des Autors, der noch viele andere folgten. Bereits 1911 wurde sein kunstsoziologisches Hauptwerk »Der nackte Mensch in der Kunst aller Zeiten und Völker« veröffentlicht. Reinhard Piper hatte die Bekanntschaft Hausensteins über seine Schwester Gertrud gemacht.

1910

Reinhard Piper trat in diesem Jahr zum ersten Mal selbst als Autor im Verlag auf, mit dem Band »Das Tier in der Kunst«. Zu diesem Zeitpunkt entstand die freundschaftliche Verbindung zu Franz Marc (1880–1916), der während Pipers Arbeit an dem Buch bei Brakl in München eine Ausstellung hatte. Der Verleger erwarb für 25 Mark die Lithographie »Pferde in der Sonne«. Dazu schrieb er in seinen Lebenserinnerungen:

> »Die Verkäufe waren so gering, daß auch der kleinste dem Künstler auffallen mußte. Er besuchte mich daraufhin im Verlag ... Er kam noch gerade recht, daß ich auf der vorletzten Seite meines Buchs eine seiner Plastiken, eine Pferdegruppe in Bronze, abbilden konnte.« (LaV, S. 294)

Piper zog Marc noch mehrfach für Illustrationsaufgaben heran.

Christian Morgenstern (1871–1914) bot Reinhard Piper 1910 seine Gedichte an:

> »Anfang 1910 – vier Jahre vor seinem Tode – wandte sich Christian Morgenstern von Meran aus an den Verlag und bot zwei Gedichtbände an, ›Einkehr‹ und ›Ich und Du‹. Was veranlaßte ihn, sich gerade an mich zu wenden? Ich verlegte Buddho, Schopenhauer und Dostojewski, und es war ihm ein lieber Gedanke, in der Gesellschaft dieser drei Großen sein zu dürfen.
>
> Die Gedichte gefielen mir sehr, aber ich reagierte als

Verleger durchaus nicht begeistert darauf.« (LaV, S. 289f.)

Er übernahm dann aber doch Morgensterns Gedichtband »Einkehr«. Reinhard Piper war seither sein Hauptverleger, und nach dessen Tod 1914 gab die Witwe Margareta Morgenstern sukzessive den umfangreichen Nachlaß heraus. Christian Morgensterns »Stufen. Eine Entwicklung in Aphorismen und Tagebuch-Notizen«, die erstmalig 1918 bei dem Münchner Verleger veröffentlicht wurde, erschien 1951 in 18. Auflage. Im Laufe der Jahre publizierte man alle, auch die früher in anderen Verlagen erschienenen Werke Morgensterns sowie diejenigen aus seinem Nachlaß. 1933 erschien außerdem im Piper Verlag eine Morgenstern-Biographie seines Freundes Michael Bauer (fertiggestellt von Margareta Morgenstern). Eine Briefausgabe wurde 1962 veröffentlicht, eine Ausgabe »Gesammelte Werke« 1965 (beide herausgegeben von Margareta Morgenstern) sowie 1979 die »Jubiläumsausgabe in vier Bänden«, herausgegeben von Clemens Heselhaus. Christian Morgensterns Werk ist bis heute ein wichtiger Bestandteil des Verlagsprogramms.

Mit Paul Stefans »Gustav Mahler«, dem ersten Buch über den inzwischen schon berühmt gewordenen Komponisten, das mehrfach erweitert und 1921 in vierter Auflage erschien, kündigte sich in diesem Jahr ein weiteres Interessengebiet des Verlegers an: die Musik.

Reinhard Piper selbst war ein begabter Klavierspieler, der aus einer hochmusikalischen Familie stammte, sein Vater Otto Piper beispielsweise hatte eine Reihe von Opern komponiert. Klaus Piper erinnert sich:

5 *In der Hohenzollernstraße 23 im Hof, um 1910. Von rechts nach links: Carl Krause, Adolf Hammelmann, Reinhard Piper*

»Schon bei meinen Großeltern väterlicherseits und erst recht in meinem Elternhaus war das Klavier das beherrschende Musikinstrument. Meine Großeltern Piper hatten sich in Rostock (Mecklenburg) beim Vierhändigspielen kennengelernt, und meine Großmutter erzählte ihren Enkeln von dem Klavierunterricht, den sie bei einer Meisterschülerin von Clara Schumann gehabt hatte ... Mein Vater nahm meinen Bruder, der später Berufspianist und Hochschullehrer wurde, und mich oft zu Symphoniekonzerten mit. Damals gab es noch sehr wenige Schallplatten. Deshalb bereiteten wir uns auf die Konzerte vor, indem unser Vater mit den Söhnen – mal mit dem einen, mal mit dem anderen – das

Programm des Abends ... vor dem Konzert zu Hause vierhändig am Klavier durchspielte. Dies hatte übrigens auch den Vorzug, daß wir Brüder gute Vomblattspieler wurden.« (SuB, S. 145 f.)

Das Gebiet der Musik blieb in den Anfangsjahren gleichwohl im Verlag vergleichsweise bescheiden. Die wenigen erschienenen Musikbücher, vor allem in den ersten zehn Verlagsjahren, zeigen eher die persönliche Neigung des Verlegers als ein tatsächlich zielbewußt gepflegtes Programm. Dennoch handelte es sich bei den Publikationen zu Gustav Mahler und Arnold Schönberg – den wichtigsten modernen Komponisten dieser Jahre – um die ersten Veröffentlichungen in diesem Zusammenhang überhaupt. Heutige Hörer der zarten lyrischen, von der Zwölftonmusik noch unendlich weit entfernten Stücke dieser Musiker werden die damalige Erregung kaum nachempfinden können. Schon bei früherer Gelegenheit hatte ein Wiener Kritiker Schönberg bescheinigt, er mache »wilde, ungepflegte Demokratengeräusche«, seinem Förderer Gustav Mahler wurde »das hohe Protektorat über entartete Musik« zugesprochen. Auf die Maler des »Blauen Reiter« machte die Musik dagegen einen tiefen Eindruck. Nachdem Kandinsky am 1. Januar 1911 ein Konzert mit Werken von Schönberg gehört hatte, schrieb er ihm enthusiastisch: »Ich habe eben Ihr Koncert gehört und habe wirkliche Freude daran gehabt. Sie kennen mich, d. h. meine Arbeiten natürlich nicht ... Unsere Bestrebungen aber und die ganze Denk- und Gefühlsweise haben soviel Gemeinsames, daß ich mich ganz berechtigt fühle, Ihnen meine Sympathie auszusprechen. Sie haben

6 *Reinhard Piper mit seiner Frau Gertrud Engling*

in Ihren Werken das verwirklicht, wonach ich in freilich unbestimmter Form in der Musik so eine große Sehnsucht hatte. Das selbständige Gehen durch eigene Schicksale, das eigene Leben der einzelnen Stimmen in ihren Compositionen ist gerade das, was auch ich in malerischer Form zu finden versuche.«

Dieser Brief war der Anfang einer intensiven Beziehung zwischen den beiden Künstlern. Kandinsky setzte sich im folgenden sehr für den Komponisten ein. Als im März 1912 eine Festschrift für Arnold Schönberg im Piper Verlag erschien, steuerte er einen Beitrag über dessen Malerei bei. Reinhard Piper ergriff mit diesem Buch für einen

Musiker Partei, dessen »atonale« Tonsprache von den meisten Zeitgenossen als »Ausgeburt des Irrsinns« abgetan wurde.

Schließlich steuerte auch die Schwester des Verlegers 1910 wieder etwas zur Gestaltung des Programms bei: In ihrer Übersetzung nämlich erschien in diesem Jahr der Roman »Auf dem weißen Felsen« von Anatole France.

In diesem Jahr heiratete Reinhard Piper die Malerin Gertrud Engling (1886–1970).

1911

Das Jahr 1911 ist vor allem durch einen Namen gekennzeichnet: Arthur Schopenhauer (1788–1860). Für einen Verleger ist es nicht unbedingt die Regel, daß Projekte, die bereits bei Gründung eines Unternehmens als »Idee« vorhanden sind, über Jahrzehnte hinaus wirksam bleiben und manchmal sogar ein Leben lang die Arbeit begleiten. So war es aber nicht nur bei Pipers Engagement für Dostojewski, vielen seiner Künstlerbeziehungen und den Buddho-Übertragungen Karl Eugen Neumanns, dies galt auch für den Plan einer Schopenhauer-Gesamtausgabe im Piper Verlag.

In einem Brief vom 19. August 1910 hatte Reinhard Piper an seinen Teilhaber Hammelmann geschrieben:

> »Ich habe Ihnen einen Verlagsvorschlag von großer Tragweite zu machen. Er entspringt nicht einem augenblicklichen Einfall, sondern ich trage ihn schon

seit einigen Wochen mit mir herum und wollte die Idee reifen lassen. Es handelt sich, ganz allgemein gesprochen, um die Schopenhauer-Ausgabe... Ich füge noch hinzu, daß ich seit meinen Lehrlingsjahren stets ein eifriger Schopenhauer-Leser gewesen bin und deshalb die Sache nicht eine rein geschäftliche Angelegenheit ist.« (Piper-Archiv)

Schon als Lehrling hatte Piper sich mit Schopenhauer beschäftigt; dabei machte er sich Aufzeichnungen über dessen Schriften und Theorien, die ihn stark berührten. Ausgangspunkt war die zufällige Lektüre der »Neuen Paralipomena« gewesen:

»In dieser Stimmung lernte ich einen Autor kennen, der mir in meinem ganzen künftigen Leben viel bedeutete. Ein unbekannter Käufer hatte im Laden einen sehr zerlesenen, braun gebundenen Reclamband liegengelassen, in den ich hineinschaute. Es war der vierte Band von Schopenhauers Nachlaß, die ›Neuen Paralipomena‹ ... In Schopenhauer fand ich einen jener seltenen unbestechlichen Geister, die den Leser nicht mit schönen, harmonischen Phrasen abspeisen ... Nach der ersten Lektüre dieses Schopenhauerbandes sagte ich mir, da müsse man doch die entscheidenden Sätze auf einen Bogen zusammendrucken und an möglichst viele Menschen verteilen!... Der Verleger regte sich zum erstenmal in mir ... Aus diesem Wunsch, einen Bogen Schopenhauer unter die Menschen zu bringen, erwuchs ein Jahrzehnt später das Wagnis meiner großen Schopenhauerausgabe. Sie sollte die erste ganz vollständige werden. Für ihre Herausgabe gewann ich den damals berühmtesten Vertreter der Schopenhauerschen Philosophie, Paul Deussen.« (LaV, S. 110f.)

Paul Deussen, ein Jugendfreund Friedrich Nietzsches und Anhänger Schopenhauers, war Philosophieprofessor in Kiel und hatte die Upanischaden übersetzt, theologische Texte, die die frühesten philosophischen Betrachtungen der Inder enthalten. Dieses Werk hatte auch Schopenhauer stark beeinflußt. Reinhard Piper hatte sich im Mai 1904 an Deussen gewandt und ihm versichert, welchen geistigen Gewinn er aus seinen Übertragungen und seiner Geschichte der Philosophie gezogen habe:

»Bei meinem persönlichen, menschlichen Interesse für alles, was sich mit der von Ihnen, im Anhang zu den Erinnerungen an Nietzsche – Linie: Vedanta, Platonismus, Christentum, Kant-Schopenhauer – befaßt, würde ich mich glücklich schätzen, an der Ausarbeitung, Verdeutlichung, Bewußtmachung dieses Grundgedankens wenigstens als Verleger teilnehmen zu können.« (BAK, S. 77)

Piper erhielt zwar nicht den damit für die Taschenbibliothek »Fruchtschale« gedachten Text, wohl aber war jetzt eine erste Verbindung zu dem späteren Hauptherausgeber der historisch-kritischen Schopenhauer-Ausgabe entstanden. Neben Paul Deussen sollte sich auch Franz Mockrauer wesentlich an dem Unternehmen beteiligen.

Die Ausgabe war zum 50. Todestag Schopenhauers am 21. September 1910 als zehnbändiges Werk angekündigt worden, »in würdigster Ausstattung, absoluter Korrektheit und einer bisher unerreichten Vollständigkeit«. Bereits im Juni 1911 lag der erste Band von »Die Welt als Wille und Vorstellung« vor, bis 1913 wurden insgesamt sechs Bände veröffentlicht. 1916, während des Krieges, erschien ein weiterer Titel. Nach Deussens Tod 1919 führten Franz Mockrauer, Arthur Hübscher und andere die Arbeit fort. Bis 1942 erschienen 16 Bände, jedoch konnte die Schopenhauer-Edition nicht vollendet werden.

In diesem Jahr wurde darüber hinaus – unter anderem auf Initiative des Verlegers – die Schopenhauer-Gesellschaft gegründet, die der Verehrung für den großen Philosophen Ausdruck geben sollte. Piper hatte seinen Plan einer Schopenhauer-Ausgabe verschiedenen Gelehrten vorgelegt; es antwortete auch der Berliner Rechtsanwalt Posener, der daraufhin die Konstituierung einer Schopenhauer-Gesellschaft vorschlug. Deussen, der anfangs zögerte, gründete sie am 30. Oktober 1911, unterstützt von Wilhelm von Gwinner und Josef Kohler, und übernahm den Vorsitz. Die Gesellschaft errichtete ein Schopenhauer-Archiv in Frankfurt am Main, gab ab 1912 ein Jahrbuch heraus und veranstaltete vielbeachtete Tagungen. Seit 1936 führte Arthur Hübscher den Vorsitz.

Reinhard Piper wäre wohl kein wirklicher Münchner Verleger geworden, wenn er nicht auch gelegentlich einen bayerischen Autor im Programm gehabt hätte. In den Jahren 1911 und 1912 war es Georg Queri

(1879–1919) mit seinen Erzählungen und Sammlungen bayerischer Bräuche und Redensarten. Neben dem »Wöchentlichen Beobachter von Polykarpszell« erschien im selben Jahr »Bauernerotik und Bauernfehme in Oberbayern« (1911) in 800 Exemplaren als Privatdruck, weil der Verleger die Konfiszierung durch die Münchner Staatsanwaltschaft befürchtete. Bei der Sammlung »Kraftbayrisch« (1912) kam es dann zu dem erwarteten Prozeß. »Thoma hat mir sein Wort gegeben, das Buch zu verteidigen und einen Großfeldzug zu machen, wenn irgendetwas passiert« (BAK, S. 139), hatte Queri schon vor Erscheinen seinen Verleger beruhigt. Schließlich wurde das Buch auch tatsächlich aufgrund der zahlreichen positiven Gutachten der Sachverständigen – darunter Ganghofer, Conrad und Mauser – sowie vor allem Ludwig Thomas energischer Verteidigungsschrift wieder freigegeben. Die Staatsanwaltschaft hatte daraufhin allerdings gegen den Freispruch durch das Landgericht München I Berufung eingelegt, die vom Reichsgericht jedoch verworfen wurde.

Ähnlich erging es übrigens auch Honoré de Balzacs »Ergötzlichen Geschichten«, die kurz nach ihrem Erscheinen vom Staatsanwalt beschlagnahmt, nach Anhörung von Sachverständigen jedoch wieder freigegeben wurden. Im Jahre 1950 sollten sie in der Übersetzung von Paul Wiegler mit Illustrationen von Gustave Doré (1832–1883) neu aufgelegt werden.

Reinhard Piper akzeptierte und verlegte seitdem alle Werke Queris, die jedoch nur schwer verkäuflich waren. Ihre Ausstattung und Illustration besorgte Paul Neu (1881–1940), Maler, Graphiker, Illustrator und Kunstgewerbler. Er wurde 1912 Mitglied des Werkbundes und hinterließ ein reichhaltiges Plakatwerk, das heute in den Beständen der Plakatsammlung des Münchner Stadtmuseums aufbewahrt wird.

Ein wichtiger Diskussionsbeitrag in der aktuellen Auseinandersetzung um die Bewertung moderner Kunst war die Schrift »Im Kampf um die Kunst« mit Beiträgen von Künstlern, Galeriedirektoren, Sammlern und Schriftstellern. Dieses Buch war gegen den »Protest deutscher Künstler« gerichtet, den der Worpsweder Maler Carl Vinnen im Verlag Eugen Diederichs herausgegeben hatte.

»Die Fühlung mit Meier-Graefe ist jetzt sehr eng und das Vertrauen seinerseits sehr groß«, teilte Piper dazu seinem Teilhaber Hammelmann im Mai 1911 mit. »Kürzlich erschien bei Diederichs eine Broschüre ›Ein Protest deutscher Künstler‹ gegen französische Malerei mit Beiträgen von den meisten Münchnern. Die Sache hat ziemlich viel Staub aufgewirbelt und wendet sich offen und versteckt gegen Meier-Graefe.« Carl Vinnen hatte in dieser Schrift deren Unmut gegen den Ankauf ausländischer Kunst, vor allem der französischen Moderne, zusammengefaßt und damit nicht nur Meier-Graefe, sondern alle fortschrittlichen Kunstkritiker und Galerieleiter angegriffen.

Es war vor allem Alfred Walter Heymel gewesen, der eine Erwiderung von namhaften Sammlern und Künstlern in den »Süddeutschen Monatsheften« folgen ließ, die dann stark erweitert als Buch bei Piper erschien. Um der Sache willen akzeptierte er sogar einen von Piper vorgeschlagenen Honorarverzicht.

»Die Schrift war ein geschlossener Angriff der Reaktion... Fast alle modernen Künstler von Rang erhoben ihre Stimme: Liebermann, Corinth, Slevogt, L. von König, Beckmann, Rösler, Kardorff, E. R. Weiß, Klimt, Moll, Modersohn, Rohlfs, Schlittgen, Hofer, Pechstein, Pascin, Amiet, van de Velde, Gaul, Kolbe, Haller, Marc, Kandinsky, Macke. Von Schriftstellern ergriffen das Wort: Worringer, Hausenstein, Eßwein, Moeller van den Bruck, Tietze, Biermann, Grautoff, Graf Keßler, Voll.« (LaV, S. 296f.)

Die Stellungnahme des russischen Malers und Graphikers Wassily Kandinsky (1866–1944) wollte Piper zunächst nicht bringen, weil er den Beitrag inhaltslos fand, und ihm dessen Ausführungen »zu sehr in von Anschauungen entleerten Begriffen« gehalten schienen. Erst auf Franz Marcs energische Intervention hin, der ganz entscheidend zum Zustandekommen der Vinnen-Gegenschrift beigetragen hatte, lenkte er ein. Piper unterhielt ja bereits damals nicht nur geschäftliche, sondern vor allem auch freundschaftliche Kontakte zu dem Künstler, die über den Kauf einer seiner Lithographien während Pipers Arbeit an dem Buch »Das Tier in der Kunst« (1910) zustande gekommen war. Marc war neben Kandinsky auch die treibende Kraft des sich für den Verleger noch als so bedeutend herausstellenden Künstlerkreises gewesen, der sich Ende 1911 von der »Neuen Künstlervereinigung München« löste und die Gruppe »Der Blaue Reiter« gründete.

Am 13. Juni 1911 schrieb Marc an Kandinsky: »Was Sie da über Piper erzählen, hat mich furchtbar geärgert. Dieser Esel! Ich hab' ihm sofort geschrieben, mit aller möglichen Deutlichkeit und etwas grob, aber doch so, daß ich hoffe, er druckt Ihren Artikel doch noch. Stolz ihm gegenüber hat gar keinen Sinn. Er ist es gar nicht wert, daß man seinen Entschluß, nicht zu drucken, als eine diskutable Meinungsäußerung behandelt; er ist Setzerlehrling und muß es eben thun.« Der Setzerlehrling nahm sich die Mahnung zu Herzen, und der Beitrag erschien. Kandinsky hatte indessen schon eine neue Aufgabe für ihn. In seinem Antwortbrief an Marc heißt es:

»Nun! Ich habe einen neuen Plan. Piper muß Verlag besorgen und wir beide... die Redakteure sein. Eine Art Almanach (Jahres-) mit Reproduktionen und Artikeln nur von Künstlern stammend. In dem Buch muß sich das ganze Jahr spiegeln, und eine Kette zur Vergangenheit und ein Strahl in Zukunft müßen diesem Spiegel das volle Leben geben. Bezahlt werden die Autoren eventuell nicht. Eventuell bezahlen sie selbst ihre Clischees. U.s.w. u.s.w. Da bringen wir einen Ägypter neben einem kleinen Zeh, einen Chinesen neben Rousseau, ein Volksblatt neben Picasso u. drgl. noch viel mehr! Allmählich kriegen wir Literaten und Musiker. Das Buch kann ›die Kette‹ heißen oder auch anders.«

Das war die Geburtsstunde des Almanachs »Der Blaue Reiter«, der im darauffolgenden Jahr bei Piper zur Veröffentlichung gelangen sollte.

Von Dmitri Mereschkowski erschien 1911 der Roman »Julianus Apostata« aus der Trilogie »Christ und Antichrist«. Er war, ebenso wie der 1910 verlegte »Leonardo da Vinci«, wenig beachtet, bereits in einem Leipziger Verlag erschienen. Bei Piper wurden beide große Verkaufserfolge.

> »Gewisse Werke sind in ihrer Absatzkraft nahezu unerschöpflich. Diese Neuausgabe von etwas auch schon vorher Vorhandenem wurde zu einem jener ›Verdiener‹, die der Verlag, ach, so gut brauchen konnte – ein besserer Verdiener als alle seine ›Entdeckungen‹.« (LaV, S. 285)

Dies war zwar etwas überspitzt formuliert, beleuchtete aber, daß bei einer kreativen Verlegertätigkeit der intellektuelle Anspruch und das kommerzielle Ergebnis nicht immer zur Deckung kommen.

In diesem Jahr wurde auch Reinhard und Gertrud Pipers erster Sohn Klaus geboren, der bis heute die Leitung des Piper Verlages innehat.

1912

Von Georg Queri wurden in diesem Jahr drei neue Titel angeboten, darunter ein »Bayerischer Kalender auf das Jahr 1913« und das »Kraftbayrisch«. Auch dieses »Wörterbuch der erotischen und skatologischen Redensarten der Altbayern« erschien als Privatdruck, wurde wegen »Vergehens gegen die Sittlichkeit« in einem sogenannten objektiven Verfahren (das sich gegen das Buch und nicht gegen den Autor richtete) vom Staatsanwalt beschlagnahmt, jedoch, wie bereits erwähnt, nach Anhörung von Sachverständigen wieder freigegeben.

Von Meier-Graefe erschienen Monographien über »Camille Corot« und »Edouard Manet«.

Die Musik war mit einer Sammlung von Aufsätzen prominenter Autoren über Arnold Schönberg – die erste Veröffentlichung über Schönberg überhaupt – vertreten.

Das bedeutendste Verlagsereignis dieses Jahres war zweifellos der Almanach »Der Blaue Reiter«. Durch die eindeutige kunstpolitische Ausrichtung der Anti-Vinnen-Broschüre, die unter dem grundsätzlicheren Titel »Deutsche und französische Kunst« noch zwei weitere Auflagen erlebte, hatte Reinhard Piper zweifelsfrei seine Meinung öffentlich dargelegt. Sein Verlag war über das Engagement für die französischen Impressionisten und die Anfänge des Expressionismus zum Verlag der deutschen Künstleravantgarde geworden.

Das reich illustrierte Werk mit »Aufsätzen über die neue Kunstbewegung« von Franz Marc, David Burljuk, August Macke, Arnold Schönberg, M. Kusmin, Roger Allard, Thomas von Hartmann, Erwin von Busse, Leonid Sabanejew, Alfred Kubin und Wassily Kandinsky erschien in einer Auflage von 1200 Exemplaren und in insgesamt vier verschiedenen Ausgaben, was typisch für die Verlagspolitik Reinhard Pipers war: geheftet, gebunden, in einer Luxusausgabe und schließlich in einer Museumsausgabe mit einer Originalzeichnung oder einem Aquarell eines der beteiligten Künstler. Die Museumsausgabe, die in nur 10 Exemplaren herauskam, kostete 100 Mark und war schnell vergriffen. Öfters schon war es Piper gelungen mit solchen Museumsausgaben die gesamten Herstellungskosten eines Buches zu decken, im vorliegenden Fall allerdings nicht: wieder einmal waren die Kosten erheblich höher als die erzielbaren Einnahmen gewesen.

7 Wassily Kandinsky und Franz Marc mit dem Titelholzschnitt zum Almanach »Der Blaue Reiter«, 1912

Den Hauptteil der von Piper zunächst für die Publikation geforderten Finanzierungsgarantie – schließlich hatte er auf diesem Gebiet schon manche schlechte Erfahrung machen müssen, und der Verlag war zu der Zeit mit anderen Vorhaben eigentlich schon völlig ausgelastet – trug der Berliner Fabrikant Bernhard Koehler. Dieser hatte im Jahre 1876 die Mechanischen Werkstätten gegründet und war ein großer Förderer der Gegenwartskunst. Seine Nichte Elisabeth war mit August Macke verheiratet, durch diesen wiederum hatte er Marc kennengelernt, so daß er dem »Blauen Reiter« auch persönlich verbunden war. Im Vorjahr hatte Bernhard Koehler jun., ebenfalls ein begeisterter Kunstfreund, beispielsweise so viele Bilder von Franz Marc gekauft, daß er die Zugrückfahrt nach Berlin mangels verfügbarer Geldmittel in der 4. Klasse absolvieren mußte. Den Rest der Vorschußfinanzierung für den »Blaue Reiter«-Almanach übernahmen der Berliner und Düsseldorfer Kunsthändler Alfred Flechtheim und Karl Ernst Osthaus, der Begründer des Folkwang-Museums in Hagen. Beide hatten sich seinerzeit auch an der Schrift gegen den Vinnen-Protest beteiligt.

Die Texte und künstlerischen Bildbeispiele des Almanachs wurden ergänzt durch Musikbeilagen von Arnold Schönberg, Anton von Webern und Alban Berg. Die Herausgeber, Wassily Kandinsky und Franz Marc, waren ein Jahr zuvor zusammen mit Gabriele Münter und Alfred Kubin aus der »Neuen Künstlervereinigung« ausgetreten. Die erste Ausstellung der Redaktion »Der Blaue Reiter« war am 18. Dezember 1911 in der Galerie Thannhauser mit Arbeiten von insgesamt 13 Malern – darunter Kandinsky, Münter, Marc, Macke, Heinrich Campendonk, Arnold Schönberg, Robert Delaunay, Henri Rousseau, David und Vladimir Burljuk sowie Albert Bloch eröffnet worden. Schon am 12. Februar 1912, nur sechs Wochen nach Schließung der ersten, folgte die zweite, die sogenannte Schwarzweiß-Ausstellung, in der vor allem Graphik des »Blauen Reiter«, der »Brücke«, der Berliner Sezession, einiger Russen, Franzosen und Schweizer gezeigt wurde.

Im Herbst 1911, also Monate vor der ersten Ausstellung des »Blauen Reiter« und auch Monate vor der Spaltung der »Neuen Künstlervereinigung München«, war schon intensiv am Almanach gearbeitet worden. Am 21. September, eine Woche vor Vertragsunterzeichnung, hatte Kandinsky an Marc geschrieben: »Eben von Piper & Co. zurückgekommmen. Es geht alles gut. Ca. 2 Stunden gesprochen. – Meine Schrift muß ich definitiv liefern und der Satz beginnt. – Piper und Hammelmann sind beide sehr gegen das Wort ›Almanach‹ und mit Recht. So will ich dieses Wort vom Holzstock herausschneiden.«

Obwohl die den Almanach tragende Gruppe nur kurze Zeit bestand und die geplanten Fortsetzungen nicht zustande kamen, hatte »Der Blaue Reiter« eine große Wirkung. Er gilt heute als die bedeutendste künstlerische Programmschrift des 20. Jahrhunderts. Er setzte nicht auf eine Elite wie der George-Kreis, auch nicht auf eine einheitliche Stilbildung wie die »Brücke«. Sein Ziel war die künstlerische Synthese, die offene Verständigung der künstlerischen Avantgarde: Er verband nicht nur Beiträge und Abbildungen aus dem In- und Ausland, sondern stellte auch Kunstwerke aus ganz unterschiedlichen Kontexten nebeneinander. Die Herausgeber versprachen sich davon Entscheidendes. Kandinsky schrieb in einem seiner Beiträge: »Wenn der Leser dieses Buches im Stande ist, sich seiner Wünsche, seiner Gedanken, seiner Gefühle zeitweise zu entledigen und dann das Buch durchblättert, von einem Votivbild zu Delaunay übergeht und weiter von einem Cézanne zu einem russischen Volksblatt, von einer Maske zu Picasso, von einem Glasbild zu Kubin u.s.w., so wird seine Seele viele Vibrationen erleben und in das Gebiet der Kunst eintreten.«

»Der Blaue Reiter« markierte zugleich die Geburtsstunde der Abstraktion. Kandinsky traf sich in seiner liberalen Einstellung, in seinem Willen zur Förderung des Neuen und seinem Glauben an die Möglichkeit sozialer Reformen durch die Kunst mit seinem Verleger Reinhard Piper, dessen Kunstliebe die Vorsicht des Kaufmannes trotz anfänglicher Bedenken hatte besiegen können. Denn selbst wenn das Buch für die Herausgeber und den Verlag einen Verlust verursachen würde, so hatte Piper gemeint, könne sich doch eine indirekte materielle Rentabilität ergeben: »Durch die Publikation wird die ganze Bewegung bekannt, sie wird debattiert und wenn daraufhin auch nur ein paar Bilder mehr verkauft werden, was doch sehr wahrscheinlich ist, so wird damit das Opfer, das für den Almanach gebracht worden ist, leicht mehr als aufgehoben.«

Damit aber war die Verbindung des Münchner Verlages zu dem Künstlerkreis des »Blauen Reiter« noch lange nicht erschöpft. In der Zeit der Arbeit am Almanach erschien, zur Jahreswende 1911/12, auch Kandinskys grundlegende Kunsttheorie »Über das Geistige in der Kunst«, die ein paar Jahre lang in der Schublade gelegen hatte, ohne daß Kandinsky einen Verleger hatte finden können. Nun kam sie bei Piper heraus, wobei wiederum Franz Marc die Wege geebnet hatte. Im Herbst 1913 folgten seine »Klänge«, Gedichte in Prosa mit 55 Original-Holzschnitten:

»Ich selbst war von dieser abstrakten Kunst nicht gerade begeistert, aber es schien mir dankenswert und nützlich, daß einmal jemand auskundschaftete, wie weit man in dieser Richtung kommen konnte.« (LaV, S. 299)

Alfred Kubin (1877–1959), ebenfalls Mitglied des »Blauen Reiter«, wurde für eine illustrierte Ausgabe von Dostojewskis »Doppelgänger« (1913) verpflichtet.

In dem Piper-Prospekt zum Almanach »Der Blaue Reiter« hatte Franz Marc geschrieben: »Die Kunst geht heute Wege, von denen unsre Väter sich nichts träumen ließen. Man hört die Apokalyptischen Reiter in den Lüften; man fühlt eine künstlerische Spannung über ganz Europa – überall winken neue Künstler sich zu: ein Blick, ein Händedruck genügt, um sich zu verstehen.« Der Erste Weltkrieg allerdings bereitete den eben begonnenen Aktivitäten kurze Zeit darauf ein jähes Ende. Marc fiel im März 1916 vor Verdun, ebenso August Macke, der schon in den ersten Wochen des Krieges an der Front starb. Bereits im Jahre 1914 hatten Kandinsky und Jawlensky als unerwünschte Ausländer das Land verlassen und die Franzosen wieder ihre Rolle als Erbfeind einnehmen müssen.

1913

Im neunten Geschäftsjahr des Piper Verlages wurde Alfred Eisenlohr neben Hammelmann zweiter Teilhaber Reinhard Pipers, dem so für einige Zeit nur ein Drittel seines Verlages gehörte.

Im Rahmen der Schopenhauer-Ausgabe erschienen 1913 vier neue Bände. Im Mai tagte in Frankfurt die neugegründete Schopenhauer-Gesellschaft. Der Herausgeber der Piperschen Ausgabe, Paul Deussen, hielt den Eröffnungsvortrag, Reinhard Piper war unter den Teilnehmern.

Die Dostojewski-Ausgabe wurde mit den »Literarischen Schriften« weitergeführt; gleichzeitig erschien »Der Doppelgänger« als Einzelausgabe mit sechzig Federzeichnungen von Alfred Kubin, dem österreichischen Zeichner und Illustrator, der seit 1906 zurückgezogen auf seinem Gut Zwickledt in Oberösterreich lebte.

> »Die Dostojewski-Ausgabe befruchtete auch die deutsche Illustrationskunst. Für den ›Doppelgänger‹, diese Geschichte von ungeheuerlicher Phantastik, schien mir Alfred Kubin der richtige Mann ... Der ›Doppelgänger‹ wurde eines der Meisterwerke seiner Zeichenkunst. Diese Mischung von tragischem Humor und hellsichtiger Psychologie lag ihm sehr.« (LaV, S. 282)

Dies war der Beginn einer langjährigen Zusammenarbeit und Freundschaft Reinhard Pipers mit dem Künstler, die in über 500 erhaltenen Briefen dokumentiert ist:

> »Zwischen Kubin und mir gingen unzählige Briefe hin und her, meist ganz ohne praktischen Anlaß – und die Mehrzahl der seinen hat er verschwenderisch mit Randzeichnungen verziert.« (LaV, S. 283)

Im Jahre 1907 bereits hatte der Verleger Kubin um Zeichnungen für Heinrich Stadelmanns »Die Stellung der Psychopathologie zur Kunst«, das im Jahre 1908 erschien, gebeten. Seitdem standen beide in steter Verbindung. Kubin gestaltete für den Piper Verlag Umschläge, illustrierte Romane und Erzählungen – neben Dostojewskis »Doppelgänger« auch Jean Pauls »Die wunderbare Gesellschaft in der Neujahrsnacht« (1921) – und veröffentlichte Bild- und Textbeiträge in verschiedenen Werken des Verlags. Außerdem erschien von ihm eine Reihe von Bänden mit Zeichnungen: »Am Rande des Lebens« (1921), »20 Bilder zur Bibel« (1924), »Abenteuer einer Zeichenfeder« (1942) und »Abendrot« (1952). Von überallher holte Kubin sich Nahrung für seine Phantasie. »Die Menschen wollen das Leben enträtseln. Mir aber macht erst das Geheimnis des Lebens das Leben schön und lebenswert« (LaV, S. 456), sagte er einmal in einem der vielen Gespräche mit Reinhard Piper. Er beherrschte nicht nur die Zeichenfeder, sondern widmete sich auch selbst der Schriftstellerei. Im Jahre 1909 hatte er seinen Roman »Die andere Seite« verfaßt, der bei Georg Müller erschien. Die autobiographischen Skizzen Kubins sind in dem Band »Dämonen und Nachtgesichte« gesammelt und gehören zu den aufschlußreichsten Selbstdarstellungen eines Künstlers.

In diesem letzten Jahr vor Kriegsausbruch wurde Reinhard Pipers zweiter Sohn geboren. Martin Piper ist Konzertpianist und bekleidete eine Professur an der Hochschule für Musik in München, wo er auch heute noch lebt.

1914

Als der Verlag zum zehnjährigen Bestehen gerade seinen ersten Almanach herausgebracht hatte, brach der Erste Weltkrieg aus. Die beiden Teilhaber Hammelmann und Eisenlohr mußten einrücken. Reinhard Piper wurde wiederholt gemustert, mußte aber nicht ins Feld ziehen. Den Teilhabern folgten die männlichen Mitarbeiter: »Bald nach Kriegsbeginn war ich neben vierzehn weiblichen Angestellten... der einzige Mann im Verlag.« (LaV, S. 390)

Der erste Almanach, dessen Umschlagzeichnung von René Beeh stammte, der später auch Maupassant illustrierte und den Piper durch Hausenstein kennengelernt hatte, war noch von der Befriedigung über das bis dahin Erreichte getragen:

> »Drei Namen stehen beherrschend über unserer Tätigkeit: Dostojewski, Marées, Schopenhauer. Dem größten Dichter, dem größten Künstler und dem größten Philosophen des neunzehnten Jahrhunderts haben wir zum ersten Mal Gesamt-Ausgaben gewidmet, die weit in die Zukunft hinüber wirken werden.« (Almanach 1904–1914, S. VII)

Das Nachwort resümierte:

> »Die beiden Hauptgruppen des Verlags sind Bildende Kunst und Schöne Literatur, denen sich Musik und Philosophie als kleinere Bezirke anschließen... In kostspieligen Mappenwerken für den Bilderschmuck des

8 *Sitzung der Schopenhauer-Gesellschaft im Saal der Akademie der Wissenschaften in München, Pfingsten 1914. Links neben der Büste Adolf Hammelmann, rechts neben der Tafel Alfred Eisenlohr, im Vordergrund sitzend Paul Deussen (zweiter von links), daneben Reinhard Piper*

> Reichen und in billigen Bänden, – in kleiner beschränkter Auflage und in Zehntausenden von Abzügen schickt der Verlag seine Werke hinaus, jedem Anspruch zu dienen suchend, soweit er nur auf wirklich Wertvolles sich richtet. So druckten wir Lautrecs elf entzückende Lithographien ›Elles‹ faksimilegetreu für achtzig Mark und 130 Tierdarstellungen aller Zeiten in Reinhard Piper's ›Tier in der Kunst‹ für eine Mark achtzig Pfennige.« (ebd. S. 193 und S. 200)

So umschrieb Reinhard Piper 1914 mit berechtigtem Stolz die ersten zehn Jahre Verlagsarbeit. Für ein mit anfangs so geringem Kapital getragenes Unternehmen war dieser

Start aus dem Stand heraus in der Tat beachtlich. Fast 300 Titel hatte der Verlag herausgebracht, darunter 21 von Dostojewski, 19 von Meier-Graefe und 14 von Schopenhauer. Piper hatte die bedeutendsten Künstler seiner Zeit für sich gewinnen können, so daß der Verleger Kurt Wolff in einem Brief an den Kunsthistoriker Carl Georg Heise ein wenig neidvoll schrieb: »Die schönen und qualitätvollen Bücher um den Expressionismus herum sind die Domäne von Piper«.

Das erste allgemeine Buch über den Expressionismus war ebenfalls in diesem zehnten Verlagsjahr bei Piper erschienen: Paul Fechters »Der Expressionismus«. Fechter (1880–1958) war Schriftsteller, Literaturhistoriker und Journalist. 1935 schrieb er die Einführung zu den später beschlagnahmten Barlach-Zeichnungen.

Im ersten Kriegsjahr erschienen noch 17 Titel. Einem Boykott unterworfen wurde das Mappenwerk von Ferdinand Hodler (1853–1918), weil der Schweizer Künstler einen Protest gegen die »absichtliche Zerstörung« der Kathedrale von Reims durch deutsche Truppen unterzeichnet hatte. Abgesehen von der 1904 in Kommission genommenen Mappe mit den Arbeiten von Münchner Graphikern war dies das erste Mappenwerk im Piper Verlag. Reinhard Piper hatte den Maler im Sommer 1913 besucht. Die von Hodler kurz nach Erscheinen des Werkes geleistete Unterschrift hatte weitreichende Folgen: »Die Hodler-Mappe wurde dadurch von heute auf morgen unverkäuflich.« (LaV, S. 387) Im Jahre 1917 schließlich übernahm ein Schweizer Verlag die Auflage.

Auch sonst war der Verkauf der Verlagswerke in den Anfängen des Krieges stark beeinträchtigt. Der Schweizer

Kunsthistoriker und Schüler Jacob Burckhardts, Heinrich Wölfflin (1864–1945), der von 1912 bis 1924 in München lehrte, gab einen Band mit Dürer-Zeichnungen heraus, und obwohl das Buch vom Thema her ohne Konkurrenz war, wurden bei Erscheinen ganze 200 Exemplare bestellt; nach dem Krieg fand das Buch stärkeren Widerhall. Mit seinem Hauptwerk, den im Jahre 1915 veröffentlichten »Kunstgeschichtlichen Grundbegriffen« hat Wölfflin – ebenso bahnbrechend wie Julius Meier-Graefe, Wilhelm Worringer und Wilhelm Hausenstein – einen entscheidenden Vorstoß zur wissenschaftlichen Begründung der Kunstgeschichte unternommen. Der bei Piper im Jahre 1914 erschienene Dürer-Band konnte 1923 in fünfter Auflage herausgebracht werden.

Bei der noch vor Kriegsausbruch veranstalteten »Internationalen Ausstellung für Buchgewerbe und Graphik« (Bugra) in Leipzig war dem Verlag die Goldmedaille für Buchkunst verliehen worden.

> »Die BUGRA war eine großartige einmalige Schau über das gesamte Buchwesen der Erde ... Man hätte sich tagelang darin ergehen können ... Es gab eine besondre Halle des bayrischen Buchhandels. Im Kuppelraum hatten sich fünf miteinander befreundete Münchner Verlage zu einer Gruppe zusammengetan: Georg Müller, Albert Langen, der Delphin-Verlag (Dr. Richard Landauer), Hans von Weber und Piper. Wir fünf hatten einen eignen dicken Katalog von nahezu dreihundert Seiten mit vielen Bildern und Textproben drucken lassen. Zu meiner gelinden Überraschung – denn so hoch hatten sich meine Erwartungen nicht ver-

> stiegen – wurde mein Verlag mit der Goldenen Medaille ausgezeichnet.« (LaV, S. 381 f.)

Der Plan einer internationalen Ausstellung des graphischen und des Buchgewerbes hatte bereits seit den 1880er Jahren bestanden. Drei Monate nach der nun endlich zustande gekommenen Ausstellung brach der Erste Weltkrieg aus und machte die Hoffnungen auf eine weitere internationale Zusammenarbeit vorläufig zunichte.

Der Verlag während des Ersten Weltkrieges Die Jahre 1914 bis 1918

Am 31. Juli 1914 verhängte König Ludwig III. über Bayern den Ausnahmezustand. Nach den ersten Kriegserklärungen Anfang August war der Begriff des »Weltkriegs« noch nicht geläufig. Schon innerhalb kurzer Zeit jedoch wurde deutlich, daß sich hier ein Ereignis anbahnte, das nicht nur tief in das wirtschaftliche, soziale und kulturelle Leben Deutschlands eingriff, sondern auch zu einer vollständigen Umwälzung der Gesellschaftssysteme führte. München hatte damals 645000 Einwohner, ihre Zahl sollte bis Kriegsende um über 40000 zurückgehen. Fast 13000 Münchner fielen an den Fronten. Und dennoch war die Kriegserklärung von weiten Teilen der Bevölkerung mit Begeisterung begrüßt worden. Das Wort vom Hurrapatriotismus machte die Runde. Auch fast alle Künstler und Wissenschaftler wurden von dieser Stimmung erfaßt. Sie schrieben patriotische Hymnen, zeichneten Kriegsanleihen, verfaßten Kriegszielresolutionen und eilten in großer Zahl zu den Fahnen. An die schrecklichen Folgen über lange Jahre hinweg dachte zu diesem Zeitpunkt in der allgemeinen patriotischen Euphorie noch niemand.

Die äußeren Auswirkungen des Krieges speziell auf die Verlagshäuser zeichneten sich durch drei klar voneinander unterschiedene Phasen aus. Der Abbruch der Auslandsbeziehungen war die erste und unmittelbarste Folge.

Kontakte zu Verlagen in England oder Frankreich konnten zwar kurzzeitig noch über das neutrale Kopenhagen aufrechterhalten werden, eine Teilnahme an den kulturellen Entwicklungen anderer Länder war zu diesem Zeitpunkt jedoch schon nicht mehr möglich. Umgekehrt blieb nun auch die internationale Rezeption der deutschsprachigen Literatur für mehrere Jahre unterbrochen. Durch die Einstellung des Buch- und Zeitschriftenimports waren Deutschland und Österreich plötzlich kulturell isoliert. Das Interesse wandte sich von allem ab, was nicht in direktem Zusammenhang mit dem Kriegsgeschehen stand; belletristische Werke konnten kaum mehr verkauft werden. Unter diesen Bedingungen waren die meisten Verlage gezwungen, die Produktion zunächst zu reduzieren: Publikationen mußten verschoben werden, Neuauflagen entfielen völlig.

Seit November 1914 ging dann die Rede vom »Stellungskrieg« an der Westfront. Die zweite Phase des Krieges nahm ihren Anfang: Der erhoffte schnelle Sieg war nicht eingetreten, und man mußte sich auf einen langen und schweren militärischen Konflikt einrichten. Die Jahre des ständigen Kampfes um Nahrungsmittel und Brennmaterial kamen. Es galt jetzt auch allgemein, den Verlag langfristig umzustellen. Der Verkauf von Kriegsliteratur begann. Dabei handelte es sich vorwiegend um Schilderungen des Kampfgeschehens aus subjektiver Sicht, um Tagebücher und Frontberichte. Die Neugierde auf die sensationellen Aspekte des Krieges wich jedoch bald wieder, denn mit seiner Veralltäglichung wandelten sich auch die emotionalen Bedürfnisse der Leser: Das Interesse an nationaler Erbauungsliteratur verlor sich, statt dessen suchte man jetzt Orientierung in objektiver Darstellung und nüchterner Analyse.

Zu diesem Zeitpunkt war der Krieg bereits in seine dritte und letzte Phase eingetreten. Die ständig zunehmenden Versorgungsschwierigkeiten forderten noch einschneidendere Beschränkungen des Konsums. Die Ernährungsdebatte hatte sich angesichts weiterer Kürzungen der Lebensmittelrationen, verbunden mit ständigen Preissteigerungen, im Herbst 1916 weiter verschärft. Die Kriegsmüdigkeit wuchs allenthalben. Im ganzen Reich kam es zu Hunderten von Streiks. Zur Jahreswende 1916/17 machten sich die materiellen und ökonomischen Folgen des Krieges noch stärker als zuvor im Buch- und Verlagswesen bemerkbar. Die Verlage waren zu weiteren Einschränkungen der Produktion und kurzfristigen Kalkulationen gezwungen. Am schlimmsten waren sie von der Papierknappheit betroffen. Von dem Erfolg eines Buches konnte sein Verleger häufig gar nicht profitieren, da wegen der Rohstoffrationierung die notwendigen Papiermengen für Neuauflagen nicht rechtzeitig zu beschaffen waren. Die Probleme der Materialknappheit wurden vermehrt durch die Sorge um qualifizierte Fachkräfte: Drucker, Setzer und Buchbinder waren massenhaft eingezogen worden, was zu erheblichen Terminschwierigkeiten bei der Auslieferung von Druckerzeugnissen führte. Im Handel zeichneten sich die Folgen in der Weise ab, daß die Buchpreise in Bewegung gerieten und Teuerungszuschläge erhoben wurden. Aus diesem ökonomischen Druck resultierte wiederum eine verschärfte Konkurrenz der Verlage untereinander.

So war der Kriegsausbruch im August 1914, kurz nach Erscheinen des Almanachs, auch in der Geschichte des

Piper Verlages ein gravierender Einschnitt gewesen. Nicht nur, daß Pipers Teilhaber Hammelmann und Eisenlohr einrücken mußten – Reinhard Piper schrieb ihnen deshalb regelmäßig ausführliche Berichte über die Verlagstätigkeit, die neben seinem sonstigen Briefwechsel später eine wesentliche Grundlage für die Abfassung seiner Lebenserinnerungen wurden –, auch der Buchverkauf ließ schlagartig nach, er war plötzlich »wie abgeschnitten« und »sank bis auf 250 Mark in der Woche«. (LaV, S. 387)

Viele der bereits geplanten Buchprojekte mußten verschoben werden. Damit zumindest die laufenden Verpflichtungen erfüllt werden konnten, halfen Hammelmann und Eisenlohr dem Verlag mit einem Darlehen aus.

1915

In diesem Jahr sind lediglich fünf Bücher erschienen. Dabei handelte es sich um die zweitniedrigste Titelzahl in der heute neunzigjährigen Geschichte des Verlages. (Die niedrigste Zahl wies das Jahr 1945 auf, als gar keine neue Veröffentlichung herauskam.) Gerade in der Anfangsphase des Krieges reagierte das Publikum unberechenbar. Der Verlag reduzierte sein bisher so erfolgreiches Kunstprogramm, gab sein Literatur- und Philosophieprogramm fast völlig auf und suchte statt dessen neue Wege, um zu überleben. R. Piper & Co. verzichtete jedoch weitgehend auf nationalistische Manifeste und verlegte sich auf Bilddokumentationen zu aktuellen Kriegsschauplätzen, die vor allem für den Verkauf im Frontgebiet bestimmt waren. Sie waren als repräsentative Alben aufgemacht, wurden häufig in Zusammenarbeit mit den betreffenden Heeresstellen produziert und konnten daher mit Festabnahmen in hoher Stückzahl durch die entsprechenden Truppenteile rechnen: »Krieg und Kunst«, »Das schöne Kurland«, »Die Schlacht in Flandern«, »Die deutschen Schützengraben- und Soldatenzeitungen«, »Ein Gang in den Schützengraben zu den Pionieren« lauteten die Titel dieser Publikationen.

»Alles deutet darauf hin, daß geschickt gemachte Kriegsliteratur gut gekauft wird und daß im allgemeinen das Lesebedürfnis im Felde groß ist«, schrieb Piper in einem Lagebericht den Teilhabern Hammelmann und Eisenlohr und vermutete gleichzeitig: »Unser projektierter ostpreußischer Band dürfte sicher jetzt ganz gut gekauft werden.« Der Band mit dem Titel »Das schöne Ostpreußen« war Hindenburg gewidmet und erreichte rasch eine Auflage von 20000 Exemplaren. Autor war der ostpreußische Generalkonservator Richard Dethlefsen.

> »Durch diese und andre Abschlüsse und durch den allgemein sich belebenden Umsatz war es mir möglich, noch während des Krieges den weitaus größten Teil des Betrages, der zu Anfang von meinen beiden Teilhabern als Darlehn aufgebracht worden war, wieder zurückzuzahlen.« (LaV, S. 389f.)

Von Arthur Moeller van den Bruck erschien als Teilarbeit zum umfassend geplanten Projekt einer »Deutschen Weltanschauung« das Buch »Der Preußische Stil«. Es enthielt die Widmung: »Dem preußischen Offizier Major

Rudolf Moeller meinem lieben Onkel und treuen Freunde als ein Bekenntnis zu Hegel und Clausewitz gewidmet.« Rückblickend schrieb der Verleger über das im Jahre 1915 veröffentlichte Werk:

»Preußen ist heute als das eigentliche Ursprungsland des Militarismus verschrien. Moeller van den Bruck war so wenig militaristisch, daß er als junger Mensch, ohne seiner Dienstpflicht zu genügen, nach Paris übersiedelte und dadurch einen Konflikt mit der deutschen Militärbehörde heraufbeschwor, der nur schwer beizulegen war. Er zeichnete in seinem Buche vor allem das geistige Preußen Kants und Kleists, Schleiermachers und der Brüder Humboldt, das künstlerische Preußen Schlüters und Knobelsdorffs, Gillys (von dem man früher kaum etwas wußte) und Schinkels, Schadows und Rauchs. Dies Preußen wird man auch in Zukunft wieder deutlicher sehn.« (LaV, S. 284f.)

Alexander Eliasberg, der Übersetzer von Mereschkowski, war mit einem Buch über »Russische Kunst« vertreten.

1916

Inzwischen hatte sich der Verlag produktionsmäßig auf die erschwerten Bedingungen des Krieges eingestellt. Die einsetzende Papierbewirtschaftung brachte keine einschneidenden Behinderungen der Verlagstätigkeit mit sich, da die Zuteilungen nach dem Umfang der Vorkriegsproduktion bemessen wurden, die bei Piper ausreichend groß gewesen war. 16 Titel standen jetzt neu auf dem Programm, von denen einige, wie schon 1915 »Das schöne Ostpreußen«, auf aktuelle Bedürfnisse ausgerichtet waren.

Reinhard Piper wurde nach dem Erfolg seines Bandes »Das Tier in der Kunst« mit der Motivuntersuchung »Das Liebespaar in der Kunst« zum zweiten Mal Kunstschriftsteller im eigenen Verlag. Bereits im nächsten Jahre setzte er diese Reihe mit dem Titel »Die schöne Frau in der Kunst« fort. Die Bände konnten Anfang der zwanziger Jahre neu aufgelegt werden.

Mit Walther Heymanns »Max Pechstein« stellte man einen Vertreter der expressionistischen Dresdner Künstlergruppe »Brücke« vor, die 1905 von den Architekturstudenten Ernst Ludwig Kirchner, Karl Schmidt-Rottluff, Erich Heckel und Franz Bleyel gegründet worden war.

Ein Kontakt mit Emil Nolde (1867–1956) – einem weiteren Mitglied der »Brücke« –, den Reinhard Piper schon 1912 kennengelernt hatte, blieb ohne Folgen:

> »Gestern war Maler Nolde im Verlag, der ›Expressionist‹, den Sie wohl kennen. Er hatte vor dem Krieg eine Ausstellung bei Dietzel. Inzwischen ist er zu Thannhauser aufgerückt. Er war bei Kriegsausbruch in Neu-Guinea. 50 farbige Zeichnungen hat das Reichskolonialamt erworben, das Stück für 500 Mark, offenbar zu Propagandazwecken. 21 Ölgemälde sind dem Mann mit einem gekaperten Schiff verloren gegangen und wahrscheinlich in irgendeinem Hafen verauktioniert worden. Sollte das Reichskolonialamt an eine Publika-

tion denken, so will Nolde auf unseren Verlag aufmerksam machen.« (Brief an Hammelmann und Eisenlohr vom 18. 11. 1916, Piper-Archiv)

Nolde hatte sich im Jahre 1912 – ebenso wie Max Pechstein – an der zweiten Ausstellung des »Blauen Reiter« beteiligt. Und ähnlich wie dieser unterlag er später im Dritten Reich einem Ausstellungs-, Mal- und Verkaufsverbot.

1917

Der Kriegsverlauf erwies sich für Deutschland als weit weniger günstig, als man erwartet hatte. Die Auswirkungen trafen auch den Verlag:

»Im Verlag herrschen jetzt ziemlich phantastische Zustände. Wegen Kohlenmangel ist das ganze Personal in den zwei mittleren Zimmern zusammengepfercht. Wir schütten in diesen Tagen unseren letzten Zentner Kohlen auf den Ofen. Ob unsere Laufburschen von ihrer Expedition heute Nachmittag Kohlen heimbringen werden, ist noch fraglich. Eventuell muß ich die ganze Buchhaltung in meine Wohnung verlegen, wo die Zentralheizung einstweilen noch funktioniert.« (Brief an Hammelmann und Eisenlohr vom 8. 2. 1917, Piper-Archiv)

In diesem Jahr erschienen weitere Bände, die das Kriegsgeschehen dokumentierten und allesamt stark von Bildern lebten: »Diese Albums waren für die Soldaten und ihre Angehörigen wertvolle und unterhaltende Andenken.« (LaV, S. 389) Die Anregung für den ersten Band hatte Hermann Erhard gegeben, der im Zivilberuf Kunsthistoriker war. Er war auch der Herausgeber des in diesem Jahr veröffentlichten Buches »La Tour, der Pastellmaler Ludwigs XV.«:

> »Im Museum von St. Quentin hatte die deutsche Besatzung eine große Sammlung von Porträts des 18. Jahrhunderts vorgefunden – künstlerisch und kulturgeschichtlich sehr reizvolle Pastellbildnisse des Malers La Tour. Bei der Besatzung befand sich ein Kunsthistoriker, Hermann Erhard, und auch ein Oberarzt, der Farbaufnahmen, die damals noch selten waren, machen konnte.
>
> So tauchte bei der Truppe der Plan auf, über diese Bildnisse ein Buch herauszubringen. Man wollte nebenbei auch zeigen, daß die Deutschen nicht die Barbaren seien, als die man sie verschrie.
>
> Man wandte sich an mich. Gleichzeitig faßte dasselbe Korps den Plan eines Bilderwerks mit Aufnahmen von all den Orten und Landschaften, in denen die Truppe gekämpft hatte. Von diesem Buch, das den Titel ›Zwischen Arras und Péronne‹ erhielt, übernahm das Korps 10000 Exemplare, und auch über das La-Tour-Buch kam ein ähnlicher Vertrag zustande … Der Gedanke lag nahe, auch mit andern Korps ähnliche Veröffentlichungen zu veranstalten.« (LaV, S. 389)

Trotz Arbeitskräftemangels, Kohlennot und Papierkontingentierung begann Piper 1917 mit der Verwirklichung eines bereits vor dem Krieg geplanten Unternehmens, der Gründung einer »Marées-Gesellschaft«. Den Anstoß hatte die erste Tagung der Schopenhauer-Gesellschaft zu Pfingsten 1913 gegeben. Piper gewann Julius Meier-Graefe als geschäftlichen Partner für dieses Projekt, das dazu beitragen sollte, in einer Zeit, die dem Kunstkritiker neue Ängste bereitete, den guten Geschmack verbreiten zu helfen. Die Gesellschaft, die eine solche von »Kunstliebhabern« sein sollte, wurde 1917 begründet und war auf internationaler Basis geplant worden. Mitglieder sollten die Subskribenten der Veröffentlichungen sein. Zwei Jahre später schon entstand ein Verein der Freunde der Marées-Gesellschaft, eine Gruppe von Förderern.

In den Mittelpunkt der Publikationen wollte man ein Jahrbuch stellen, um der Gesellschaft eine gewisse Kontinuität zu sichern. Von diesem Jahrbuch erschienen – zuerst mit dem Untertitel »Ganymed. Blätter der Marées-Gesellschaft« – fünf Bände zwischen 1919 und 1924: »Die ersten beiden Bände des Ganymed hatten nur bescheidenen Umfang, sie waren als eine Art Beigabe zu den Marées-Drucken gedacht. Vom dritten Band an bekam das Jahrbuch ein stattlicheres Format und eine ganz andere Reichweite.« (Almanach 1904–1924, S. 193) Außerdem waren Graphikmappen mit Faksimiles alter Blätter und Eigendrucken zeitgenössischer Künstler geplant. Diese Zusammenschau sollte Maßstäbe des wahrhaft Künstlerischen liefern.

Die erste Ankündigung der Gesellschaft war schon im Frühjahr 1914 verschickt worden. Dann wurde Meier-

Graefe als Rot-Kreuz-Helfer einberufen, geriet in russische Gefangenschaft und kehrte erst 1916 wieder zurück. 1917 schließlich konnte die Marées-Gesellschaft eine Subskriptionseinladung versenden, mit einem stilisierten Ganymed als Signet der Gesellschaft versehen – dem letzten von Hans von Marées geschaffenen Gemälde. Als typographischen Gestalter der Marées-Publikationen verpflichtete man Emil Rudolf Weiß (1875–1942), einen Maler, Graphiker, Dichter, aber vor allem Buch- und Schriftkünstler, der zu dieser Zeit Lehrer am Kunstgewerbemuseum Berlin und den Vereinigten Staatsschulen für freie und angewandte Kunst Berlin war. Die Zusammenarbeit mit ihm währte bis zum Tod des Künstlers im Jahre 1942. Zweimal schuf er für Reinhard Piper auch ein Verlagssignet.

1918

Die inzwischen zustandegekommene Marées-Gesellschaft trat noch vor Kriegsende mit ihren ersten zehn Drucken hervor.

Aus Gründen geschäftlicher Vorsicht, die man von allen Teilhabern forderte, wurden die ersten Drucke zunächst zur Subskription ausgeschrieben, die sich tatsächlich als sehr erfolgreich erwies. Innerhalb einer Woche waren schon Aufträge in Höhe von 40000 Mark eingelaufen. Im Winter konnten dann die ersten vier Ausgaben erscheinen, alte und moderne Kunst in sorgfältiger Weise gegeneinander abgewogen.

Zwischen 1918 und 1929 erschienen in der Marées-Gesellschaft 47 Drucke: 34 Mappenwerke, dazu 13 mit insgesamt mehr als 600 Kunstblättern ausgestattete Bücher, wie Goethes »Prometheus« mit Radierungen von Felix Meseck, E. T. A. Hoffmanns »Ritter Gluck« mit holzgeschnittenen Zeichnungen von Rudolf Großmann und Hugo von Hofmannsthals »Ariadne auf Naxos« mit farbigen Original-Lithographien von Willi Nowak. Viele Mappen, zum Beispiel die beiden Beckmann-Titel »Gesichter« und »Jahrmarkt« von 1919 und 1922, enthielten ausschließlich vom Künstler handsignierte Original-Graphiken. Die Texte schrieben bekannte Autoren und Wissenschaftler, wie Gerhart Hauptmann (1862–1946), Richard Dehmel (1863–1920), Rudolf Pannwitz (1881–1969), Oskar Hagen, Wilhelm Hausenstein und natürlich Julius Meier-Graefe.

Die Kunstanstalten Hanfstaengl in München und Albert Frisch in Berlin stellten zunächst die Drucke der Marées-Gesellschaft her. Schließlich kauften Piper und Meier-Graefe, um unabhängig zu werden, im Jahre 1918 zusammen eine kleine Lichtdruckerei in Berlin und holten einen der ersten Spezialisten der Zeit, Bruno Deja, in die Leitung dieser Anstalt, die in vollständigem Wortlaut den Namen »Ganymed. Graphische Anstalt G.M.B.H. Berlin, Friedrichstr. 16, Spezialwerkstätten für Herstellung aller Arten hochwertiger Lichtdrucke + Farbige Faksimile Reproduktionen nach Gemälden, Zeichnungen, Aquarellen + Einfarbige Illustrationen für Kunst und Wissenschaft + Fertigung von Industriekatalogen« erhielt. Deja, der zuvor technischer Leiter der Firma Albert Frisch gewesen war, akzeptierte seinen Anstellungsvertrag, und so konnte man am 1. 1. 1921 die Arbeit aufnehmen. Er war gleichberechtigter Teilhaber neben Reinhard Piper und Meier-Graefe und leitete nach deren Ausscheiden das Unternehmen bis zu seinem Tode im Juni 1960. Nach dem Zweiten Weltkrieg, von 1946 bis 1971, arbeitete die Druckerei Ganymed in West-Berlin in der Lützowstraße.

Die Bezeichnung »Ganymed« sollte in den nächsten Jahren zu einem Markenzeichen für Reproduktionsqualität werden.

Das Besondere an den Drucken der Marées-Gesellschaft, die in jeweils einmaligen Auflagen zwischen 100 und 300 Exemplaren erschienen, war vor allem die Sorgfalt, mit der die Blätter hergestellt wurden. Die Fertigstellung eines Druckes dauerte oft mehrere Monate.

> »Es mußten ja wiederholt Zusammendrucke der verschiedenen Farbplatten gemacht und diese immer wieder mit den Originalen genau verglichen werden. Daran beteiligte sich vielfach auch meine Frau mit ihrem feinen Farbempfinden. Solange das Resultat nicht befriedigte, wurden die einzelnen Farbplatten entsprechend retuschiert.« (LaV, S. 372)

Die Aquarell- und Graphikdrucke der Marées-Gesellschaft wurden ab 1923 von den Piperdrucken, die sich der Reproduktion von Ölgemälden widmeten, abgelöst. Sie wurden ebenfalls bei »Ganymed« gedruckt. Gesellschafter waren zu dieser Zeit Piper, Eisenlohr, Deja und Helene Lienhardt, die für Meier-Graefe eingetreten war.

Im übrigen gestaltete sich das Piper-Verlagsprogramm 1918 folgendermaßen: Neben fünf neuen Kunstbüchern wurden in diesem Jahr nach längerer Pause auch sechs neue Bände der Buddho-Ausgabe publiziert, die damit abgeschlossen war.

Nach dem letzten Kriegsband »Krieger-Grabmale« konnte die geplante Feldausgabe von Kolshorns »Kronprinz Rupprecht von Bayern« nicht mehr realisiert werden: »Die monatelangen Verzögerungen durch die Zensurschwierigkeiten (das Buch wurde zugleich im Felde, in Berlin und in München zensiert und eine Stelle wartete auf die andere) haben natürlich die Chancen des Buches verschlechtert«, hatte Piper in einem Brief an Hammelmann und Eisenlohr vom 18. 10. 1918 geschrieben.

Von den Mitarbeitern des Verlages kehrten drei nicht mehr aus dem Kriege zurück: Robert Buche, »der, wie selten ein Mitarbeiter, sich mit unserm Verlag verwachsen fühlte und sich ihm weit über die Pflichterfüllung hinaus widmete« (LaV, S. 390), der Kunsthistoriker Heinrich Schwab, der als Volontär gearbeitet hatte, und der Ausgeher Max Egelhofer.

Ein Brief Reinhard Pipers an seine Teilhaber Hammelmann und Eisenlohr vom November 1918 beleuchtet die Einstellung des Verlegers, dem die menschlichen, moralischen und wirtschaftlichen Opfer, die der Erste Weltkrieg abverlangte, noch sinnloser als manch anderem erscheinen mußten:

»Da ich ganz unpolitisch bin, ging ich nicht zu der großen Volksversammlung auf der Theresienwiese, die für Donnerstag Nachmittag drei Uhr anberaumt war. Es lag darin auch ein gewisser Protest, da ich einem Krach jeder Art gerne aus dem Wege gehe und nicht gerne wohin laufe, wo ohnehin alle übrigen schon hinlaufen. Als ich eben vom Verlag heimkam, hörte ich vom Josefsplatz her ein viel-tausendstimmiges Gejohle und zu Hause angekommen, begann bald bei den Kasernen draußen ein sehr heftiges Geschieße ... Am Samstag Nachmittag wollte meine Frau absolut etwas von der Revolution sehen und wir gingen in die Stadt ... Seit Montag zeigt München ganz das normale Strassenleben. Der Bayerische Kurier hat in aller Ruhe konstatiert, dass er seine Fahne nur einrollt, nicht verbrennt, sie also später wieder aufrollen will. Nur die Neuesten Nachrichten sind völlig umgefallen. Sie werden allerdings auch wohl besonders scharf zensiert. Es ist ja nicht gut denkbar, dass das gesamte Bürgertum und die Landbevölkerung dauernd sich nur zusehend verhält und einfach überstimmt wird. Natürlich glaube ich nicht an eine ›Gegen-Revolution‹. Diese ist auch gar nicht wünschenswert und dass die Monarchie wieder kommen könnte, nimmt wohl niemand ernstlich an.« (Brief an Hammelmann und Eisenlohr vom 12. 11. 1918, Piper-Archiv)

1919

Der Verlag setzte seine Arbeit im ersten Nachkriegsjahr intensiv fort. Die Marées-Gesellschaft legte sechs neue Drucke vor, darunter die Mappe »Gesichter« mit Radierungen Max Beckmanns (1884–1950).

Piper waren Beckmanns Bilder schon 1906 in der Berliner Sezession aufgefallen. Im Jahre 1912 hatte er den Ma-

9 15jähriges Verlagsbestehen am 19. Mai 1919 in der Römerstraße 1. Links Reinhard Piper, rechts Adolf Hammelmann

ler erstmals in Berlin besucht, wo die beiden auch gleich eine Umschlagzeichnung zu einem Piperschen Verlagsalmanach verabredet hatten, die jedoch erst 1924 Verwendung fand. Reinhard Piper erinnerte sich später an diese erste Begegnung:

> »Auf der Heimfahrt nach München blieb mir der Atelierbesuch das am stärksten nachwirkende Berliner Erlebnis. Ich spürte: es war ein Anfang gemacht, aus dem sich noch manches entwickeln konnte.« (LaV, S. 318)

Immer wieder bat Piper Beckmann von jetzt an um Illustrationen, für Bücher wie für Mappenwerke. Bei den Mappenwerken der Marées-Gesellschaft war Beckmann in den »Shakespeare-Visionen«, dem dritten Druck, erstmals mit der Radierung »Nacht« vertreten, der dreizehnte Druck war seine Mappe »Gesichter«, drei Jahre später folgte der »Jahrmarkt«.

Bei den in diesem Jahr erschienenen »Gesichtern« handelte es sich um die erste größere Veröffentlichung Beckmanns. Sie war zudem der Beginn einer engen Verbindung von Künstler und Verleger, die, auch über die Emigration von 1937 hinaus, bis zum Tode Beckmanns 1950 in New York andauerte. Piper schätzte ihn nicht nur als persönlichen Freund, sondern hatte auch schon früh seinen Rang als Maler erkannt: »Ich halte ja Beckmann unbedingt für die stärkste Nummer, die wir unter unseren Jüngeren haben... Die Radierungen, die ich von ihm habe, sind entschieden das Stärkste, was jetzt an Graphik in Deutschland gemacht wird«, hatte er 1917 an Adolf Hammelmann geschrieben. Und schon in den ersten Jahren der Freundschaft hatte Piper über hundert Beckmann-Graphiken zusammengetragen. Am 2. April 1917 heißt es in einem Brief an den Künstler:

10 *R. Piper & Co. auf der Herbstmesse Leipzig, 1919*

»Ich erhielt Ihre schöne Sendung mit Radierungen, die mich die ganze Zeit über sehr lebhaft beschäftigt hat. Ich habe die letzten Tage ausprobiert, welche Blätter mir dauernd die wertvollsten sein werden. Es sind leider recht viele, was ich im Interesse meines Geldbeutels lebhaft bedauere. Ich habe aber meinem Herzen einen Stoss gegeben... Meine ›Beckmann-Sammlung‹ ist schon und soll noch immer mehr der Clou meiner graphischen Sammlung werden.« (BAK, S. 158)

Und rückblickend notierte Piper sogar in seinen Erinnerungen in dem Kapitel »Durch vier Jahrzehnte mit Max Beckmann«: »Meine Sammlung Beckmannscher Graphik und Zeichenkunst ist mir ein Stück meines Lebens

11 *Porträtzeichnung Reinhard Pipers von Max Beckmann, um 1919*

geworden.« (LaV, S. 322) Doch auch im vorliegenden Fall war das überaus bedeutende Engagement Reinhard Pipers für moderne Kunst zugleich von persönlichem Enthusiasmus und geschäftlicher Vorsicht geprägt. Im Briefwechsel mit Beckmann geht es nicht selten um schwierige Honorarfragen.

Das Kunstbuch-Programm stand 1919 aber vor allem im Zeichen Matthias Grünewalds, der den Beginn einer verstärkten Zuwendung zur deutschen Kunst im Piper-Programm markiert.

> »Als Verleger habe ich auf den Zusammenbruch Deutschlands damit geantwortet, daß ich in meinem Bereich deutsche Dinge bewußter als bisher zur Geltung zu bringen suchte. Die Weltoffenheit des Verlags wurde dadurch nicht beschränkt.« (LaV, S. 390)

Von dem Kunsthistoriker Oskar Hagen, der nach dem Krieg erstmals mit Werken zur deutschen Kunstgeschichte in die Runde der Piper-Mitarbeiter trat, erschienen gleich zwei Publikationen zu Grünewald: eine Monographie über den Künstler und eine Einführung in sein berühmtestes Werk, den Isenheimer Altar, der damals in München in der Alten Pinakothek zu sehen war, bevor er in das jetzt wieder französische Colmar zurückgegeben werden mußte. Die in dem Buch publizierten Aufnahmen des Altars waren von so vollkommener Schönheit, daß man davon eine eigene Mappe mit sieben Lichtdrucken veranstaltete:

> »Hermann Bahr schrieb über sie: ›Kein schöneres Geschenk, ein Abschiedsgeschenk, hat unsrer Nation jemals ein Verleger gemacht.‹ Das Grünewald-Buch erschien in kurzer Zeit in vier Auflagen. Auch die große Mappe mußte bald neugedruckt werden.« (LaV, S. 391)

Später verfaßte Oskar Hagen für Piper »Deutsches Sehen« (1920) und einen Überblick »Deutsche Zeichner von der Gotik bis zum Rokoko« (1921).

Die Zeit der Inflationskrise
Die 20er Jahre

Die äußeren Bedingungen der Zeit nach dem Ersten Weltkrieg und der Beginn der 20er Jahre stellten sich keinesfalls günstig dar. Es war Nachkriegszeit, nicht Friedenszeit, und gegen die seit Kriegsbeginn fortwährend sinkende Nachfrage nach Kulturgütern war nichts auszurichten. Die wirtschaftliche Not, die viele Menschen zwang, ihren letzten Besitz für die allernotwendigsten Dinge zu verkaufen, tat ein übriges. Der Verfall der deutschen Mark, der in einem ersten Schub bereits zur Jahreswende 1919/20 erfolgt war, sowie plötzlich ansteigende Herstellungs- und Vertriebskosten ließen keine Möglichkeit offen, dem zunehmenden Käuferschwund im Buchhandel etwa durch Preissenkungen entgegenzuwirken. Die Verlage mußten vielmehr noch zum Mittel des Teuerungszuschlags greifen. Diese Zuschläge waren honorarfrei und führten zu Auseinandersetzungen mit den Autoren, die aufgrund der ständig veränderten und in jedem Verlag neu formulierten Konditionen mißtrauisch wurden.

Die Situation verschärfte sich noch, als 1921 erneut eine Papiernot die Buchpreise ansteigen ließ. Die im August einsetzende Inflation veranlaßte darüber hinaus viele Händler zu Spekulationskäufen, die wegen der langen Zahlungsfristen den Verlagen das Betriebskapital entzogen. Unter diesen chaotischen wirtschaftlichen Bedingungen sah man sich gezwungen, die Produktion ein weiteres Mal einzuschränken. Für neue Autoren blieben die Verlage oft jahrelang verschlossen; die Zahl der Neuerscheinungen sank im Jahr 1923, das den Höhepunkt der Inflation brachte, auf ein Minimum herab.

»Auch in ›normalen‹ Zeiten findet der Verleger manchmal beim Publikum wenig Gegenliebe, selbst für Bücher, die in höherem Sinn als notwendig gelten können. Der Absatz ist dann sehr schleppend, und es dauert lange, bis das festgelegte Betriebskapital auch nur zu einem kleinen Teil wieder hereinkommt.

War schon der Weltkrieg eine sehr unruhige Zeit, so blieben die Jahre auch nachher sehr wechselvoll. Es ging ständig auf und ab.

In früheren Jahren konnte der Verleger ohne allzu großes Risiko auf Jahre hinaus planen und damit rechnen, daß sein gewohnter Umsatz auch in den kommenden Jahren gleichbleiben werde. Jetzt ereigneten sich aber nach einer Hochkonjunktur plötzliche Abstürze. Ganze Käuferschichten verschwanden.

Auf einen solchen Rückschlag kann gerade ein Verleger sich besonders schwer in kurzer Zeit umstellen. Eine große Anzahl von, oft kostspieligen, Verlagswerken sind in der Herstellung begriffen und müssen noch zu Ende geführt werden. Die Bücher werden dann zu einer höchst ungünstigen Zeit fertig und stoßen beim Buchhändler wie beim Publikum auf eine sehr geschwächte Kaufkraft.« (LaV, S. 399)

Piper kämpfte seit 1924 mit großen wirtschaftlichen Schwierigkeiten. »Infolge der lang andauernden katastrophalen Absatzstockung ist natürlich der Stand unseres Verlages ein sehr ungünstiger geworden« (BAK, S. 183), schrieb der Verleger im Juni 1926 an Julius Meier-Graefe. Nur eine erhebliche finanzielle Unterstützung von außen konnte die Weiterarbeit ermöglichen, die der aus Böhmen stammende Wiener Robert Freund gab, der noch 1926 als neuer Teilhaber und Geschäftsführer in den Verlag eintrat. Er brachte zahlreiche Verbindungen und ein lebhaftes Interesse für Kunst und Literatur mit. Dem Verlag führte er neue Projekte und Autoren zu, darunter vor allem auch französische und englische.

Die Absatzschwierigkeiten innerhalb des Buchmarktes, die seit der Inflation aufgetreten waren, hatten ihre Ursachen aber nicht nur in der Wirtschaftskrise, sondern vor allem in den kulturellen Einflüssen, die aus den neuen technischen Möglichkeiten der Unterhaltung resultierten. Da war es sehr bezeichnend, daß das Buch zu den entbehrlichsten Gegenständen des täglichen Lebens gehörte. Man trieb Sport, tanzte, verbrachte die Abendstunden am Radioapparat oder im Kino. Diese Anfänge einer Unterhaltungsindustrie, die oft für die Verflachung und Veräußerlichung des geistigen Lebens dieser Jahre verantwortlich gemacht wurden, führten jedoch keineswegs zu einem Rückgang der Lesefreudigkeit generell. Die Unverkäuflichkeit aufwendiger Gesamtausgaben war als Zeichen eines Wandels, nicht eines Verlustes zu werten. Auf lange Sicht sollten Umfang und Geschäftigkeit des Büchermarktes nicht gebremst, sondern vielmehr erweitert werden durch die Gründung gewinnorientierter

Buchgemeinschaften (z. B. Büchergilde Gutenberg, Deutsche Buchgemeinschaft, Volksverband der Bücherfreunde), die das Sortiment umgingen, direkt an das lesende Publikum lieferten und daher mit niedrigen Buchpreisen werben konnten. Daraus ergab sich eine verschärfte Rivalität sowohl für die Verlage wie auch für den Buchhandel. Die zudem durch die Konkurrenz mit den neuen Unterhaltungsmedien entstandene beschleunigte Zirkulation führte dazu, daß sich die Absatzmöglichkeiten jetzt viel schneller erschöpften. Der »Bestseller« wurde zu einem gebräuchlichen buchhändlerischen Begriff.

Die Inflation traf den Piper Verlag aber nicht nur in wirtschaftlicher Hinsicht, sondern wirkte sich auch auf das Programm aus. Die Jahre bis 1923 waren zunächst wenigstens noch dem teuren Kunstbuch günstig gewesen, denn der Handel vermochte es durchaus, die Menschen dafür zu gewinnen, ihr verfallendes Geld in Sachwerten anzulegen. Dies änderte sich aber spätestens 1924. Piper konnte im ersten Jahr der stabilen Währung lediglich zehn Neuerscheinungen herausbringen und versuchte daher, andere Schwerpunkte in seinem Programm zu setzen. Die Zufälligkeit der Auswahl, die in fast allen publizistischen Unternehmen der zwanziger Jahre festzustellen ist, hatte aber, über ihre wirtschaftlichen Bedingtheiten hinaus, noch tiefere kulturelle Wurzeln. Da sich nach dem Zerfall des Expressionismus zunächst keine umfassenden neuen Kunstströmungen abzeichneten, experimentierten die »Kultur«-Verleger in den Jahren nach der Inflation, indem sie die verschiedensten Bereiche außerhalb der schönen Künste und der Wissenschaft in ihr Programm aufnahmen. Zudem lenkte der Aufstieg der Vereinigten

Staaten zur Weltmacht und deren rasch wachsender Einfluß auf Europa, der sich während der Weltwirtschaftskrise als so verhängnisvoll erweisen sollte, die Aufmerksamkeit des deutschen Lesepublikums auf die englischsprachige Literatur.

1920

In diesem Jahr dominierten neue Veröffentlichungen der Marées-Gesellschaft. Es erschienen elf Drucke, darunter eine Mappe mit zehn Faksimiles nach »Die Landschaften der Tugend« von Albrecht Dürer. Diese Drucke haben heute deshalb einen besonderen dokumentarischen Wert, weil die Originale im Zweiten Weltkrieg wohl in Bremen verlorengegangen sind. Emil Waldmann, Textautor und Direktor der Bremer Kunsthalle, hat die Drucke für »übereinstimmend mit den Originalen« erklärt.

Max Beckmann setzte mit sieben Lithographien zu Gedichten von Lili von Braunbehrens (»Stadtnacht«), auf die er Piper aufmerksam gemacht hatte, seine Arbeit für den Verlag fort.

Mit den »Autobiographischen Schriften« wurde die Dostojewski-Ausgabe, die insgesamt 22 Bände umfaßte, abgeschlossen. Sie war in den ersten Jahren kein geschäftlicher Erfolg. Reinhard Piper erinnerte sich dazu: »... auch mit einer Preisermäßigung und zugleich einer Erhöhung des Buchhändlerrabatts, die für den Verlag kaum noch etwas übrigließ, kam der Absatz nicht schneller in Fluß. Dieser setzte erst mit dem Weltkrieg ein, als eine geistige Auseinandersetzung mit den Russen unvermeidlich geworden war.« (LaV, S. 282) Nach und nach wurden nun Neuauflagen nötig. 1920 erschienen insgesamt 135000 Dostojewski-Bände, 1922 waren es sogar 179000. Diese Zahl hat sich inzwischen auf über 750000 erhöht.

1921

Im Februar starb Otto Piper im achtzigsten Lebensjahr. Sein Sohn Reinhard widmete dem Andenken seines Vaters eine Schrift, die als Privatdruck in einer Auflage von 300 Stück erschien. Den Umschlag entwarf Paul Renner, der neben Emil Rudolf Weiß, Fritz Hellmuth Ehmcke (1878–1965) und in den späteren Jahren Emil Preetorius (1883–1973) zu den Buch- und Schriftkünstlern gehörte, die maßgeblich zur äußeren Gestaltung der Piper-Bücher in den ersten fünf Jahrzehnten beigetragen haben. Das Rennersche Verlagssignet, das im Jahre 1946 überarbeitet wurde, figuriert noch heute auf den Titelseiten aller Werke.

Ein neues Unternehmen: Wilhelm Hausenstein, der einer der wichtigsten Autoren des Verlages geworden war, begann mit der Herausgabe einer Reihe von »Atlanten zur Kunst« unter dem Obertitel »Das Bild«, Kunstbände mit ausführlichem Bildteil, denen der Text nachgestellt wurde.

> »Aus diesem Namen leuchtet ein, was gemeint wird. Zum ersten: Gegenstand der Serie ist alle Kunst, in der die Welt – nach Sache, Raum und Zeit – wahrhaftig

Bild geworden ist; Bild in des Wortes vollem, gültigem Verstande. Zum zweiten: Um Atlanten soll es sich handeln – mithin um Bücher für die Anschauung –, so werden die Tafeln vorangestellt, und alle textlichen Notwendigkeiten folgen erst dem Körper der Tafeln. Zum

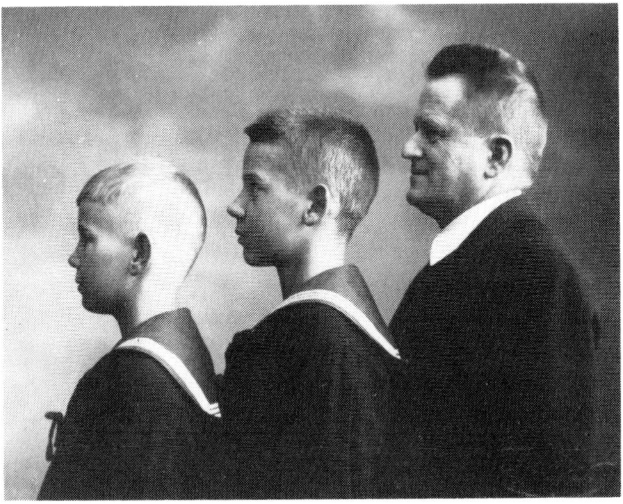

12 *Reinhard Piper mit seinen Söhnen Klaus (Mitte) und Martin, um 1921*

dritten: Wie diese Bücher Atlanten zur Kunst genannt sind, so wollen sie den Anblick der Originale wahrlich nicht ersetzen, sondern zu diesem Anblick der Originale recht eigentlich hinleiten, reizen, verführen.« (Almanach 1904–1924, S. 115)

Im ersten Jahr kamen in der neuen Kunstreihe zwei Bände heraus, die der deutschen Gotik und den Etruskern gewidmet waren; 1922 folgten Sammlungen über frühitalienische Malerei und Romanik, 1923 zur Tafelmalerei der alten Franzosen sowie »Das deutsche Bild des XVI. Jahrhunderts«.

13 *Klaus Barlach, Reinhard Piper und Ernst Barlach in Güstrow, 31. Juli 1922*

1922

Georg Dehio (1850–1932), ein Kunsthistoriker von Rang, der eine zentrale Rolle in der Kunstgeschichte um 1900 spielte, betreute in diesem und dem folgenden Jahr bei Piper die Bildbände »Das Straßburger Münster« und

»Der Bamberger Dom«. Zunächst war er Professor in Königsberg, in der Zeit von 1892 bis 1914 dann Professor in Straßburg gewesen. In seinen Forschungen hat er sich im wesentlichen auf die deutsche Kunst konzentriert und einmal geschrieben: »Mein wahrer Held ist das deutsche Volk. Ich gebe deutsche Geschichte im Spiegel der Kunst in diesem Selbstbekenntnis des deutschen Innenlebens.« Dehios Hauptwerk ist neben seinen großen Darstellungen »Kirchliche Baukunst des Abendlandes« (zusammen mit Gustav von Bezold) und »Geschichte der deutschen Kunst« die Inventarisation der deutschen Denkmäler gewesen, der ein großer Teil seiner Lebensarbeit gewidmet war.

Gleichzeitig zu Dehios Schriften erschienen im Verlag Werke über Tintoretto, Rembrandt und »Michelangelo-Zeichnungen«. Der Maler und Graphiker Adolf Schinnerer (1876–1949), Pipers Freund der zweiten Lebenshälfte, gab in diesem thematischen Zusammenhang etwas später »Aktzeichnungen aus fünf Jahrhunderten« (1925) heraus. Seit 1917 verband Schinnerer eine freundschaftliche Beziehung zu Reinhard Piper, der ihn häufig in Kunstfragen heranzog und zu Veröffentlichungen in seinem Verlag anregte. Neben Originalradierungen im 3. und 18. Band der »Drucke der Marées-Gesellschaft« und in der Vorzugsausgabe des Gedenkbuchs für Albert Weisgerber von Wilhelm Hausenstein (1918) erschienen von ihm im Piper Verlag Arbeiten zu Rembrandts Zeichnungen (1944) und Michelangelos »Weltgericht« (1949).

1923

Das wichtigste Ereignis des Jahres 1923 war der Beginn der Piperdrucke. Hervorgegangen waren sie aus der Arbeit an den Marées-Drucken, in deren Reihe Meier-Graefe kein Ölgemälde reproduziert sehen wollte, weil ihn die Qualität im Vergleich zum Original nach wie vor nicht überzeugte. Statt dessen sollten nur solche Kunstwerke als Vorlage dienen, die, wie Zeichnungen, Aquarelle, Gouachen, selbst Papier als Bildträger aufwiesen. Deshalb rief Piper 1923 für diese Reproduktionen ein eigenes Verlagsunternehmen ins Leben, die »Piperdrucke«:

> »Die Faksimile-Mappen der Marées-Gesellschaft hatten eine wichtige Folge: sie wurden der Ausgangspunkt der ›Piper-Drucke‹. Oft gibt ein kleiner Umstand Anlaß zu einer großen Entwicklung. Man muß nur diesen Umstand wahrzunehmen wissen. Überhaupt muß ein Verleger es verstehn, einen langen Faden zu spinnen und aus dem Gegebenen immer Neues zu entwickeln.« (LaV, S. 376)

Die ersten Drucke (Dürer, »Der Dresdner Altar«, Rembrandt, »Lachendes Selbstbildnis«) erschienen im November 1923 auf dem Höhepunkt der Inflation. Pipers Hartnäckigkeit war es zu verdanken, daß auch in der Wiedergabe von Ölgemälden sehr gute Ergebnisse erzielt wurden. Um ganz sicher zu gehen, legte er die Drucke auch Fachleuten (wie den Malern Edvard Munch und Lovis Corinth sowie den Kunsthistorikern Wilhelm Pinder,

Gustav Pauli und Heinrich Wölfflin) vor, die sich begeistert äußerten. Piper schrieb darüber:

»Oft wurde ich gefragt, um welches rätselhafte neue Verfahren es sich bei den Piper-Drucken handle. Es war dies kein neues Verfahren. Man konnte aber wohl sagen: Es war eine neue Qualität. Bis dahin wurden kaum mit solcher Rigorosität immer neue Vergleiche der Probedrucke mit dem Original durchgeführt, immer neue Andrucke gemacht, immer neue Kosten aufgewandt, bis die Farben, soweit menschenmöglich, übereinstimmten. Ich habe ein gut Teil meiner Lebensarbeit der Reproduktion von Kunstwerken gewidmet, das heißt, ich habe ihnen dadurch zu erhöhter Wirkung verholfen, und so darf ich wohl auch sagen: Ich habe das Leben vieler Menschen durch Kunst bereichert.« (LaV, S. 379f.)

In der Bildreproduktion sah Piper das Gegenstück zur Buchdruck-Kunst.

»Durch die Erfindung der Buchdruckerkunst wurden die Werke der großen Dichter, Philosophen und Gelehrten vervielfältigt und unter die Menschen gebracht. Bis dahin waren sie nur in einzelnen Handschriften an einigen wenigen Stellen verwahrt worden. Das Gegenstück dazu, die Bildreproduktion, machte die Kunstwerke zugänglich. Sie wurden aus ihrer lokalen Gebundenheit und ihrer Isoliertheit gelöst, ja man kann sagen: erlöst. Wer sah bis dahin z. B. Bilder von Rembrandt? Doch nur die wenigen, die dahin reisen konnten, wo sie hingen!« (LaV, S. 380)

Im ersten Jahr also, 1923, erschienen 23 Piperdrucke. Wo möglich, wurden die Bilder in Originalgröße wiedergegeben. Die Grundidee der Piperdrucke erwies sich als so tragfähig, daß das Unternehmen 1932 als eigener Verlag von R. Piper & Co. abgetrennt in die selbständige Firma »Piperdrucke Verlags-GmbH« überführt und dem ausscheidenden Teilhaber Alfred Eisenlohr als Abfindung überlassen werden konnte. Nach Eisenlohrs Tod im Dezember 1952 leitete seine Frau Marie L. Eisenlohr die Firma. Im Februar 1973 schließlich wurde sie von Günter Thiemig, dem Inhaber des gleichnamigen Verlages, übernommen. Der Verlag »Die Piperdrucke« existiert noch heute in München als Spezialverlag für Reproduktionen von Ölgemälden und Kunstpostkarten.

Auch das übrige Programm wurde wieder einmal ganz von der Kunst dominiert. In drei Bänden wurden »Hauptwerke des Holzschnitts« vorgestellt.

Die Verlagsbeziehung zu Max Beckmann war seit dem Jahr 1919 durch weitere Publikationen gefestigt worden: Reinhard Piper hatte nicht nur eine Reihe von Titeln mit Werken des Künstlers selbst herausgebracht, sondern ging in diesem Jahr erstmals daran, ein bedeutendes Buch über ihn zu publizieren. Dazu äußerte sich Beckmann in einem Brief an Piper vom 28. November 1923: »Lieber Herr Piper, das Buch habe ich also erhalten. Es ist mir wirklich eine große Freude. Nun haben Sie sehr vielen Dank für Ihre große und opferbereite Arbeit. Es ist mir ganz klar, was das auch für Sie bedeutet hat, in dieser Zeit ein solches Opus auf den Markt zu werfen. – Ich werde Ihnen das nicht vergessen.« (BAK, S. 171) Autoren waren Curt Glaser (1879–1944), Wilhelm Fraenger

(1890–1964) sowie die beiden mit Piper bereits in Verlagsverbindung stehenden Kunsthistoriker Wilhelm Hausenstein und Julius Meier-Graefe. Die beiden letzteren teilten Pipers Begeisterung für Beckmann nur bedingt. Als der Verleger Einwände gegen Meier-Graefes Beitrag hatte, antwortete ihm der: »Sie sind ungeheuer voreingenommen, sobald es Beckmann gilt, und ahnen gar nicht die große Bedingtheit dieses Wertes ... Abstand aber zu Leuten größerer Bedeutung muß ich halten, ich möchte sonst wirklich wissen, in welchen Tönen über Corinth zu reden wäre, dessen unbedeutendstes Bild immer noch hundert Mal mehr wert ist als der beste Beckmann.« (LaV, S. 333 f.)

Mit dem österreichischen Generalkonservator Max Dvorák (1874–1921) stieß ein weiterer bedeutender Kunsthistoriker zu den Autoren des Verlages. Dieser hatte im Jahre 1909 den Lehrstuhl für Kunstgeschichte in Wien übernommen, den er bis 1921 mit glänzender internationaler Reputation innehatte:

> »Die Verbindungen des Verlags mit Wien entwickelten sich in jenen Jahren besonders fruchtbar. Ich müßte ihnen von Rechts wegen ein eigenes Kapitel widmen. Vor allem denke ich da an Max Dvoráks Schriften über Kunst.« (LaV, S. 398)

Max Dvorák befaßte sich in erster Linie mit Zeitepochen und Einzelproblemen, deren Kennzeichen die Krise oder der Übergang war. Er wurde als einer der geistigen Väter des Expressionismus bezeichnet. Das ging im wesentlichen auf ein Buch zurück, das seine Schüler unter dem Titel »Kunstgeschichte als Geistesgeschichte« aus dem Nachlaß herausbrachten. Sie gaben damit der Revolution des geistigen Lebens zu Beginn des 20. Jahrhunderts nachhaltig Ausdruck.

Von Otto zur Linde (1873–1938), der 1904 die im Gegensatz zum Naturalismus stehende Dichtervereinigung »Charon« mitgegründet hatte, erschien in zweiter Auflage »Die Kugel. Eine Philosophie in Versen«.

> »Seine Philosophie in Versen ›Die Kugel‹ verlegte ich, zwanzig Jahre nach ihrer ersten Veröffentlichung, in zweiter, sehr vermehrter Auflage. Rudolf Pannwitz sagt darüber: ›Diese Philosophie ist zugleich Dichtung, beides noch einmal aus einer Wurzel, wie in Urzeiten unterhalb der Sonderung. Otto zur Linde lebt und schafft aus Urbewegungen des Geistes in Urbewegungen der Sprache, das eine ist unmittelbar das andere. In unsrer Zeit zählt er als einer der Mythen- und Kosmenschöpfer – es gibt drei oder vier –, und dies auch darin, daß er, wie ihrer jeder, vollkommen für sich steht. Wiedergewonnen ist hier die deutsche Seele.‹« (LaV, S. 392 f.)

In einem Almanach ist folgende Mitteilung zu diesem Werk nachzulesen: »Otto zur Linde beging vor kurzem seinen 60. Geburtstag. Die Presse wies vielfach auf ihn als einen der Deutschesten hin. Trotzdem wurde von seinem tiefsinnigen Hauptwerk ›Die Kugel, eine Philosophie in Versen‹ in jenen Monaten nicht ein einziges Stück bei uns verlangt.« (Almanach 1904–1934, S. 6)

In diesem Jahr wurde Reinhard Pipers einzige Tochter

Ulrike geboren. Auch sie folgte dem Vorbild des Vaters beziehungsweise seiner Liebe zu Büchern und allem Gedruckten. In den Jahren 1949 bis 1951 lernte sie im väterlichen Verlag. Später war sie als Journalistin tätig, unter anderem bei der »Süddeutschen Zeitung«, wo sie auch ihren Mann Jesco von Puttkamer kennenlernte, der später Diplomat wurde. Heute lebt sie als Übersetzerin in München.

1924

Der Almanach zum zwanzigsten Verlagsjubiläum, der schon Ende des Vorjahrs erschienen war, stellte fest: »In dem Vorwort unseres ersten Almanachs hatten wir drei Namen aufgestellt, die beherrschend über unserer Tätigkeit standen: Dostojewski, Marées, Schopenhauer. Sie stehn auch heute noch im Mittelpunkt.« (Almanach 1904–1924, S. 177) Die Dostojewski-Ausgabe war abgeschlossen; sie hatte sich bereits damals »als die entscheidende Dostojewski-Ausgabe durchgesetzt« (ebd. S. 178). Die Hoffnung, auch die Herausgabe der Werke Schopenhauers bald zum Abschluß zu bringen, erfüllte sich dagegen nicht.

In dem »Almanach 1904–1924« betonte Reinhard Piper ganz besonders das ausgewogene Verhältnis von Kunst, Philosophie und Literatur in seinem Verlag. Dies jedoch geschah aus propagandistischer Absicht, um noch einmal die bisherige Arbeit vor Augen zu führen. Bei den Neuerscheinungen der Nachkriegszeit nämlich hatte das Schwergewicht ganz eindeutig auf der Kunst gelegen;

14 *Ausstellung anläßlich des 20jährigen Bestehens des Piper Verlages in der Buchhandlung Lechner / Müller in Wien, 1924*

von 27 Titeln des Jahres 1923 beispielsweise gehörten 21 diesem Bereich an. Nach der Betonung des Nationalen in Kriegszeiten hatte Piper wieder das Europäische seines Kunstprogramms hervorgehoben und damit an den Verlag der Vorkriegszeit angeknüpft. Andere Kunstverlage reagierten ähnlich, indem sie das Mittelalter und die Renaissance neu entdeckten.

Das zwanzigste Verlagsjubiläum würdigte die Buchhandlung Lechner / Müller in Wien mit einer Ausstellung von Büchern und Mappenwerken aus dem Piper Verlag.

Das Programm in diesem Jahr umfaßte nur fünfzehn Titel, eine Nachwirkung der Inflation. Der Privatgelehrte Richard Benz (1884–1966) edierte eine dreibändige Auswahl aus dem Werk Jean Pauls, dem Lieblingsautor Reinhard Pipers, um dem berühmten, aber nur noch von wenigen gelesenen Dichter neue Freunde zuzuführen:

> »Er gab den drei Bänden den Gesamttitel ›Blumen-, Frucht- und Dornenstücke aus Jean Pauls Werk‹. Er sagt darüber im Vorwort: ›Der Kranz seiner Träume, Visionen und phantasierenden Geschichten kann als die ‚Blumenstücke des Dichters' gelten, die Fülle der Polymeter und Aphorismen sind die ‚Fruchtstücke des Denkers', und die Betrachtung der Dämmerungen und Marterwochen Deutschlands erscheinen als die ‚Dornenstücke des Deutschen', dessen Herz, vom Schicksal seines Volkes wund, doch nicht verblutete.‹« (LaV, S. 394)

15 *Zeichnung von Alfred Kubin aus einem Privatdruck, den Autoren und Freunde zum 20. Verlagsjubiläum für Reinhard Piper veranstaltet haben*

Die liebevoll gestaltete Ausgabe jedoch fand leider nicht viele Käufer. Benz, der seit 1910 in Heidelberg lebte, arbeitete vor allem über Themen der mittelalterlichen und romantischen Kunst-, Literatur- und Musikgeschichte. Die lebenslange verlegerische und freundschaftliche Beziehung Pipers zu Benz, der vor allem als Herausgeber immer wieder für den Verlag tätig wurde, hatte 1923 eingesetzt, als dieser ein nachträgliches Honorar für einen Text in dem Band »Das Erbe« (1920) forderte, einem deutschen Lesebuch, das, wie Hans Brandenburg schreibt, »nach der Niederlage mithelfen sollte, das geistige Reich der Deutschen zu festigen«. Reinhard Piper besuchte Benz daraufhin im Juni 1923 in Heidelberg zusammen mit seinem Teilhaber Eisenlohr, um ihn für den Verlag zu gewinnen. Die Planung und Ausarbeitung der von da an im Piper Verlag erschienenen Werke von Benz, der weiter auch bei Diederichs und Reclam publizierte, begleitete ein intensiver Gedankenaustausch zwischen Autor und Verleger, wie der sehr umfangreiche Briefwechsel dokumentiert. Bis zu dem im November 1939 veröffentlichten wichtigsten Werk von Benz, »Die Kunst der deutschen Romantik« – nach Reinhard Pipers Worten »eins der schönsten Bücher des Verlags« (LaV, S. 395) –, waren erschienen: die bereits genannte Jean-Paul-Auswahl (1924), eine Bettina-von-Arnim-Auswahl (1935), »Beethovens Denkmal im Wort« (1935) und »Goethe als Begleiter« (1938), zusammengestellt von Helene Siegfried. Außerdem enthielt das 1924 in der Reihe der »Hauptwerke des Holzschnitts« erschienene »Buch und Leben des hochberühmten Fabeldichters Aesopi«, eingeführt von Wilhelm Worringer, die Fabel-Übertragungen von Benz. 1941 folgte die Arbeit »Goethe und die romantische Kunst«, 1944 eine Auswahl aus dem Werk von Wilhelm Heinse und 1948 »Wandel des Bildes der Antike in Deutschland«.

Von Alfred Kubin wurden im 20. Verlagsjahr »20 Bilder zur Bibel«, »die man im ›Dritten Reich‹ der Vernichtung für würdig befand« (LaV, S. 283), veröffentlicht. Dies war die Teilverwirklichung eines kurz vor Kriegsbeginn von Franz Marc entworfenen Planes, daß mehrere sich geistig nahestehende Künstler, darunter auch Paul Klee, gemeinsam eine illustrierte Bibelausgabe schaffen sollten.

Im Herbst des Jahres kam die erste Nummer einer Hauszeitschrift zum Druck, wie sie von vielen Verlagen herausgegeben wurde. Sie berichtete über Neuerscheinungen und über geplante Bücher. Der »Piperbote« erschien 1924, 1925, 1929 und 1930 je viermal, 1931 insgesamt dreimal.

Ein herausragendes Unternehmen, das in diesem Jahr begonnen wurde, waren die »Denkmäler des Theaters«, im Untertitel benannt: »Inszenierung / Dekoration / Kostüm des Theaters und der großen Feste aller Zeiten. Nach Originalen der Theatersammlung der Nationalbibliothek, der Albertina und verwandter Sammlungen, herausgegeben von der Direktion der Nationalbibliothek Wien mit Unterstützung der Gesellschaft zur Herausgabe der Denkmäler des Theaters«. In dieser Reihe von Mappen mit farbigen Faksimiles zur Geschichte des Theaters erschien als erstes eine Auswahl aus Burnacinis »Maschere«. Initiator und Textverfasser war Joseph Gregor (1888–1960), Schriftsteller, Theaterhistoriker sowie Leiter und Begründer der Theatersammlung an der Österreichischen Nationalbibliothek in Wien. In den Jahren von 1924 bis 1930 erschienen insgesamt zwölf Mappen, alle im originalgetreuen Lichtdruck reproduziert:

> »Hier wurde eine Publikation geschaffen, die in der gesamten Theaterliteratur nicht ihresgleichen hat. Sie reicht von den Passionsspielen des Mittelalters bis zu Wiens letzter großer Theaterzeit.« (LaV, S. 399)

Reinhard Piper verlegte später auch eine Reihe von kulturhistorischen Büchern von Gregor, zunächst aber, im Jahre 1929, den Novellenband »Die Schwestern von Prag«.

1925

Zu den bewährten Kunstautoren, von denen Meier-Graefe mit Büchern über Vincent van Gogh und Hans von Marées vertreten war, kamen dieses Jahr Kurt Gerstenberg, Adolf Schinnerer, Hans Sedlmayr und Karl von Tolnay.

Aus dem Dostojewski-Nachlaß erschienen 1924/25 drei Bände, herausgegeben von René Fülöp-Miller und Friedrich Eckstein. Die in diesen und in den nachfolgend erschienenen Bänden enthaltenen Texte – von umfangreichen Entwürfen bis zum skizzierten Einfall – vermitteln Einblicke in die Werkstatt des großen Menschengestalters Dostojewski. Zu ihnen gehören beispielsweise die Titel »Die Beichte eines Juden in Briefen an Dostojewski« von

Leonid Großmann (1926), »Aufzeichnungen aus einem Kellerloch« (1926) oder »Die Urgestalt der Brüder Karamasoff. Dostojewskis Quellen, Entwürfe und Fragmente« (1928), in der Übersetzung von Vera Mitrofanoff-Demelic, mit Erläuterungen von W. Komarowitsch und einer einleitenden Studie von Sigmund Freud: »Dostojewski und die Vatertötung«. Auch diese Ausgaben waren – neben der berühmten roten Gesamtausgabe – mit großer Sorgfalt illustriert worden. Die »Aufzeichnungen aus einem Kellerloch« enthalten 50 Federzeichnungen von Walter Becker, in Holz geschnitten von Albert Fallscheer, die Umschlagzeichnung zu »Die Beichte eines Juden in Briefen an Dostojewski« schuf Peter Trumm, der auch Reinhard Piper und seinen Teilhaber Eisenlohr porträtiert hatte.

1926

Bei einer verringerten Titelzahl war das Programm dieses Jahres geprägt von der Fortsetzung der langjährigen Unternehmen »Denkmäler des Theaters« und den Drucken der Marées-Gesellschaft.

Der Teilhaber Adolf Hammelmann schied 1926 aus dem Verlag aus. Er hatte in den letzten Jahren oft gekränkelt und sich nur noch sehr wenig aktiv an der Verlagsarbeit beteiligen können. An seine Stelle trat Robert Freund aus Wien. Die Verbindung mit Freund, die über den Herausgeber der Buddho-Übersetzungen Karl Eugen Neumanns, Ernst Reinhold, zustande gekommen war, erwies sich für die weitere Entwicklung des Verlagsprogrammes als sehr bedeutsam. »Meine beiden anderen Teilhaber:

Adolf Hammelmann und Alfred Eisenlohr, haben jeder etwa zwanzig Jahre dem Verlag angehört, ohne diesem jemals einen neuen Autor oder eine neue Idee bzw. ein neues Unternehmen zuzuführen. Sie waren anständige, zuverlässige Charaktere, aber die verlegerische Initiative war ausschließlich meine persönliche Leistung«, schrieb Piper in einem unpublizierten Aufsatz über Robert Freund. Ihm hingegen habe der Verlag wichtige Anregungen und eine bedeutende Verbesserung seiner künstlerischen und literarischen Basis zu verdanken. Freund hatte in Wien, wo er dem Kreis um Oskar Kokoschka, Karl Kraus und Peter Altenberg angehörte, studiert und promoviert, interessierte sich für moderne Kunst und besaß Vermögen aus der Fabrik seines Vaters. Er sprach fließend Englisch und Französisch, unternahm mehrere Reisen für den Verlag und knüpfte zahlreiche Autorenverbindungen. Durch Robert Freund wurde Bruno Brehm (1892–1974), der literarische Hauptautor der dreißiger Jahre, dem Haus Piper zugeführt, außerdem Michael Arlen (1895–1956), Edmond Fleg (1874–1963), Charles Ferdinand Ramuz (1878–1947) und Joseph Kessel, dank seiner Verbindungen als tschechischer Staatsbürger zudem Jaroslav Durych (1886–1962). Auch die Bände von T. W. MacCallum »Englisch lernen ein Vergnügen!« und »Englisch perfekt!«, außerordentliche Verkaufserfolge für den Verlag, gingen auf Freunds Anregung zurück. Ebenso war der Erwerb der deutschen Rechte an den Romanen und Biographien von André Maurois (1885–1967) das Werk Freunds. Zwischen 1929 und 1935 erschienen von Maurois zwölf Bücher, übersetzt zumeist von Karl Stransky.

Im Jahre 1928 erwarb Freund die deutschen Rechte am Gesamtwerk Marcel Prousts (1871–1922) von dem in Liquiditätsschwierigkeiten befindlichen, im Jahre 1922 gegründeten linksgerichteten Berliner Verlag »Die Schmiede«. Er wurde geleitet von Fritz Wurm, Julius B. Salter und Heinz Wendriner und veröffentlichte bis zur Einstellung seiner Produktion im Jahre 1929 namhafte jüdische Autoren. Die ersten beiden Romane von Prousts »A la recherche du temps perdu« waren dort schon unter den Titeln »Der Weg zu Swann« und »Im Schatten der jungen Mädchen« erschienen. Die Übersetzung des dritten Bandes »Guermantes«, die seit mehreren Jahren als Rohmanuskript vorlag, sollte nun in zwei Teilen bei Piper veröffentlicht werden. Die Verträge der beiden Übersetzer Walter Benjamin (1892–1940) und Franz Hessel (1880–1941) hatte der Münchner Verleger übernommen. Allerdings führten die Kontroversen mit ihnen über Termin- und Honorarfragen dazu, daß nur dieser eine Band, »Die Herzogin von Guermantes« (1930), herausgebracht werden konnte. Walter Benjamin hatte es bereits im März 1930 für angezeigt gehalten, den Verleger von seinem »Entschlusse zu unterrichten, über die Arbeit am Bande ›Guermantes‹ hinaus jede weitere Befassung mit der Proust-Übersetzung einzustellen«. (BAK, S. 219) Auch der eindringliche Appell Pipers: »Proust ist zweifellos einer der grössten Namen der modernen europäischen Literatur und es ist gewiss bedeutungsvoll, wenn Ihr Name mit dem deutschen Proust für immer verbunden würde« (BAK, S. 222), stimmte Benjamin nicht um. So erfüllte er den Übersetzervertrag zu »Sodome et Gomorrhe« nicht mehr.

1927

Julius Meier-Graefe wurde zu seinem sechzigsten Geburtstag mit einer Festschrift geehrt (1935 starb er im Schweizer Exil). Sie erschien unter dem gemeinsamen Imprint der Verlage Piper, Rowohlt und Zsolnay mit dem Titel »Widmungen« und enthielt 35 Beiträge von Schriftstellern, Künstlern und Kunsthistorikern, unter anderem Gerhart Hauptmann, Hugo von Hofmannsthal, Leo von König, Alfred Kubin und Gustav Pauli. Es gab auch eine Vorzugsausgabe, der fünf signierte Originalradierungen von Max Beckmann, Lovis Corinth, Rudolf Großmann, Karl Hofer und Felix Meseck beilagen.

In diesem Jahr wurde eine neue Verlagsidee geboren: »Was nicht im ›Baedeker‹ steht«, eine Städteserie, die mit »Berlin« von Eugen Szatmari und »Wien« von Ludwig Hirschfeld einsetzte. Journalistisch leicht geschrieben, mit zahlreichen Zeichnungen versehen, waren die Bände jahrelang – die Reihe erschien von 1927 bis 1933 – erfolgreich. Die Berlin-Ausgabe enthielt Zeichnungen von Rudolf Großmann, Heinrich Zille und anderen, der Umschlagentwurf stammte von Walter Trier, der auch den Umschlag für »Riviera« von Klaus und Erika Mann 1931 gestaltete. »Das Buch von München«, das Peter Scher und Hermann Sinsheimer im Jahre 1928 veröffentlichten, zeigte Zeichnungen von Karl Arnold, Olaf Gulbransson und anderen, der Umschlag war von dem Maler und Graphiker Max Unold gestaltet worden, der für den Verlag unter anderem Gustave Flaubert illustrierte (Drucke der Marées-Gesellschaft, Band 7, 1918) und mehrere Einführungen verfaßte.

1928

Durch Empfehlung des Schriftstellers Leo Perutz an Robert Freund wurde der Österreicher Bruno Brehm Autor des Verlages. Als erstes Buch erschien bei Piper in diesem Jahr der Roman »Der lachende Gott«. Damit begann eine für den Verlag wichtige und erfolgreiche Zusammenarbeit. Brehm wurde in den dreißiger Jahren Pipers wichtigster und auch erfolgreichster belletristischer Autor. Mit wenigen Ausnahmen erschien hier sein gesamtes bis Anfang der vierziger Jahre entstandenes Romanwerk. Den ersten drei Büchern »Der lachende Gott« (1928), »Susanne und Marie« (1929) und dem humoristischen Roman »Wir alle wollen zur Opernredoute« (1930) war zunächst kein nennenswerter Erfolg beschieden. Mit seinem nächsten Werk jedoch erzielte Brehm seinen großen Durchbruch. Bereits mit dem ersten Band einer Trilogie über Anfang und Ende des Ersten Weltkriegs, »Apis und Este. Ein Franz Ferdinand-Roman« (1931), in dem Brehm geschichtliche Realität und romanhafte Fiktion zu einer fesselnden Darstellung brachte, errang er einen unerwartet großen Erfolg. Bis heute wurden die drei Bände – es folgten »Das war das Ende« (1932) und »Weder Kaiser noch König. Der Untergang der habsburgischen Monarchie« (1933) – in zahlreichen Auflagen mit Hunderttausenden von Exemplaren publiziert. Diese Trilogie ist sein erfolgreichstes und berühmtestes Werk geworden. Doch trotz der großen finanziellen Erfolge, sowohl für ihn selbst wie auch für den Verlag, wurde Brehm im Lauf der dreißiger Jahre für Piper zu seinem schwierigsten Autor. So schrieb jener einmal: »Sie haben die Kernfrage umgangen, die mich am meisten bewegt: nämlich die, ob mein Werk, um dessen Wirkung es mir wirklich in erster Linie zu tun ist, bei Ihnen wirklich in der richtigen Hand ist.« (BAK, S. 233) Brehm und Piper führten Kämpfe um Honorare, bis der Schriftsteller einlenkte: »Meine Habsucht tritt meist nur sporadisch auf und verebbt dann wieder. Das wissen Sie ja ohnehin. Einen angenehmeren Autor werden Sie nie erleben.« (BAK, S. 242) Nach 1945 war er als gefeierter Autor des Dritten Reiches zunächst geächtet. Ein Teil seines Werkes wurde von den Alliierten verboten. Seine berühmte Trilogie über den Untergang der Donaumonarchie wurde unter dem Titel »Die Throne stürzen« zwar seit Anfang der fünfziger Jahre in einer einbändigen Ausgabe neu aufgelegt und ist bis heute lieferbar, die großen Erfolge der dreißiger Jahre jedoch konnte Brehm mit seinen späteren Büchern, die zumeist in anderen Verlagen herauskamen, nicht mehr wiederholen.

Erstmals erschien, fortgeführt mit einer Unterbrechung bis 1962, »Pipers Kunstkalender«. Der Kalender erhielt jedes Jahr in individueller Auswahl aus allen Kunstepochen ein wöchentliches Bildblatt.

Hermann Unger brachte eine umfangreiche »Musikgeschichte in Selbstzeugnissen«. Eine Neuauflage dieses Buches nach 1933 scheiterte daran, daß der Verlag es ablehnte, Mendelssohn-Bartholdy, Mahler und Schönberg zu streichen.

1929

Da Reinhard Piper seinen Verlag im Alter von 25 Jahren gegründet hatte, waren immer wieder Doppeljubiläen zu feiern. So erschien im »Börsenblatt für den deutschen Buchhandel« in diesem Jahr, genauer gesagt am 3. Oktober 1929 – am 31. Oktober wurde der Verlagsgründer 50 Jahre alt, seine Firma hatte bereits am 19. Mai ihren fünfundzwanzigsten Geburtstag feiern können –, eine Anzeige mit dem Titel »Reinhard Piper oder Zweimal Geburtstag in einem Jahr«: Die Firma R. Piper & Co., so hieß es dort, »die ›ganz von vorne, mit einem Schreibtisch und einem Papierkorb angefangen hat‹«, sei schon »lange vor diesem ihrem zwiefachen Festjahr in die Reihe der ersten deutschen Verlagshäuser eingetreten«.

Der Verlag bestand nun ein Vierteljahrhundert. Dies war Gelegenheit zur Selbstdarstellung durch eine Jubiläums-Ausstellung »25 Jahre Piper Verlag«. Sie war zuerst in der Berliner Sezession zu sehen, dann in München in der Neuen Sammlung des Bayerischen Nationalmuseums. Gezeigt wurden hier ab dem 24. November 1929 Marées-Mappen und Einzelblätter daraus (»Meister-Faksimiles«), daneben Originalgraphik, illustrierte Bücher und Vorzugsausgaben. Zur Eröffnung sprachen der Direktor der Sammlung, Professor von Wersin, und der damalige Oberbürgermeister Karl Scharnagl. Im Verlauf der Ausstellung wurden Vorträge von Wilhelm Pinder über »Die Rangstellung der deutschen Bildkunst« und Joseph Gregor über das Barocktheater gehalten. Im Börsenblatt vom 7. Dezember des Jahres hieß es dazu: »Die

16 *Jubiläumsausstellung »Kunst in der Wiedergabe« in der Berliner Sezession, 1929*

Ausstellung bietet dem Besucher so vielseitigen Stoff wie ein ganzes Museum und wohl noch nie hat ein staatliches Institut in dieser Weise die Leistungen eines einzelnen Verlages vorgeführt. Der Verlag darf die Ausstellung mit Recht als eine öffentliche Anerkennung dessen betrachten, was er seit einem Vierteljahrhundert auf künstlerischem und literarischem Gebiet geleistet hat.«

Reinhard Piper erhielt zahlreiche Gratulationsbriefe und -karten von Autoren und Künstlern, die sich alle im Archiv des Verlages erhalten haben; darunter befindet sich auch ein Schreiben der Firma F. Volckmar Kommissionsgeschäft aus Leipzig, die im gleichen Jahr bereits ihr 100. Firmenjubiläum feierte. Sie lieferte seit 1904 die Bücher des Piper Verlages aus. Nach 1945 siedelte sie nach Stuttgart um und wurde die Inhaberfirma der Firmen Koehler & Volckmar / Koch, Neff & Oetinger & Co., durch die der Verlag R. Piper & Co. bis heute seine Produktion an den Buchhandel ausliefert.

In diesem Jahr gehörten nur noch vier von 23 Titeln dem Bereich der bildenden Kunst an, allerdings erschienen zwanzig neue Piperdrucke. Die neuen Gewichtungen im Programm spiegelt auch der Almanach wider. Im Vorwort heißt es: »Zwei Gebiete vor allem haben wir von jeher mit Sorgfalt ausgebaut: Schöne Literatur und Bildende Kunst.« (Almanach 1904–1929, S. 7)

Das literarische Programm brachte eine Übersetzung aus dem Englischen und vier aus dem Französischen: Michael Arlen, Edmond Fleg, Joseph Kessel und André Maurois (Pseudonym für Emile Herzog), Autoren, die dem Verlag von Robert Freund zugeführt worden waren.

1930

Reinhard Pipers Sohn Klaus begann nach bestandenem Abitur eine zweijährige buchhändlerische Lehrzeit bei der Buchhandlung Christian Kaiser in München – »Die erste Etappe von Klaus' Verlegerlaufbahn war die Lehrzeit in einem Sortiment. Der künftige Verleger muß nämlich den Buchhandel zunächst einmal vom Sortiment aus sehn...« (LaV, S. 678) –, nicht ohne zuvor mit seinem Vater eine »Instruktionsreise« unternommen zu haben, die ihn in Leipzig, Dresden und Berlin mit Autoren, aber auch mit graphischen Betrieben, die für den Verlag arbeiteten, bekannt machte.

Die Ausbildung bei Christian Kaiser unter dem tüchtigen und humorvollen Chef Albert Lempp während der

17 *Tee-Empfang für André Maurois im Haus der Presse, Berlin, am 5. Mai 1930. Von links nach rechts: Reinhard Piper, Robert Freund, André Maurois, Grethe Freund, Mme Maurois, Minister Freytag vom Auswärtigen Amt (zweiter von rechts), Alfred Kerr*

beiden letzten, von politischen und wirtschaftlichen Krisen erfüllten Jahre der Weimarer Republik war sehr instruktiv. Der Lehrling mag sich wohl gefragt haben, welchen Platz die Bücher, die er einmal verlegen sollte, in dem kaum übersehbaren Bücherangebot einnehmen und behaupten würden. Daß er einmal als Nachfolger seines Vaters Verleger werden könnte, an diese Möglichkeit hatte er, trotz seiner frühen »Liebesaffäre mit der Chemie«, gedacht. Aber erst wenige Monate vor dem Abitur fiel die Entscheidung:

»An einem schönen Herbsttag im Jahre 1929 machte ich mit Klaus, meinem Ältesten, eine Wanderung durch den Ebersberger Forst. Klaus sollte zu Ostern des nächsten Jahrs mit dem Abitur das Gymnasium verlassen. Die Berufsentscheidung stand vor der Tür. Ich hatte mir ihn schon lange als Verleger und als meinen künfti-

18 *Reinhard Piper, André Maurois und Robert Freund gemeinsam beim Tee-Empfang im Berliner Haus der Presse, 5. Mai 1930*

gen Nachfolger gewünscht. Seine Neigungen schienen anfänglich eigene Wege zu gehen ... Als ich ihn nun auf unserm Gang... fragte, ob er nicht doch Verleger werden wollte, war es mir eine freudige Überraschung, als er ohne Zögern ›Ja‹ sagte. Damit war eine wichtige Station für die Zukunft gewonnen.« (LaV, S. 678)

Erstmals in der Geschichte des Verlages seit 1904 kam kein einziges Kunstbuch zur Veröffentlichung; dafür aber gab es achtzehn Piperdrucke – mit Werken von van Gogh, Daumier, Thoma, Bruegel d. Ä., Rembrandt, Cézanne, Derain, Giorgione, Chagall, Renoir, Hals, Brouwer, Baldung und Watteau – und, wie jedes Jahr, den Kunstkalender.

1931

Eine literarische Neuentdeckung war der Jugendpreisträger deutscher Erzähler des Jahres 1930, Josef Martin Bauer (1901–1970). Er hatte diesen von der Deutschen Buchgemeinschaft, Berlin, in Zusammenarbeit mit dem preußischen Kultusministerium dem Verband Deutscher Erzähler gestifteten Preis für sein erstes Romanmanuskript »Achtsiedel« gewonnen. Es wurde 1931 von der Deutschen Buchgemeinschaft veröffentlicht. Gleichzeitig erschien bei Piper sein historischer Bauernroman »Die Notthafften«. Der Verleger schrieb dazu am 18. August des Jahres an den Autor:

> »Gegenwärtig bin ich damit beschäftigt, den Schutzumschlag zu den Notthafften fertig zu machen. Auf die vordere Innenklappe setzen die Verleger ja neuerdings eine kurze Charakteristik des Buches, damit das Publikum, wenn ihm verschiedene Bücher vorgelegt werden, sich orientieren kann, was es von dem Buche zu erwarten hat.« (BAK, S. 276)

Reinhard Piper hatte Bauer im Vorjahr kennengelernt, er war damals Lokalredakteur einer oberbayerischen Zeitung. In der Folge kamen auch die weiteren, meist im bäuerlichen Milieu angesiedelten Romane und Erzählungen des in Dorfen ansässigen Schriftstellers bei Piper zur Veröffentlichung: »Die Salzstraße« (1932), »Simon und die Pferde« (1934), »Das Mädchen auf Stachet« (1940), das Kriegstagebuch »Die Kraniche der Nogaia« (1942) und 1949 der Roman »Am anderen Morgen«. Die Verlagsverbindung zu Bauer währte rund zwanzig Jahre. Leider war seinen Werken nicht immer der von Autor und Verleger gewünschte Erfolg beschieden. Über die »Salzstraße« heißt es beispielsweise am 9. März 1934 in einem Antwortschreiben Pipers an Bauer, der sich Gedanken über den schwachen Absatz dieses Werks gemacht hatte:

> »Die Zahlen Ihrer Bücher sind bisher klein, das bedauert, wie gesagt, niemand mehr als wir, aber die Schuld an diesen kleinen Zahlen suchen Sie denn doch etwas gar zu einseitig beim Verlag. Auffallend ist doch vor allem die Tatsache, dass wir von den Notthafften 1574 Exemplare verkauften, während die Salzstrasse bisher nur knapp etwas über die Hälfte erreichte … Das liegt einzig und allein daran, dass die Salzstrasse das Publikum nicht zu erwärmen vermag, dass das Buch den Leuten nicht gefällt, weil keine Menschen darin sind, mit denen der Leser mitfühlt, deren Erlebnisse er als seine eigenen miterlebt… Sie aber sagen, die Salzstrasse sei deshalb nicht mehr gekauft worden, weil man zwar Maurois und Brehm bei uns suche, aber nicht Josef Martin Bauer. Es liege daran, dass unsere Vertre-

ter mit dem ›verlagsfremden‹ Josef Martin Bauer nichts anzufangen wüssten, und dass der Buchhändler, wenn unser Vertreter komme, auf Ihren Namen eben nicht hinhöre. Sie sagen ferner, wenn der Vorsommer von Mechow weggeht wie die warmen Brezeln, dann liege das weder an Mechow noch am Publikum, sondern – sollen wir ergänzen – am Verlag. Und wenn die Bücher von Waggerl gekauft werden, dann liege das gleichfalls nicht an Waggerl und nicht am Publikum, sondern – auch wieder am Verlag.

Mit anderen Worten: wenn die Salzstrasse nicht so geht wie der Vorsommer, dann liegt das nur am Verlag Piper. Das ist nun eben ein sehr grosser Irrtum ...

Es gab eine Zeit, wo Bruno Brehm zu uns sagte: Bei Ihnen sucht man zwar Maurois, aber mich nicht. Dann schrieb er Apis und Este und – sagte es nicht mehr.

Heute sagen Sie: Bei Ihnen sucht man nur Maurois und Brehm, aber nicht mich. Vielleicht kommt später ein Autor namens X oder Y und sagt: Bei Ihnen sucht man nur Maurois, Brehm und Bauer, aber nicht mich.« (BAK, S. 286ff.)

Und dann die interessante, beinahe schon in modern marktanalytischem Sinne anmutende Bemerkung Pipers:

»Die Sache liegt sehr einfach: Das Publikum kauft die Bücher, die ihm gefallen! Dazu kommt noch, dass Romane zu Dreivierteln, wenn nicht Fünfsechsteln von Frauen oder für Frauen gekauft, und von Frauen gelesen werden. Romane müssen also vor allem den Frauen gefallen.

Ich habe nach Erhalt Ihres Briefes eigens den Vorsommer gelesen und muss sagen: Die Erfolgsmöglichkeiten der Salzstrasse lassen sich mit denen des Vorsommers gar nicht vergleichen. Der Vorsommer ist ein Buch, das man jedem reiferen Mädchen, jeder Frau schenken kann und das von jeder mit Entzücken gelesen und in ihrem Bekanntenkreis weiterempfohlen wird. Der Vorsommer ist wirklich, wie ich eben in einer neuen Literaturgeschichte lese, ein ›beglückender Land- und Liebesroman von hoher Schönheit und tiefem Gemütsreichtum‹. Was kann der Leser oder die Leserin sich noch mehr wünschen?...

Vergleichen Sie damit die Salzstrasse, die als literarische Leistung sicher ebenso hoch steht wie der Vorsommer ... Die Salzstrasse wirkt neben dem Vorsommer düster und unerfreulich. Es ist vor allem absolut kein Buch, das man Frauen schenken könnte und das Frauen gerne lesen würden. Die Frauen finden darin gar nichts für ihr frauliches Empfinden.« (BAK, S. 288)

Die »Nicht-Baedeker«-Reihe wurde 1931 mit vier Bänden fortgesetzt; Autoren der »Riviera« waren Erika und Klaus Mann.

Als Parallele begann nun auch die Reihe »Was nicht im Wörterbuch steht« mit »Sächsisch« von Hans Reimann (1889–1969). Reimann war satirischer Erzähler und Dramatiker, auch Kabarettist. In den Jahren 1924 bis 1929 gab er die satirische Zeitschrift »Das Stachelschwein« heraus. Neben zwei Büchern in der Reihe von illustrierten Reisebüchern »Was nicht im Baedeker steht« (»Das Buch von Leipzig«, 1929 und »Das Buch von Frankfurt/Mainz/

Wiesbaden«, 1930) veröffentlichte Reimann bei Piper sein berühmtes »Buch vom Kitsch« (1936), außerdem erschien das 1931 zuerst bei Kiepenheuer herausgekommene »Vergnügliche Handbuch der deutschen Sprache« 1937 in einer Neuausgabe.

Der englische Romancier und Essayist Aldous Huxley (1894–1963) wurde in diesem Jahr Autor des Verlages mit dem Erzählungsband »Das Lächeln der Gioconda«. Er schrieb Gedichte, Romane mit satirisch-pessimistischer Gesellschafts- und Kulturkritik, Novellen, Kurzgeschichten, philosophische und naturwissenschaftliche Essays sowie Reiseberichte. Erst nach 1945 jedoch wurde der englische Schriftsteller systematisch bei Piper veröffentlicht. Nun erschienen seine Hauptwerke nach und nach in Übersetzungen von Herberth E. Herlitschka und anderen. Anfang der 30er Jahre hatte er sich der buddhistisch-mystischen Kontemplation zugewandt; ein Ergebnis dieser Entwicklung war der 1953 erschienene Roman »Geblendet in Gaza«. In seinen Utopien »Schöne neue Welt« und »Affe und Wesen« – um nur einige wenige der über zwanzig bei Piper veröffentlichten Titel zu nennen – schilderte er seine Orwell entgegengesetzte, aber ebenso negative Vision einer Menschheit, deren entindividualisierten und perfekt organisierten Individuen ein von oben verordneter Hedonismus zum sozialen Kult wird. 1969 gab der Bruder Julian Huxley, ein Biologe, den Band »Aldous Huxley zum Gedächtnis« heraus.

1932

In Klaus Pipers Zeugnis, das ihm Christian Kaiser am 18. Mai 1932 ausstellte, hieß es: »Herr Klaus Piper war bei mir vom 15. Mai 1930 bis 15. Mai 1932 als Lehrling tätig. Er hat sich dabei mit grossem Interesse und mit einer besonders zu erwähnenden Arbeitswilligkeit in alle vorkommenden Arbeiten des Sortiments eingearbeitet ... In besonderem Mass möchte ich seine gute literarische Bildung und das weit über sein Alter selbständige und gute literarische Urteil hervorheben. Dazu kam eine freundliche und gerne auf die Wünsche der Kunden eingehende Art, so dass er vor allem beim Bedienen im Laden hervorragendes leistete. Auch als Persönlichkeit habe ich meine Freude an ihm gehabt und kann ihn jedem Kollegen nur aufs Beste empfehlen.«

Nach anschließenden Aufenthalten in Italien, Frankreich und Wien trat Klaus Piper in den väterlichen Verlag ein. Reinhard Piper schrieb rückblickend:

> »Er empfand es als Aufgabe von abenteuerlichem Reiz, die sehr kontrastierenden Verlegerfunktionen zusammenzufassen: Helfer und Freund von Autoren, Liebhaber von Büchern, Anreger und Kritiker zu sein und zugleich – was heute mehr denn je nötig ist! – auf weite Sicht planender Kaufmann.« (LaV, S. 679)

Zum letztenmal erschienen drei Piperdrucke: Stephan Lochners »Maria im Rosenhag«, die »Maria mit der Wikkenblüte« von einem unbekannten Kölner Meister sowie Andreij Rublëvs »Heilige Dreifaltigkeit«.

Bei der bescheidenen Titelzahl dieses Jahres gesellten sich der Franzose Paul Reboux (1877–1963), der Schweizer Charles Ferdinand Ramuz und erstmals auch ein skandinavischer Schriftsteller, Sigurd Christiansen (1891–1947), als neue Autoren zum Verlag.

Der zweite Band von Brehms Weltkriegs-Trilogie erschien, mit einem Vorabdruck in der »Berliner Illustrierten«: »Das war das Ende«. Der Verlag konnte von Bruno Brehms Trilogie eine Reihe von Auslandsrechten vergeben.

Wirtschaftskrise und Diktatur des Nationalsozialismus
Die 30er Jahre

Die Weltwirtschaftskrise mündete in Deutschland in eine totale Katastrophe: Massenarbeitslosigkeit, Firmenkonkurse und Zusammenbrüche von Banken brachten zahlreiche Verlage an den Rand des Ruins. Obwohl auch bei Piper der Umsatz stark zurückging, rettete sich das Unternehmen mit eigener Kraft über diese Jahre; aber Gehaltskürzungen und Sparmaßnahmen trafen die Mitarbeiter schwer, die Autoren litten unter den schlechten Absatzmöglichkeiten. Langfristige Planungen waren unmöglich geworden, die Programmpolitik hoher Buchauflagen gehörte der Vergangenheit an. Auch das Bemühen, das wirtschaftliche Risiko durch »Diversifizierung« auf eine größere Zahl von Titeln zu verteilen, deutete keinesfalls auf eine gesunde Expansion hin. Das Gebiet fremdsprachiger Literatur konnte nur noch wenige Jahre ungestört gepflegt werden, bevor 1933 nationalsozialistische Borniertheit zum offiziellen Maßstab für das staatlich reglementierte Kulturleben wurde.

Seit dem 30. Januar 1933 war Adolf Hitler Reichskanzler. Am 5. März fanden die letzten relativ freien Wahlen zum Reichstag statt. Die NSDAP wurde die dominierende politische Kraft. Bei den nun folgenden Umgestaltungsplänen galt die besondere Aufmerksamkeit Hitlers vor allem auch München, jenem »am meisten geliebten Fleck der Erde«, wie es in »Mein Kampf« hieß. 1935 erhielt die Stadt den offiziellen Beinamen »Hauptstadt der Bewegung«, die NSDAP war hier gegründet worden, und hier residierte auch, neben vielen anderen Institutionen, die Reichsleitung der Partei. Schon am 15. Oktober 1933, bei der Grundsteinlegung für das »Haus der Deutschen Kunst«, hatte sie ihren anderen nationalsozialistischen Ehrentitel »Hauptstadt der Deutschen Kunst« erhalten.

Schon vor der »Machtergreifung« hatten die Nazis in sehr massiver Weise versucht, auf das Kulturleben Einfluß zu gewinnen. Es war auch jetzt eines der ersten Angriffsziele, hier setzte die Formierung des neuen Staates besonders rasch ein. Universitäten, Verlage, Zeitungen und Theater gerieten unter politischen Druck. Bereits seit Sommer 1932 war der Rundfunk nationalistisch dominiert, und Hitler war erst wenige Tage im Amt, als mit »Notverordnungen« die Pressefreiheit eingeschränkt und die Beschlagnahme unerwünschter Druckerzeugnisse angeordnet wurde. Bücherverbrennungen und -verbote trugen dazu bei, den Handel einzuschüchtern. Deutlich war diese Linie beispielsweise auch bei den Verleihungen des Dichterpreises zu erkennen gewesen. Der Dichterpreis der Stadt München war spät, erst 1927, gestiftet und im ersten Jahr an Hans Carossa verliehen worden. Kleinere Meister folgten. Im Jahr der »Machtergreifung« dann hatte man den bis zuletzt fanatisch-linientreuen Hans Zöberlein ausgezeichnet, zu dessen kriegsverherrlichendem Roman »Der Glaube an Deutschland« Hitler 1931 ein Vorwort geschrieben hatte. Karl Wolfskehl, den Thomas Mann in den Jahren vor 1933 mehrfach vorgeschlagen hatte, wurde mit diesem

Preis genausowenig bedacht wie Oskar Maria Graf, der 1927 schon zu den Anregern der Auszeichnung gehört hatte. Graf ging wie viele andere Münchner Schriftsteller 1933 ins Exil, ebenso Lion Feuchtwanger. Thomas Mann befand sich zu seinem Glück im Ausland, als die Nazis ihn verhaften wollten.

Die Autoren sahen sich in vielfältiger Weise dem politischen Druck der Nationalsozialisten ausgesetzt. Ihre Interessenvertretung, der Schutzverband Deutscher Schriftsteller, war in eine Zwangsorganisation umgewandelt worden, die der Reichsschrifttumskammer und damit dem Propagandaminister Joseph Goebbels untergeordnet war. Ihm unterstanden von nun an als Präsidenten der Reichskulturkammer alle Genehmigungs- und Kontrollinstanzen für den kulturellen Bereich. Entscheidend war die erste Durchführungsverordnung zum Reichskulturkammergesetz vom 1. 11. 1933, die die Zwangsmitgliedschaft in den Einzelkammern festlegte. Dies bedeutete Berufsverbote für alle, deren Aufnahme abgelehnt worden war oder die später ausgeschlossen wurden. Im Zuge der »Entjudungsmaßnahmen« wurde der Ariernachweis für Mitglieder der Reichskulturkammer zur Pflicht. Bis Ende Januar 1936 waren bereits 447 jüdische und 4 »jüdisch versippte« Autoren aus der Reichsschrifttumskammer ausgeschlossen worden, denen nur 8 jüdische und 35 »jüdisch versippte« Autoren gegenüberstanden, die noch Mitglieder waren. Wer seinen Austritt erklärte, verlor jegliche Möglichkeit, weiterhin zu publizieren, und Bücher, die auf den von der Reichsschrifttumskammer herausgegebenen Verbotslisten aufgeführt waren, verschwanden aus Handel und Bibliotheken. Noch einschneidender aber war die Diffamierung eines Autors durch unmittelbare Vernichtung seines Werks, wie es die Bücherverbrennung am 10. Mai 1933 auf kompromißlose Weise demonstrierte.

Den Autoren und Verlagen bot sich jetzt dieselbe Alternative: Exil und Widerstand bedeuteten nicht nur eine weitreichende Einschränkung literarischer Wirkungsmöglichkeiten, sondern auch den Verlust des deutschen Lesepublikums, die Weiterarbeit in Deutschland dagegen war nur durch äußerste Anpassung zu erkaufen. Die vielfältigen Beeinträchtigungen der Verlagsarbeit erforderten ein ständiges Abwägen taktischer Maßnahmen.

Die Repressionen des NS-Regimes bekam schon bald auch der Piper Verlag zu spüren.

1933

Der Verlag versuchte, seine »Linie« zu halten. Dies ist ihm im wesentlichen gelungen, wenngleich die zuständigen Behörden den Kreis »unerwünschter Literatur« bald immer weiter zogen. Solche, vor allem die Verlagsarbeit betreffende zuständige Behörden waren die Reichsschrifttumskammer und die Reichsstelle für künstlerische Formgebung in Berlin. Am 16. Mai 1933, sechs Tage nach den Bücherverbrennungen, wurde die erste »Verbotsliste Schöne Literatur« veröffentlicht. Diese Verbotslisten des »schädlichen und unerwünschten Schrifttums«, ergänzt um Empfehlungslisten, wurden periodisch publiziert.

Hans Brandenburg (1885–1968), ein alter Freund des

Verlegers, wurde mit dem Titel »Schicksalsreigen«, einem Band mit Romanen und Erzählungen, Piper-Autor. Reinhard Piper stand mit ihm bereits seit 1920 in Verbindung; er war regelmäßiger Gast der musikalisch-literarischen »Piper-Abende« gewesen, einer Institution des Verlages nach dem Ersten Weltkrieg. An diesen Abenden fand man sich zu Rezitationen oder Konzerten zusammen. Brandenburg trug hier fremde und eigene Gedichte vor. (Am 2.12.1921 hatte sogar ein eigener Brandenburg-Abend stattgefunden.) Im Jahre 1935 veröffentlichte Reinhard Piper eine Gesamtausgabe von dessen bisher in verschiedenen Verlagen erschienenen Gedichtbänden, und für den von Helene Siegfried ausgewählten Aphorismenband »Einkehr bei Gottfried Keller« schrieb Brandenburg die Einführung (1939). Nach dem Zweiten Weltkrieg folgten »Gipfelrast. Alte und neue Gedichte« (1947), 1955 der Gedichtband »Trost in Tränen«, 1960 »Weihe des Hauses« und 1965 der Novellenband »Alles um Liebe«. Von Brandenburgs Frau, der Malerin Dora Brandenburg-Polster (1884–1958), die im Jahre 1902 ihr Studium an den berühmten Münchner »Lehr- und Versuch-Ateliers für angewandte und freie Kunst« von Hermann Obrist und Wilhelm von Debschitz aufgenommen hatte, veröffentlichte Reinhard Piper Bilder in den Piper-Kunstkalendern.

Arthur Hübscher, der dem Verlag lange verbunden bleiben sollte, gab den zweiten Band der Briefe innerhalb der historisch-kritischen Schopenhauer-Gesamtausgabe heraus. Er war Publizist und philosophischer Schriftsteller, seit 1921 als Redakteur bei den »Münchner Neuesten Nachrichten« und ab 1924 als Schriftleiter bei den »Süddeutschen Monatsheften« tätig. Später arbeitete er ausschließlich als freier Schriftsteller. Er war seit dem Tod von Deussen Herausgeber der Schopenhauer-Ausgabe und des Schopenhauer-Jahrbuchs und, seit 1936, auch Präsident der Schopenhauer-Gesellschaft.

1934

Die Flucht vieler führender deutscher Schriftsteller ins Ausland und die erzwungene innere Emigration durch die von den Nazis betriebene Literaturpolitik machten sich auch im Programm des Piper Verlags bemerkbar. Einerseits wich Reinhard Piper den Repressionen aus, indem er versuchte, skandinavische Autoren, wie Kristmann Gudmundsson, der sein erstes Buch bei Piper im Jahre 1934 veröffentlichte und 1930 überhaupt erstmalig von Else von Hollander-Lossow ins Deutsche übersetzt worden war, Hjalmar Bergman (1883–1931), Ronald Fangen und Haakon Bugge Mahrt, zu gewinnen. Skandinavier waren als »Nordische« bei den Nazis tendenziell gern gesehen. Andererseits ist eindeutig ein Rückzug des Verlages in die Unterhaltung und Idyllik festzustellen. Piper bewahrte sein Haus jedoch vor der Übernahme völkischen Schrifttums. Die Titel dieser Jahre zeigen vor allem die »biedermeierliche« Richtung an: Der Neuromantiker Alexander von Bernus (1880–1965) veröffentlichte 1934 Gedichte unter dem Titel »Ewige Ausfahrt« und Waldemar Bonsels (1881–1952) das Weihnachtsspiel »Der ewige Weg«.

Im Jahre 1934 wurde auch die Verlagsverbindung zu

dem Humoristen Erich Brautlacht (1902–1957) geknüpft, der zu Piper kam, nachdem ein Romanmanuskript von seinem bisherigen Verlag G. Grote, Berlin, abgelehnt worden war. Piper veröffentlichte seine Werke zunächst zögernd, und doch schrieb Brautlacht emphatisch an ihn: »Mir hat das Bewußtsein, einen Verleger gefunden zu haben, der an die Wirkung meines Schaffens glaubt, auch wenn sie sich nicht gleich zeigt, eine größere Sicherheit des Schaffens gegeben.« In den folgenden Jahren erschienen die Romane »Magda und Michael« (1937), »Meister Schure« (1939), »Das Vermächtnis einer Liebe« (1940) sowie 1942 der Erfahrungsbericht »Der Spiegel der Gerechtigkeit« und 1949 die Novelle »Die Entführung«.

Der politische Druck führte dazu, daß der Autorenbriefwechsel Reinhard Pipers oft freundschaftlich-persönlich wurde. Die Briefe dieser Jahre tragen geradezu Gesprächscharakter. Zu den Adressaten gehörten Heinrich Wolfgang Seidel (1876–1945) – dessen von christlichem Grundton getragene Besinnungsschrift »Das Unvergängliche« Piper verlegte (1937) – und seine Frau Ina Seidel (1885–1974) in Starnberg. Gesprächspartner für den Verleger blieben die alten Freunde Hans und Dora Brandenburg in Gauting, Hans Erich Blaich (1873–1945), der Schriftsteller und Zeichner Ernst Penzoldt (1892–1955), einer der engen Freunde von Reinhard Piper, und – »als heiterer Lichtblick schwieriger Jahre« – Olaf Gulbransson (1873–1958), mit dem Piper seit 1930 in Verbindung stand.

Der seit langem am Tegernsee lebende geniale norwegische Zeichner und Maler begründete mit der Kindheits- und Jugendgeschichte »Es war einmal« eine in den nachfolgenden Jahren vielfältige Zusammenarbeit mit dem Verlag. Die in 170 Zeichnungen erzählte Lebensgeschichte Gulbranssons, die im Jahre 1954 mit »Und so weiter« fortgesetzt wurde, war auf Anregung Pipers mit großem, bis heute anhaltendem Erfolg erschienen. Jedoch gab es in Zusammenhang mit diesem Werk eine kleine Meinungsverschiedenheit zwischen Verleger und Autor. Der sonst so mit Humor begabte Künstler verstand plötzlich gar keinen Spaß mehr, als im Dezember 1934 im »Börsenblatt« ein Inserat erschien, das für den Band werben sollte. Es enthielt Zitate Knut Hamsuns und Gerhart Hauptmanns, deren briefliche Äußerungen zu dem Werk darin offensichtlich nicht ganz korrekt wiedergegeben wurden: »Ich habe doch kein ›amusantes‹ oder ›herzaufquickendes‹ Buch zu Weihnachten geschrieben. Das interresiert mich nicht, und stimt garnicht. Mit dem Sinn von dem was die Beiden geschrieben haben.« (BAK, S. 264) Schließlich war es Piper aber dennoch gelungen, Gulbransson zu beschwichtigen:

> »Dass Ihr Buch nicht allein herzhaft amüsant und nicht allein eine Quelle der Heiterkeit ist, wie Hamsun und Hauptmann schreiben, sondern dass es auch sehr ernste und ergreifende Seiten enthält, weiss ich selbstverständlich ganz genau. Aber ich kann schliesslich nichts dafür, dass diese beiden grossen Dichter gerade die amüsante und die heitere Seite herausheben.
>
> Ich hoffe, Sie werden die Sache nun ein wenig anders ansehen und mir nicht mehr bös sein.« (BAK, S. 266)

Gulbransson, der 1902 von Albert Langen an die satirische Zeitschrift »Simplicissimus« nach München geholt worden war und bis zur Einstellung zu dessen wichtigsten Mitarbeitern gehörte, illustrierte verschiedentlich Piper-Bücher und entwarf immer wieder Buchumschläge für den Verlag. So gestaltete er unter anderem Bruno Brehms Roman »Wir alle wollen zur Opernredoute« (1930) und Leo Slezaks »Mein Lebensmärchen« (1948).

> »Die Welt kennt Olaf vor allem als den genialen Zeichner des alten ›Simplizissimus‹. Als solcher hat er ungezählten Tausenden heitere Stunden und den Kunstfreunden einzigartige Genüsse bereitet. Aber er seufzte manchmal über diese Arbeit: ›Ich bin ein armer Lohnzeichner. Ich beneide meine Schüler. Die können machen, was sie wollen. Ich muß zeichnen, was man mir aufgibt, und dabei muß ich so viel auswendig zeichnen. Das viele Auswendigzeichnen ist ein Unsinn, und so kennt man mich eigentlich nur von meiner schlechten Seite.‹« (LaV, S. 498 f.)

Der Münchner Verleger jedenfalls kannte ihn von seiner besten Seite. Die erhaltenen Briefe Gulbranssons an Piper, immer nur in Bleistift und in großen lateinischen Buchstaben geschrieben, in denen sich der Künstler in seinem Medium völlig frei und ungezwungen bewegen konnte, sind allesamt »durch eine Vignette zu einer graphischen Kostbarkeit« (LaV, S. 494) geworden.

Der Almanach zum 30jährigen Bestehen des Verlages, für den Gulbransson einen Umschlag entworfen hatte, der aber erst 1939 Verwendung fand, erschien im November des Jahres. Im Vorwort heißt es im Rückblick auf die bisherige Verlagsarbeit: »Wir haben im Herbst 1904 mit einem dichterischen und einem künstlerischen Werk begonnen, dem ›Dafnis‹ von Arno Holz und den ›Modernen Illustratoren‹ von Hermann Eßwein. Und so sind Dichtung und bildende Kunst die dreißig Jahre hindurch die Hauptgebiete unserer Tätigkeit geblieben.« (Almanach 1904–1934, S. 5)

1935

Es war ein Akt des künstlerischen und freundschaftlichen Bekenntnisses zu Ernst Barlach (1870–1938), wenn Reinhard Piper während dieser Jahre der politischen und geistigen Unterdrückung im November 1935 ein Buch herausbrachte, das einen Überblick über das zeichnerische Schaffen des Künstlers bot. Barlach war Bildhauer, Graphiker und Schriftsteller und lebte seit 1910 in Güstrow (Mecklenburg). Reinhard Piper kannte ihn schon seit der Jahrhundertwende und hatte ihn oft in Güstrow besucht. Die lebenslange Verbindung zu Barlach ist neben der mit Alfred Kubin und Max Beckmann die dritte große Künstlerfreundschaft Pipers. Er hat ihm ein eigenes Kapitel in seinen Lebenserinnerungen gewidmet. Barlach war mit seinem Werk ganz dem Berliner Verlag Paul Cassirer verpflichtet, so daß sein schriftstellerisches Schaffen erst nach 1945 in den Piper Verlag übernommen werden konnte (Werkausgabe 1956–1959 und verschiedene Einzelausgaben). Vor 1945 kam nur ein Buch zustande, eben der Bildband »Zeichnungen«. Als Autor der Einführung für das

Buch war zunächst der Kunsthistoriker und Münchner Ordinarius für Kunstgeschichte, Wilhelm Pinder, vorgesehen, der 1929 bei der Jubiläumsausstellung »25 Jahre Piper Verlag« den Eröffnungsvortrag gehalten hatte. Dieser lehnte jedoch aus Angst vor Diffamierungen die Abfassung der Einführung ab. An seine Stelle trat Paul Fechter. Zunächst blieb der Band »Zeichnungen« unbehelligt, doch sein Erscheinen fiel in eine Zeit der zunehmenden Repression. So war es Piper schon nicht mehr gelungen, eine Besprechung in einer der größeren Zeitungen zu erreichen, wie einige Ablehnungsschreiben – vorwiegend vom Dezember des Jahres – der »Greifswalder Zeitung«, »Schlesischen Zeitung«, »Kieler Zeitung«, »hör mit mir. Deutsche Funk-Zeitung« oder des »Rostocker Anzeigers« beweisen.

»Ich weiß nicht, lieber Herr Piper, wie sehr oder wie wenig Sie nun mit dem Absatz der Zeichnungen zufrieden sind«, schrieb Barlach Anfang Februar 1936, »aber – wehe wehe, die Luft weht eher schärfer als linder gegen mich.« (BAK, S. 306) Barlachs Ahnung, der selbst im übrigen ganz unpolitisch war, hatte nicht getrogen. Einen Monat später schon, am 24. 3. 1936, wurde der Band beschlagnahmt. Dies geschah auf der Grundlage der »Verordnung des Reichspräsidenten zum Schutze des deutschen Volkes«, in der es hieß: »Druckschriften, deren Inhalt geeignet ist, die öffentliche Sicherheit und Ordnung zu gefährden, können polizeilich beschlagnahmt und eingezogen werden.« Ein andermal gab man als Begründung an, daß »der Inhalt mit dem nationalsozialistischen Kunstempfinden nicht in Einklang zu bringen ist« (Schreiben der Bayerischen Politischen Polizei an den R. Piper & Co.

19 *Die Mitarbeiter des Verlages vor dem Haus in der Römerstraße, um 1935. In der Mitte Reinhard und Klaus Piper*

Verlag vom 13. 5. 1936, Piper-Archiv) oder daß »der kunstbolschewistische Inhalt der Schrift Ausdruck einer destruktiven und unserer Zeit nicht entsprechenden Kunstauffassung und die nationalsozialistische Kulturpolitik zu gefährden geeignet ist« (Schreiben der Preußischen Geheimen Staatspolizei an den R. Piper & Co. Verlag vom 26. 5. 1936, Piper-Archiv). Von der etwa 4000 Exemplare betragenden Auflage wurden infolge dieses Beschlusses drei Viertel beschlagnahmt. 941 Exemplare hatte der Verlag verkauft. Otto Pankok, Zeichner und Holzschneider, dessen eigenes Werk »Die Passion in 60

Zeichnungen« (Berlin 1936) kurze Zeit später ebenfalls verboten wurde, war es beispielsweise noch gelungen, ein Exemplar des Bildbandes zu erwerben. Er schrieb darüber am 16. 7. 1936 an Piper: »Die Beschlagnahme des Barlachbuches hat ungeheuren Staub aufgewirbelt. Ich... freue mich es zu besitzen, da die Zeichnungen so außerordentlich gut ausgewählt wurden und auch der Text ist gut... Viele meiner Bekannten haben auf meine Anregung hin das Buch noch erwerben können. Vor solcher Dummheit und Bosheit bleibt einem der Verstand stehen.« (Brief Otto Pankoks an Reinhard Piper, Piper-Archiv)

Trotz heftigster Proteste und Eingaben von Verleger und Künstler wurde das Buch schließlich eingestampft. So hatte sich Reinhard Piper nicht nur in eigener Person für die Sache mit unermüdlicher Hartnäckigkeit engagiert – er erwog auch kurzzeitig, das Buch als Privatdruck nur für wissenschaftliche Zwecke weiter zu vertreiben –, sondern auch Barlach selbst aufgerufen, zu intervenieren. Am 25. April 1936 schrieb er an ihn:

> »Wir wollen aber auf keinen Fall die Sache aufgeben. deshalb muss ich Sie unbedingt bitten, auch Ihrerseits Einspruch zu erheben und zwar beim Präsidenten der Reichskulturkammer, Berlin. Es war schon ein Fehler, dass Sie dies nicht von vornherein gleichzeitig mit uns getan haben. Wenn ein Verleger sich gegen eine Beschlagnahme wehrt, so sehen die zuständigen Stellen da rein geschäftliche Beweggründe. Dass ein Geschäftsmann Bücher, die man ihm weggenommen hat, wieder haben will, um sie weiter verkaufen zu können, erscheint nur allzu verständlich.

Sie sind aber doch in schwerster Weise ideell geschädigt und herabgewürdigt... Es wäre eine falsche Vornehmheit, wenn Sie dazu schweigen würden ... Bitte denken Sie auch nicht, dass die Sache nun nichts mehr nützen könnte. Den Stellen muss eben von allen drei Beteiligten wiederholt gesagt werden, dass die Beschlagnahme unbegründet ist, und zu unrecht ideellen und materiellen Schaden zufügt.« (BAK, S. 309)

Genau einen Monat später ging dieser Brief dem Reichsminister Joseph Goebbels zu. Trotz Barlachs ausgesprochener »Zuversicht auf Ihre Geneigtheit zu einer Prüfung des Vorkommnisses« änderte er genau so wenig etwas an dem Schicksal des Buches wie all die anderen Eingaben und Beschwerden. Im »Völkischen Beobachter« vom 4.4.1936 hieß es statt dessen unter der Meldung »›Barlach-Zeichnungen‹ beschlagnahmt« dazu: »Die Kunst Barlachs ist sehr umstritten. Es gibt nicht viele, die sie anerkennen. Wir lehnen sie ab als etwas Fremdartiges, vielleicht Oestliches, zu dem wir blutsmäßig nicht die geringsten Beziehungen haben.«

An weitere Bücher mit Barlach war erst wieder nach 1945 zu denken. In seinen Erinnerungen, in denen die Beschlagnahme nicht mehr erwähnt ist, notierte Reinhard Piper:

»Es ist mir eine Genugtuung, daß ich die ›Zeichnungen‹ nach dem Sturz der nationalsozialistischen Kunstpolitik vermehrt und verschönt neu herausbringen konnte. Das ›Selbsterzählte Leben‹ mit 91 Abbildungen fast des gesamten plastischen Werks schloß sich an. Eine umfassende Briefauswahl ist für 1951 in Vorbereitung.« (LaV, S. 440)

Der Druck des Nationalsozialismus wirkte nicht nur auf die Programmgestaltung des Verlages. Im Jahr 1935 begann auch das Drängen offizieller Stellen auf ein Ausscheiden Robert Freunds aus dem Verlag, »denn nun wirkten sich die nationalsozialistischen Rassengesetze aus. Dr. Freund und ich mußten uns darüber klar werden, daß wir nicht für immer beisammenbleiben würden.« (LaV, S. 400f.) In einem Schreiben der Reichsschrifttumskammer vom 14. November 1935 hieß es: »Ich bitte, mich über die Besitzverhältnisse Ihres Verlages zu unterrichten. Angeblich arbeitet in Ihrem Unternehmen nichtarisches Kapital.« Die Pressionen nahmen 1936 ständig zu, obwohl Robert Freund tschechoslowakischer Staatsangehöriger war. Von seiten der »Reichsstelle zur Förderung des deutschen Schrifttums« hieß es: »Sie müssen unsere Grundsätze verstehen, daß wir als Parteidienststelle eine schärfere Einstellung zur Judenfrage haben, als sie vom Staat vertreten wird.« (Brief vom 18. 1. 1936, Piper-Archiv) In der Folge wurden die verschiedensten Modelle erwogen (unter anderem ein Verlag unter Leitung Freunds in Wien), doch zu einer Lösung kam es erst 1937. Robert Freund verließ nun den Verlag, man hatte sich seinem Ausscheiden nicht mehr widersetzen können. Um den Teilhaber abzufinden, wurde das Verlagsgebäude in der Römerstraße, das seit 1913 Firmensitz gewesen war, verkauft, und der Verlag mietete sich in der Georgenstraße 4 ein, wo er auch heute noch seinen Sitz hat. Nach verlegerischen Zwischenstationen in Wien und Paris gründete Freund in New York die »Twin Prints«, eine Reihe farbiger Gemäldereproduktionen, ähnlich den Piperdrucken. (Im Herbst 1951 erschien der letzte Katalog.) Robert Freund verstarb dort im Jahre 1952, und noch im selben Jahr übernahm die New York Graphic Society die »Twin Prints«.

1936

Der Verlag stützte sich auf Hjalmar Bergman, Bruno Brehm, Kristmann Gudmundsson, Christian Morgenstern, Charles Ferdinand Ramuz und seinen Kunstkalender. André Maurois als jüdischer Schriftsteller war inzwischen nicht mehr »tragbar«. Seine »Byron«-Darstellung war bereits 1930 in der »Frankfurter Zeitung« vernichtend kritisiert worden, nach 1933 wurde der Ton allgemein schärfer, ab 1936 folgten die offenen Boykotte und Verbote. In einer Mitteilung beziehungsweise Verordnung der Reichsschrifttumskammer vom 27.3.1937 heißt es: »›Die neue Weltbühne‹ vom 11.2.1937 bringt einen Aufruf zur Bildung des ›Thomas-Mann-Fonds‹. Dieser Fonds wird getragen von einer unter dem Patronat des inzwischen ausgebürgerten Schriftstellers Thomas Mann stehenden Organisation zur Unterstützung emigrierter deutscher Schriftsteller. Der Aufruf selbst enthält offene Angriffe gegen das neue Deutschland und seine Träger und ist von einer Anzahl Schriftsteller namentlich unterzeichnet.« Es folgen 29 Namen, darunter André Maurois: »Ich weise die deutschen Verleger darauf hin, daß hiernach keine Veranlassung mehr besteht, diese Autoren, soweit sie überhaupt noch in Frage kamen, durch Übernahme von neuen Verlagswerken in Deutschland weiterhin zu fördern«. (Piper-Archiv) Von Maurois sollten also die 1935 erschienenen Titel »Kanone und Dudelsack« und »Beiträge zur Lebenskunst« vorläufig die letzten sein.

Der schwäbische Schriftsteller Sebastian Blau (Pseudonym für Josef Eberle, 1901–1986) wurde aus der Reichsschrifttumskammer ausgeschlossen, weil er mit einer Jüdin verheiratet war. Sein in diesem Jahr bei Piper in der Wörterbuch-Reihe erschienener Band »Schwäbisch« entging knapp dem Verbot, allerdings wurde ihm weiteres Schreiben unmöglich gemacht. Auch Besprechungen waren trotz unermüdlichem Einsatz des Verlages nicht mehr zu erzielen, eine Neuauflage nicht mehr möglich. Die dritte und letzte Auflage des Buches erschien im Februar 1937. Im Dezember 1937 hieß es dazu noch einmal in einer vertraulichen Mitteilung der »Fachschaft Verlag der Gruppe Buchhandel« in der Reichsschrifttumskammer: »Werke ausgeschlossener bzw. abgelehnter Schriftsteller: Es besteht Veranlassung, den deutschen Verlagsbuchhandel hiermit ausdrücklich darauf aufmerksam zu machen, daß Neuauflagen oder gar Neuausgaben von Werken solcher Schriftsteller, die... aus der Reichsschrifttumskammer ausgeschlossen bzw. deren Aufnahme abgelehnt wurde, mit dem Tage der Bekanntmachung zu unterbleiben haben.« Beiliegend findet sich ein handschriftlicher Vermerk von Klaus Piper: »›Schwäbisch‹ 1130 roh, 500 Kart., 100 Ln. bei Binderei; reicht noch 1–2 Jahre«. (Piper-Archiv)

Neu zum Verlag kam der norwegische Romancier Ronald Fangen mit dem in dieser Zeit beinahe ironisch wirkenden Titel »Der Mann, der die Gerechtigkeit liebte«. Der Autor wurde später, nach dem Einmarsch der Gestapo in sein Heimatland, verhaftet.

Außerdem erschien ein Buch mit 72 Arbeiten des 1923 verstorbenen Zeichners Adolf Oberländer, der vor allem für die humoristische Zeitschrift »Fliegende Blätter«, die 1845 in München entstanden war und im Jahre 1944 eingestellt werden mußte, gearbeitet hatte. Reinhard Piper, dem Oberländer besonders am Herzen lag, hatte selbst die Einführung dazu geschrieben.

Der »Simplicissimus«-Redakteur Hans Erich Blaich übergab Piper den Gedichtband »Kleine Nachtmusik« unter seinem Künstlernamen Dr. Owlglaß.

Wilhelm Hausenstein erhielt in diesem Jahr dauerndes Schreibverbot (nach 1945 wurde er der erste deutsche Botschafter in Paris).

Die späten dreißiger Jahre waren die Ära der kulturgeschichtlichen Darstellungen und historischen Romane von großen Künstlergestalten. Josef Wenter (1880–1947), der österreichische Autor von Tierromanen und -geschichten, der seine schriftstellerische Laufbahn als Dramatiker mit Darstellungen aus Geschichte und Zeitgeschehen begonnen hatte, schrieb in diesem Jahr über »Salier und Staufer«.

Hans Reimanns »Buch vom Kitsch« erfreute sich schon kurz nach Erscheinen im Juni 1936, im Jahr der Beschlagnahmung des Barlach-Bandes, höchster Beliebtheit. In diesem Zusammenhang hat sich ein Tagebuchblatt Reinhard Pipers erhalten, das er immer dann anlegte, wenn

Ereignisse ihn besonders bewegt hatten. So heißt es dort:

> »Der gegenwärtigen Sachlage entsprechend könnte der Verlag jetzt folgendes doppelseitige Inserat im Börsenblatt aufgeben:
>
> | Verboten wurde: | Gefördert wird: |
> |---|---|
> | Ernst Barlach | Hans Reimann |
> | Zeichnungen | Das Buch vom Kitsch |
>
> Die Barlach-Zeichnungen, dieses ernste künstlerische Werk, wurden beschlagnahmt, weil der Inhalt ›geeignet ist, die öffentliche Ordnung und Sicherheit zu gefährden‹. Von der Kunst Ernst Barlachs wird man reden und schreiben, so lange überhaupt eine Geschichte der deutschen Kunst geschrieben wird.
>
> Reimanns Buch vom Kitsch wurde im Manuskript laut Angabe des Verfassers von Parteistellen gutgeheissen, auch wurde Reimann zugesichert, dass das ›Schwarze Korps‹, also das amtliche Organ der SS, das Buch sofort bei Erscheinen auf einer ganzen Seite eindringlich empfehlen werde. Das Buch von Reimann ist eine Augenblickssache, die mit künstlerischem Ernst nichts zu tun hat und in einem Jahr vergessen sein wird. Im Manuskript bekamen ganz unvermittelt die beiden deutschen Dichter und bedeutendsten Geister Hugo von Hofmannsthal und Rudolf Borchardt einen Fusstritt. Sie wurden (als die einzigen deutschen Dichter) als Kitschiers behandelt, und erst durch mein Eingreifen wurde diese Stelle aus den Korrekturbogen entfernt.« (Reinhard Piper, Tagebuchblatt, 29. Mai 1936, Piper-Archiv)

1937

Von den bisherigen Autoren kamen 1937 nur drei mit neuen Werken heraus: Brehm, Gudmundsson und Reimann. Erstmals erschienen dagegen Bücher von Erich Brautlacht, Otto Ehrhart-Dachau, Eugen Ortner (1890–1947) – er veröffentlichte einen Roman über einen Künstler des Barock: »Balthasar Neumann«, dem in den Jahren darauf die Titel »Georg Friedrich Händel« (1943) und »Johann Christian Günther« (1948) folgten –, Elisabeth Schucht, Georg Schwarz, Heinrich Wolfgang Seidel sowie dem Rosenheimer Studienrat und bayerischen Heimatdichter Eduard Stemplinger (1870–1964), der mehrere Anekdotenbände lieferte. Erstmals Piper-Autorin wurde auch Helene Böhlau (1859–1940), die Tochter des Verlegers Hermann Böhlau, mit ihrem Roman »Die drei Herrinnen«, die 1912 schon für den Verlag Texte ihres zum Islam übergetretenen Mannes Omar al Raschid Bey (ursprünglich Friedrich Arndt, 1839–1910) herausgegeben hatte. Sie schrieb eine Reihe von Romanen und Novellen über das Recht der Frau und Mutter.

Das Jahr 1937 war aber vor allem geprägt durch ein Ereignis, das den kompromißlosen Feldzug der Nationalsozialisten gegen die Moderne weiter manifestieren sollte. Am 18. Juli 1937 wurde in München das »Haus der Deutschen Kunst« (heute »Haus der Kunst«), das an die Stelle des 1931 abgebrannten Glaspalastes treten sollte, mit der »Großen Deutschen Kunstausstellung« eröffnet, die von da an jährlich stattfand und einen repräsentativen Überblick über die von den Nazis geduldete Kunst bot. Einen Tag später, am 19. Juli, wurde in einem nur wenige hundert Meter entfernten Gebäude, dem alten Galeriegebäude der Hofgartenarkaden, gewissermaßen als abschreckendes Gegenbeispiel, die Ausstellung »Entartete Kunst« eröffnet. Dazu ein Ausschnitt aus einem Bericht der »Kieler Neuesten Nachrichten« vom 20. 7. 1937: »Der Präsident der Reichskammer der bildenden Künste, Prof. Ziegler, eröffnete am Montag in München die Ausstellung ›Entartete Kunst‹, die eine Sammlung kulturbolschewistischer Scheußlichkeiten enthält ... Im einzelnen sind zu sehen: Nolde, Heckel, Kirchner, Marc, Pechstein, Beckmann, Kokoschka, Kandinsky, Rohlfs, Schmidt-Rottluff, Adler, Schagall, Katz, Feininger, Otto Müller, Hofer, George Groß, Kampendonck, Paula Modersohn, Klee, Otto Dix und Molzahn. Bei aller Erschütterung und bei allem Ekel, der die Besucher überkommt, wird man diese Schau aber auch verlassen mit einem Gefühl der Befreiung, das man bei der Anprangerung dieser Mißhandlung deutscher Kunst gewinnt. Man wird hinübergehen in das neue schöne Haus der deutschen Kunst und wird sich dort erfreuen an den Werken ehrlicher, anständiger deutscher Künstler.«

Generalprobe für die letztgenannte »Große Deutsche Kunstausstellung« war die Schau »Große Deutsche in Bildnissen unserer Zeit« gewesen, die werbewirksam während der Olympischen Spiele in Berlin gezeigt worden war. Auch die Gegenausstellung hatte Vorläufer, die bis 1933 zurückreichten. Der erste war die schon im April 1933 von dem Galeriedirektor Bühler inszenierte Schau »Regierungskunst 1918 bis 1933« in Karlsruhe. Doch die Schreckenskammer des Jahres 1937 stellte alles Bisherige weit in den Schatten. Sie beraubte die deutschen Museen in einem Bildersturm ohnegleichen der bedeutendsten Werke der Kunst des 20. Jahrhunderts. Insgesamt wurde der Fundus der öffentlichen Sammlungen um etwa 17000 Werke geschädigt. Die Ausstellung »Entartete Kunst« wurde in München bis Ende November gezeigt, im Februar 1938 dann in Berlin, im Juli in Düsseldorf und im Juli 1939 in Frankfurt am Main; insgesamt zählte man über zwei Millionen Besucher. Auch der ein Jahr zuvor beschlagnahmte Zeichnungsband Barlachs wurde darin gezeigt. Reinhard Piper gibt seinen Eindruck dieser Ausstellung in einem Brief an den Künstler vom 28. Juli wieder:

»Die Münchner Ausstellung ›Entartete Kunst‹ in der Galeriestraße bewegt hier natürlich sehr lebhaft die Gemüter. Ich hatte sie schon vor ein paar Tagen besichtigt. Der Zustrom ist ganz ausserordentlich. In der Zeitung stand, dass sie am Dienstag voriger Woche von 30000 Menschen besucht wurde. Am selben Tag waren im ›Haus der deutschen Kunst‹ nur 6000 Besucher. Das hängt natürlich damit zusammen, dass der Eintritt in die ›Entartete Kunst‹ frei ist und dass viele Leute sich eine Sensation versprechen. Das Publikum stand weit hinaus auf die Straße und konnte nur schubweise hineingelassen werden. Da in der Zwischenzeit verschiedentlich an der Ausstellung geändert wurde, bin ich heute nochmals hingegangen. Es sind etwa 6 grosse Räume mit im Ganzen vielleicht 500 Bildern und graphischen Blättern. Im Parterre ist eine Vitrine aufgestellt, worin u. A. auch der Band mit Ihren Zeichnungen liegt. Dazu ein langer Plakatstreifen mit folgendem Text: ›Kulturschänder. Mindestens so toll wie die

Ausgeburten unfähiger, boshafter oder krankhafter ‚Künstler' ist die Verantwortungslosigkeit der literarischen Zuhälter, der beamteten Museumsleiter und Referenten, die den Widergeist dem Volke aufgezwungen haben und ihn auch heute noch als Kunst anbieten möchten.‹

In dieser Vitrine liegt Ihr Buch aufgeschlagen, dabei ist auf dem Titelblatt ›München 1936‹ besonders unterstrichen und die Blätter 26, 41 und 45 sind eigens danebengelegt, aber ohne Titel, sodass das Publikum bei dem Blatt ›Tiermenschen‹ z. B. annehmen kann, dies seien für Sie erwünschte Idealgestalten ... Auf einem Plakat ›Kunstkritiker der Systemzeit‹ sind aufgeführt: Paul Fechter, Meier-Graefe, Wilhelm Hausenstein, W. Niemeyer, C. G. Heise u. a.« (BAK, S. 326f.)

1938

Ende des Jahres 1937 hatte Piper mit Ernst Wiechert (1887–1950) ein Buch über Ostpreußen, »In der Heimat«, verabredet, das mit Aufnahmen des Fotografen Walter Gerull-Kardas ausgestattet werden sollte. Nachdem der Verleger mit größter Mühe eine Einigung zwischen dem eigenwilligen Wiechert und dem Fotografen hergestellt hatte, wurde der Schriftsteller und ehemalige Lehrer – er war bereits 1933 aus dem öffentlichen Dienst entlassen worden – am 10.5.1938 überraschend verhaftet und ins KZ gebracht. Eine Veröffentlichung war nun wiederum in Frage gestellt. Am 13. Juni 1938 schrieb Reinhard Piper an Gerull-Kardas:

»Nun bin ich heute morgen von der Gestapo angerufen worden. Es wurde mir mitgeteilt, dass das Wiechert-Buch nicht erscheinen dürfe. Der Verlag wurde aufgefordert, die Arbeiten einzustellen, um sich vor noch mehr Schaden zu bewahren ... Ich habe selbstverständlich der Gestapo gegenüber mit Nachdruck erklärt, dass es sich hierbei um ein absolut harmloses, gänzlich unpolitisches Buch handle, dessen Schwerpunkt ausserdem in den Fotografien läge, und das auch dazu dienen solle, für das deutsche Land im Osten zu werben. Es wurde jedoch erklärt, dass das in diesem Falle nicht maßgebend sein könne. Es handle sich hier um den Autor, nicht um das Thema des Buches.« (BAK, S. 384f.)

Piper intervenierte jedoch weiterhin bei der Gestapo. »Gegen die Schriften Wiecherts wird überhaupt nichts eingewandt, sondern man richtet sich nur gegen verschiedene Vorkommnisse, die ›polizeilich eindeutig festgelegt‹ seien«, war deren Antwort, wie Piper in einem Brief vom 29. Juni an Gerull-Kardas schrieb (BAK, S. 387). Als Wiechert im August 1938 wieder aus dem KZ Buchenwald entlassen wurde, konnte die Arbeit an dem Buch fortgesetzt werden. Er schrieb am 31.8.1938 an Piper: »Sehr verehrter Herr Piper, ich bin wieder zu Hause und glaube, aus meiner Unterredung im Propagandaministerium entnehmen zu können, dass dem Druck des Buches nichts mehr entgegensteht. Fragen Sie aber bitte noch einmal in der Briennerstr. an.« (BAK, S. 388)

Zwar erhielt der Verlag am gleichen Tag aus dem Propagandaministerium den Bescheid, daß Wiechert aus der

Reichsschrifttumskammer ausgeschlossen und die Veröffentlichung des Buchs »nicht mehr angebracht« sei; das Erscheinen wurde aber nicht behindert.

Mit dem international hochangesehenen Romanisten Karl Vossler (1872–1949), Professor in Heidelberg, Würzburg und München, wo er für kurze Zeit auch Rektor der Universität gewesen war, der in der Zeit von 1937 bis 1945 allerdings ohne Lehrstuhl war, begann in diesem Jahr eine längere Zusammenarbeit. Reinhard Piper brachte eine vermehrte Neuausgabe von Vosslers Anthologie »Romanische Dichter« heraus. Er verehrte Vossler sehr, konnte aber – entgegen der im September 1944 Vossler gegenüber geäußerten Absicht »weitere Werke von Ihnen in meinem Verlag herauszubringen« (BAK, S. 407) – nur wenige Bücher von ihm veröffentlichen. Erst 1965 erschien posthum ein Band mit Aufsätzen (»Die Romanische Welt«) sowie 1969 Vosslers Übersetzung von Dantes »Göttlicher Komödie« aus dem Jahr 1942, die bis heute als die bedeutendste Übertragung gilt.

Piper gründete eine neue Reihe von Brevieren mit Texten der Weltliteratur. Sie wurde 1938 mit »Goethe als Begleiter« und einer »Einkehr bei Gottfried Keller« (1939) eröffnet. Die Einführung zu »Goethe« schrieb der mit Piper seit langem befreundete Richard Benz. Im Zentrum der Auswahlbände standen Aphorismen über Mensch, Welt und Dasein, die durch ihr Thema – den Rückzug ins Grüblerische, Beschauliche und die Innerlichkeit (»Deutsche Innerlichkeit« hieß auch ein Buch des Jahres 1940 von Ulrich Christoffel) – das gesellschaftliche Bewußtsein des intellektuellen Bürgertums ausdrückten, das nicht den Parolen der Nationalsozialisten folgte.

Klaus Piper heiratete in diesem Jahr Cäcilie Weiß. Aus dieser Ehe gingen die Kinder Ursula (geboren 1939, verheiratete Monneret de Villard), Regina (geboren 1941, verheiratete Hilbertz) und Hans (geboren 1944) hervor.

Der Verlag während des Zweiten Weltkrieges Die Jahre 1939 bis 1945

Der Beginn des Zweiten Weltkrieges mit dem Einmarsch der Wehrmacht in Polen am 1. September 1939 hatte keinen Jubel wie 1914 ausgelöst. Der militärische Konflikt machte sich anfangs hauptsächlich dadurch bemerkbar, daß man Lebensmittel und andere Artikel des täglichen Bedarfs nur noch auf Marken bekam. Gewarnt durch die Hungerkatastrophe im Ersten Weltkrieg, hatte man besser vorgesorgt. Erst gegen Ende, als die Vorräte erschöpft und die Versorgungswege zerbombt waren, traten bedrohliche Mangelsituationen ein. Da München nicht nur »Hauptstadt der Bewegung«, sondern auch ein wichtiges Rüstungszentrum war, war es Ziel zahlreicher Bombenangriffe der Alliierten. Während anfangs die Flugzeuge nur nachts kamen, war die Abwehr ab dem Frühjahr 1943 so schwach geworden, daß auch tagsüber Angriffe geflogen wurden. Bis zum 29. April 1945 legten Engländer und Amerikaner in 73 Angriffen mit über dreieinhalb Millionen Bomben die Stadt in Schutt und Asche. Etwa 45 Prozent Münchens wurden zerstört, über 6000 Menschen kamen bei den Angriffen ums Leben.

Auch das Pipersche Verlagsdomizil war im Jahre 1944 – ebenso wie die Privatwohnung Reinhard Pipers – von einer Bombe getroffen worden. Damit war die Arbeit, die während der letzten beiden Kriegsjahre ohnehin hauptsächlich nur noch darin bestanden hatte, das bereits Vorhandene zu sichern, nun endgültig unmöglich geworden. Die Produktion ging nach Kriegsbeginn im September 1939 wie schon 1914 wieder stark zurück. Im Jahr des Kriegsausbruchs erschienen nur zwölf neue Titel; 1941 waren es aufgrund der Kriegsauswirkungen, vor allem der Papierknappheit, nur noch acht. 1945 lag die Produktion völlig brach – ein einmaliges Ereignis in der Geschichte des Verlages.

Zudem wurde die Arbeit durch die Sorge um die unbesetzten Stellen im Verlag beeinträchtigt. Die Einberufung des Sohnes Klaus im Jahre 1940 konnte noch einmal abgewendet werden. »Es wäre auch fast unmöglich, ohne ihn im Verlag durchzukommen«, schrieb Reinhard Piper am 12. März des Jahres an Brehm, »da von den 6 Herren, die der Verlag bei Kriegsausbruch hatte, ja schon 3 eingerückt sind und die technischen Schwierigkeiten immer größer werden.« (BAK, S. 240)

1939

Im ersten Kriegsjahr erschienen also zwölf neue Titel, darunter ein Almanach mit einem von Olaf Gulbransson entworfenen Umschlagmotiv, das schon für den fünf Jahre zuvor publizierten Almanach gedacht war, aber nun erst Verwendung fand.

Von Bruno Brehm, der den Nationalen Buchpreis erhielt, wurde in diesem Jahr der Roman »Auf Wiedersehn, Susanne!« veröffentlicht.

Margareta Morgenstern stellte eine Sammlung ihres verstorbenen Mannes mit Geleitworten für jeden Tag zu einem Buch zusammen: »Wer vom Ziel nicht weiß, kann den Weg nicht haben«. Auch hier hatte die nationalsozialistische Diktatur wieder etwas zu beanstanden. In einem Schreiben des Reichsministeriums für Volksaufklärung und Propaganda vom 13. 6. 1940 hieß es: »Aus gegebener Veranlassung werden Sie ersucht, das in Ihrem obengenannten Verlagswerk für den 1. Mai eingesetzte Gedicht ›Verantwortung‹ bei einer Neuauflage herauszunehmen oder es gegen ein anderes auszutauschen. Das Gedicht erscheint keineswegs geeignet, dem Sinn des 1. Mai und Feiertag des dtsch. Volkes Ausdruck zu geben.« (Piper-Archiv)

Die Verwirklichung eines anderen Projektes, die deutsche Ausgabe der Biographie des Earl of Birkenhead, »Strafford«, mußte aufgrund der Pressionen amtlicher Stellen verschoben werden: »Ich habe davon Kenntnis genommen, daß Sie die Druckschrift: Lord Birkenhead: ›Strafford‹... in deutscher Sprache herauszugeben beabsichtigen. Den Namen des Übersetzers bitte ich, mir baldmöglichst zu nennen und setze hierbei voraus, daß er Mitglied der Reichsschrifttumskammer bzw. im Besitze eines entsprechenden Befreiungsscheines ist.« (Brief des Reichsministers für Volksaufklärung und Propaganda vom 7. 1. 1939, Piper-Archiv) Tatsächlich erschien das Buch erst 1946 in der Übersetzung von Ruth Gerull-Kardas.

1940

Die bekannten Autoren Josef Martin Bauer, Erich Brautlacht, Bruno Brehm und Kristmann Gudmundsson traten in diesem Jahr mit neuen Romanen an die Öffentlichkeit.

Der Theaterhistoriker Joseph Gregor brachte eine umfangreiche Darstellung aus der antiken Geschichte heraus, diesmal über »Alexander den Großen«. Im Jahr zuvor hatte er bereits über »Perikles« geschrieben, 1942 sollte eine Abhandlung über »Shakespeare« folgen.

In der Reihe der »Breviere« erschien Shakespeare, »Reif sein ist alles«, herausgegeben von Oskar Jancke.

Im selben Jahr wurde ein von Pipers Freund Dr. Owlglaß (Pseudonym für Hans Erich Blaich) zusammengestelltes Büchlein veröffentlicht, das einen für den älter werdenden Verleger passenden Titel trug: »Gegen Abend. Ein Büchlein vom Älterwerden und Altsein«. Dr. Owlglaß war im Hauptberuf Arzt. Piper gab vier Bücher von ihm heraus, außerdem schrieb Dr. Owlglaß einige Texte zu Gulbranssons Zeichnungen.

1941

Nach dem Ausscheiden Robert Freunds im Jahre 1937 war Reinhard Piper erstmals Alleininhaber seines Verlages gewesen. Er machte diesem Alleinbesitz jedoch schon bald wieder ein Ende, »indem ich im September 1941 meinen Sohn Klaus, der mir schon lange zur Seite stand, in Anerkennung seiner überaus umsichtigen und ganz selbständigen Tätigkeit als Mitbesitzer aufnahm«. (LaV,

S. 401) Bereits nach dem Ausscheiden Freunds hatte Klaus Piper Prokura erhalten, er war verantwortlich für die gesamte technische Produktion und übernahm sukzessive die Führungsaufgaben innerhalb des Verlags. Vor allem die immer schwieriger werdenden Verhandlungen mit den Behörden über die erforderlichen Papierbewilligungen führte verstärkt der Sohn, aber auch in die Besprechungen mit den wichtigen Verlagsautoren wurde er einbezogen. Im Oktober des Jahres notierte sein Vater in einer allgemeinen Verlagsmitteilung: »Ich erlaube mir, Ihnen bekanntzugeben, daß ich meinen Sohn, den bisherigen Prokuristen des Verlags, Herrn Klaus Piper, als Gesellschafter in meinen Verlag aufgenommen habe.« Klaus Piper erinnerte sich später:

> »Der Übergang vom Vater zum Sohn in der Leitung einer Firma, und schon gar in einem so persönlich gearteten ›Geschäft‹ wie dem des Verlegers, ist bekanntermaßen oft nicht einfach. Ich hatte das Glück, einen von Grund auf toleranten Vater zu haben, der das Eigene im Sohn nicht hemmte, sondern förderte und ermutigte. Einmal sagte mein Vater: ›Du brauchst meinen Verlag nicht zu wiederholen; ich hoffe, daß Du ihn in meinem Geiste fortführst.‹ Dies machte es dem Nachfolger leicht, beim Wiederaufbau nach dem Zweiten Weltkrieg eigene Vorstellungen zu entwickeln, die entschieden ins Zeitgenössische von Literatur und Geisteswissenschaften – ins moderne Spannungsfeld von Geist und Welt – zielten.« (SuB, S. 40f.)

Die Produktion ging auf acht Titel zurück. Am 20. September gab Reinhard Piper ein Zeitbild in einer zwei Seiten umfassenden privaten Aufzeichnung ab. Es heißt darin unter anderem:

»Der deutsche Buchhandel ist schon seit Monaten geradezu von einer Panik erfüllt, daß er zu Weihnachten kein Lager mehr hat... Obiges habe ich notiert, um für später eine Probe aus dem gegenwärtigen geradezu grotesken Zustand zu haben, da man dies sonst gar nicht glauben würde.« (Piper-Archiv)

Zum 100. Geburtstag von Otto Piper gab sein Sohn Reinhard das erste Kapitel von dessen Lebenserinnerungen unter dem Titel »Jugend und Heimat« heraus.

Die Meditationen über Tod und Sterblichkeit, Leiden und Schicksal, »Diesseits von Gott«, die Karl Friedrich Boree (1886–1964) als erstes von mehreren Büchern bei Piper veröffentlichte, waren ein zeittypisches Buch. Sie trafen Stimmungslage und Weltgefühl der Zeit, ohne aber eine konkrete politische Stellung zu beziehen. In den Jahren von 1946 bis 1949 erschienen weitere vier Titel Borees bei Piper. 1952 wurde er Sekretär der Deutschen Akademie für Sprache und Dichtung.

In diesem Jahr mußte der Katalog der »Meister-Faksimiles« neu gedruckt werden, aufgrund einer Beschwerde des Präsidenten der Reichskammer der bildenden Künste: »Über den Herrn Reichsminister für Volksaufklärung und Propaganda geht mir eine Beschwerde über Ihren Katalog zu, den Sie offenbar auch jetzt noch verbreiten. Der Katalog enthält eine große Anzahl von Blättern, die vom

Standpunkt einer verantwortungsbewußten nationalsozialistischen Kulturpolitik aus als Verfallskunst bezeichnet werden müssen. Ihre Verbreitung kann daher von mir unter keinen Umständen geduldet werden.« (Brief vom 9.6.1941, Piper-Archiv) Betroffen waren 21 Künstler, darunter Ernst Barlach, Max Beckmann, Marc Chagall, Oskar Kokoschka, Pablo Picasso und Auguste Renoir.

Dagegen erhielt ein anderes Werk des Piper Verlages, das erstmalig 1922 erschienen war und nun, im Oktober 1941, eine zweite vermehrte Auflage erlebte, von offizieller Seite eine besondere Auszeichnung: »Wir freuen uns, Ihnen mitteilen zu können, daß das Preisgericht Ihrer Zusendung, dem Buch Georg Dehio: ›Das Straßburger Münster‹ in der Gruppe ›Bildwerke‹ den 2. Preis (RM 30,– in bar) und eine Urkunde mit dem Prädikat ›Vorbildliches Buchschaffen 1941‹ zuerkannt hat.« (Schreiben der »Deutschen Arbeitsfront« vom 20.2.1942, Piper-Archiv)

1942

Die Titelzahl nahm im dritten Kriegsjahr noch einmal zu. Arthur Hübscher gab den noch fehlenden dritten Briefband Schopenhauers heraus. Der Briefwechsel war das letzte, was in der Schopenhauer-Ausgabe erschien; wegen der Ungunst der Umstände kam sie nicht zum Abschluß. Nach Pipers eigenen Worten im »Nachmittag« war sie das »Schmerzenskind« des Verlages: »In dem Augenblick, wo ich dies schreibe, liegen dreizehn dicke Bände dieser Ausgabe vor, und sie ist immer noch nicht abgeschlossen.« (LaV, S. 111)

Als neuer Autor kam Georg von der Vring (1889–1968) zum Verlag, von dem im ersten Jahr gleich drei Bände – gesammelte Gedichte unter dem Titel »Oktoberrose«, die Erzählung »Der ferne Sohn« und der 1938 zuerst bei Stalling, Oldenbourg, veröffentlichte Roman »Der Goldhelm« – erschienen. Piper blieb dem Schriftsteller und Maler, dessen Bekanntschaft er nach dem Weimarer Dichtertreffen im Jahre 1940 gemacht hatte, zeitlebens verbunden. Von der Vring, damals ohne feste Verlagsbindung, hatte sich 1940 sowohl an den Paul List Verlag, Leipzig, als auch an Reinhard Piper gewandt und eines seiner Werke angeboten: »Verehrter Herr Piper, ich war in Weimar auf dem Dichtertreffen und da entstand im Gespräch mit Joachim von der Goltz der Plan eines Büchleins. Ein Herr von Langen und Müller, der mit am Tisch saß, erklärte, daß das Büchlein für eine Reihe kleiner Bücher bei L. u. M. in Betracht käme. Ich sagte ihm, daß ich noch an einen anderen Verlag herantreten wollte; ich dachte an Sie.« (BAK, S. 444)

Georg von der Vring entschied sich tatsächlich für Piper und schloß im November 1941 einen Generalvertrag über sein Gesamtwerk ab. Es war die letzte intensive und fruchtbare Autorenakquisition Reinhard Pipers, der von der Vring 1951 auch zur Übersiedelung von Stuttgart nach München veranlaßte. Zwischen 1942 und 1953 erschienen insgesamt elf seiner Bücher bei Piper: neben den bereits genannten drei Titeln des Jahres 1942 der Erzählungsband »Die Umworbenen« (1944) sowie die Gedichtanthologie junger Soldaten »Die junge Front« (1944), nach dem Zweiten Weltkrieg die »Verse für Minette« (1947), 1948, 1950 und 1952 die Romane »Magda Gött«,

»Und wenn Du willst, vergiß«, »Der Diebstahl von Piantacon«, eine Gedichtauswahl »Abendfalter« (1952) und schließlich die Anthologie »Du bewahrst mir dein Herz. Worte an die Mutter« (1953).

Eduard Stemplinger setzte seine im Jahre 1938 begonnene Anekdotensammlung (»Von berühmten Ärzten«, »Von berühmten Schauspielern«; 1939 weitergeführt mit »Vom Jus und von Juristen«) mit berühmten Musikern fort.

Die Beschlagnahme des Barlach-Bandes im Jahre 1936 hatte Reinhard Piper zunächst nicht entmutigt, einen Band mit Federzeichnungen seines Freundes Kubin, der damals Mitglied der Preußischen Kunstakademie war, zu planen. Die Veröffentlichung war ursprünglich zum 60. Geburtstag des Zeichners im Jahre 1937 vorgesehen, mußte jedoch mangels Bewilligung der Reichsschrifttumskammer um fünf Jahre bis 1942 verschoben werden. Durch die negativen Erfahrungen mit dem Barlach-Band vorsichtig und hellhörig geworden, hatte Piper in einem Brief vom 24. 4. 1936 an Hedwig und Alfred Kubin geschrieben:

> »Inzwischen ist aber ein Ereignis eingetreten, das mich auch in Bezug auf den Kubin-Band nachdenklich stimmen muss. Es sind nämlich bei uns Ende März die Barlach-Zeichnungen beschlagnahmt worden, mit der Begründung, sie seien geeignet, die öffentliche Sicherheit und Ordnung zu gefährden ... Wir müssten also die Auswahl aus Ihren Zeichnungen so treffen, dass es ihnen nicht ergehen kann wie den Barlach-Zeichnungen ... Ich halte es nun meinerseits wohl für möglich,

aus Ihrem reichen Schaffen einen Band zusammenzustellen, der nicht beanstandet werden kann und der auch nicht künstlerisch schwächer ist als irgend eine andere Auswahl, nur würden eben bestimmte Stoffe dann nicht vertreten sein. Es wäre vielleicht sogar sehr gut, eine Auswahl dieser Art zu machen, damit man sieht, wie sehr auch ein Künstler, den man so oft als Darsteller des Verfalls hingestellt hat, blut- und bodengebunden ist. Dass der Band, der eine solche Auswahl bringt, deswegen nicht schwächer oder langweiliger wird, dafür haben Sie als Künstler ja gesorgt.

Ich wollte Ihnen dies auf jeden Fall vorweg schreiben, damit Sie sich mit diesem Gedanken vertraut machen und, bevor ich hinkomme, mir darüber schreiben können. Sie wissen, dass Briefe manchmal geöffnet werden.« (BAK, S. 333 f.)

Zur Sicherheit hatte der Verleger die für den Band ausgewählten Zeichnungen erst der maßgebenden Stelle in Berlin, der »Reichsstelle für künstlerische Formgebung« beim Reichsministerium für Volksaufklärung und Propaganda, vorgelegt. Um nicht wieder durch Beschlagnahme mehrere Tausend Reichsmark einzubüßen, wäre er bereit gewesen, eventuell einzelne – nach seinen Worten – »etwa ›unerwünschte‹ oder ›untragbare‹ Zeichnungen« (LaV, S. 470) noch auszuwechseln. Von der Reichsschrifttumskammer wurde er jedoch völlig im unklaren belassen: »Weshalb schicken Sie das eigentlich überhaupt vorher ein? Wir haben in Deutschland doch keine Zensur! Ein deutscher Verleger muß doch selber wissen, was er bringen kann und was nicht.« (LaV, S. 471) In seinen

Erinnerungen hat Piper in dem Kapitel »Der Zeichner von Zwickledt« ausführlich beschrieben, wie er mit den Zeichnungen zur Reichsschrifttumskammer nach Berlin fuhr, und dennoch alle persönlichen Interventionen dort nur ausweichend beantwortet wurden. Nach Wochen des Wartens schließlich bekam er das Paket mit den Zeichnungen zurück, dazu von dem Reichsbeauftragten Schweitzer ein »Schreiben mit dem monumentalen Wortlaut« (LaV, S. 473): »In Beantwortung der vorgenannten Schreiben teile ich Ihnen mit, dass ich eine Publikation der mir vorgelegten Kubinschen Zeichnungen nach nochmaliger Prüfung aus künstlerischen und weltanschaulichen Gründen für bedenklich halte. Ich stelle anheim, von der Herausgabe des Buches abzusehen. Heil Hitler!« (BAK, S. 336)

Ein Einspruch des Verlegers blieb erfolglos. Er erhielt darauf einen nur »noch monumentaleren Bescheid« folgenden Inhaltes: »Ich bitte, von der nochmaligen Übersendung der Kubin'schen Zeichnungen abzusehen, da ich meiner Stellungnahme nichts mehr zuzufügen habe.« (LaV, S. 474)

> »Was dieses ›Anheimstellen‹ in Wirklichkeit bedeutete, darüber konnte ich mir nicht im Zweifel sein. Würde ich das Buch trotz dieser Warnung verlegen, so hätten sich die Herrschaften solche offene ›Widersetzlichkeit‹ gewiß nicht bieten lassen.
>
> Woher der Wind blies, wurde dadurch klar, daß der Präsident der Reichsschrifttumskammer mich kurz danach davon in Kenntis setzte, daß die in meinem Verlag erschienene Druckschrift von Alfred Kubin ›Zwanzig

Bilder zur Bibel‹ in die Liste gemäß § 1 seiner Anordnung über schädliches und unerwünschtes Schrifttum vom 25.4.35 eingereiht worden sei. Dadurch wurde der Fall Kubin verschärft. Man wollte nicht nur in Zukunft, sondern auch in die Vergangenheit rückwärts Kubin-Publikationen beseitigen. Die ›Bilder zur Bibel‹ waren schon 1921 erschienen und bis dahin unbehelligt geblieben.« (LaV, S. 474f.)

Reinhard Piper ließ aber den Plan des neuen Buches nicht fallen, sondern wartete auf günstigere Zeiten. Nach dem Anschluß Österreichs 1938 hatte er einen erneuten Versuch unternommen, Papier war zunächst bewilligt, dann aber wieder gestrichen worden:

»Eine Klippe war noch die Papierbeschaffung. Für jedes Buch mußte damals von der Wirtschaftsstelle für den deutschen Buchhandel das Papier eigens bewilligt werden, und bewilligt wurde es selbstverständlich nur für Bücher, die der Partei genehm waren. So war die Wirtschaftsstelle zugleich ein Instrument der Zensur.« (LaV, S. 475)

Im Juni 1940 erhielt er einen Brief von Kubin, der – trotz des ungebrochenen Interesses des Verlegers – nach viermaligem Aufschub des »einst geplanten neuen Sammelbandes von Zeichnungen« nicht mehr an eine Veröffentlichung glaubte. (BAK, S. 339) Piper antwortete ihm im Dezember des Jahres jedoch zuversichtlich:

»Alles, was als ›krankhaft‹ oder ›entartet‹ von böswilliger Seite denunziert werden könnte, muss natürlich wegbleiben. Es wird trotzdem der echte Kubin herauskommen.

Es freut mich sehr, dass diese Sache nunmehr endgültig zustandekommt. Es soll ein schönes Werk werden, an dem alle Freunde Ihres Schaffens Freude haben werden. Nur müssen wir mit der Herstellung möglichst bald beginnen. Ich werde schon jetzt das Papier beantragen. Es muss nämlich das Papier für jedes Werk bei der Wirtschaftsstelle eigens beantragt werden und dabei muss man das beabsichtigte Werk entsprechend charakterisieren.« (BAK, S. 341 f.)

Und erst im Jahre 1942 schließlich war die Verwirklichung des fünf Jahre zuvor in Aussicht genommenen Projektes so weit vorangetrieben, daß Kubin am 16. März an Piper schrieb: »Lieber Herr Piper – nun – endlich glaube ich an das Erscheinen des Bilderbandes.« (BAK, S. 343)

So kam das Buch, ohne Genehmigung, aber geduldet, zum 65. Geburtstag Kubins unter dem Titel »Abenteuer einer Zeichenfeder« mit einer Einführung von Max Unold heraus. Es wurde von der Reichsschrifttumskammer »gnädig« übersehen. Reinhard Piper erhielt nach Veröffentlichung rund 100 begeisterte Briefe von namhaften Dichtern, Malern, Musikern, Kunsthistorikern, Galerieleitern, Verlegern und anderen, die sich aus dem Buch »geistig bereichert« hatten, »und wenn es auch nachträglich noch beschlagnahmt worden wäre – diese hundert Briefe hätten mich das etwas leichter tragen lassen.« (LaV, S. 477) »Ich meinerseits bin glücklich in dem

Gedanken, dass es mir als Verleger vergönnt war, gerade zu Ihrem 65. Geburtstag als Mittler Ihre Kunst unter die Menschen zu bringen und mich zu ihr zu bekennen« (BAK, S. 345), schrieb Piper in seinem Geburtstagsbrief vom 15. April 1942 an den »Zeichner von Zwickledt« und ließ darin noch einmal die langjährige fruchtbare Zusammenarbeit Revue passieren, die im Jahre 1908 mit Kubins Zeichnungen zu Stadelmanns »Die Stellung der Psychopathologie zur Kunst« begonnen hatte.

1943

Im vierten Kriegsjahr erschienen elf neue Bücher.

Der Kunstkalender wurde nicht mehr in das Verlagsprogramm genommen; er kam erst wieder nach dem Krieg – in den Jahren von 1949 bis 1963 – heraus. Der Schwerpunkt der publizierten Titel lag bei der Literatur. Unter anderem veröffentlichte man eine illustrierte Ausgabe von Grimmelshausens »Landstörzerin Courasche«. Der Kulturhistoriker Will-Erich Peuckert (1895–1969) übergab Piper sein gewichtiges Buch »Sebastian Franck. Ein deutscher Sucher«.

Im Mai des Jahres hatte Klaus Piper einen Verlagsvertrag mit Robert Havemann (1910–1982) unterzeichnet, der ein Buch »Wirklichkeit und Erkenntnis der Natur« mit »Umfang etwa 300 Seiten Text mit 80 Bildtafeln« vorsah. Havemann, ein Chemiker, der damals in der Widerstandsgruppe »Europäische Union« arbeitete, erhielt einen Vorschuß von 1500 Mark und außerdem 900 Mark »für die Bestreitung seiner Auslagen bei der Beschaffung von Fotos und sonstigem Illustrationsmaterial«. Anfang September 1943 wurde Havemann verhaftet und wenig später zum Tode verurteilt. Die Vollstreckung wurde aber wegen seiner vorgespiegelten Beteiligung an kriegswichtigen Forschungen immer wieder aufgeschoben. Nachdem er sich mit den amerikanischen Besatzungsbehörden überworfen hatte, war Havemann ab 1952 Professor an der Humboldt-Universität in Ost-Berlin, 1964 wurde er nach einer aufsehenerregenden kritischen Vorlesungsreihe (»Dialektik ohne Dogma?«) entlassen und mit Berufs- und Publikationsverbot belegt. 25 Jahre lang durfte er in der DDR nicht gelesen werden, 1990, acht Jahre nach seinem Tod, wurde er rehabilitiert. Heute, da die Verhältnisse, die er unnachsichtig bekämpft hat, sich geändert haben, ist sein literarisches Vermächtnis für die Deutschen in Ost und West wichtiger denn je. Klaus Piper war mit Havemann von Jugend an befreundet gewesen. Von ihm hat Havemann einmal gesagt, daß er »mir in meinem Leben sehr geholfen hat, bedeutende Werke der Musik, der Literatur und der bildenden Kunst kennen und verstehen zu lernen«. (R. Havemann, »Fragen nach dem Sinn des Begriffs Realismus«, in: Für Klaus Piper zum 70. Geburtstag, S. 137–145, hier S. 145)

Die Luftangriffe auf München waren 1943 so stark geworden, daß der Verlag einen großen Teil seiner Bestände und Akten auslagern mußte – eine Aufgabe, um die sich hauptsächlich Klaus Piper, auf den die allgemeine Leitung des Verlages übergegangen war, kümmerte:

»Da ich nicht kriegsverwendungsfähig und mein Vater bei schlechter Gesundheit war, oblag mir im Krieg die

> Leitung des Verlags. Meine Tätigkeit war im Krieg zum Schluß immer mehr darauf beschränkt gewesen, das mir Anvertraute bloß noch zu erhalten. Täglich mußten kleine oder große Katastrophen, die die Herstellung der Bücher blockierten, abgewehrt werden.« (SuB, S. 14)

Auch der mehr und mehr Privatmann werdende Reinhard Piper brachte Familie und Eigentum in Sicherheit:

> »Als die Frage dringlich wurde, wohin wir uns und unser wichtigstes Besitztum vor den sich immer mehr steigernden Bombenangriffen flüchten könnten, boten uns mein Vetter zweiten Grades Max Klapp und seine Frau Hilde in freundlichster Weise auf ihrem Schloßgut Burgrain ein Unterkommen an ... Dies war für uns eine geradezu ideale Lösung ... Martin und Klaus waren als Soldaten einberufen und ausgebildet worden, wurden aber nach wiederholten Musterungen entlassen. So konnte Klaus sich den überaus schwierigen Aufgaben im Verlag widmen und für Verlagerungen nach auswärts sorgen. Diese bewahrten uns aber nicht vor schwersten Schäden durch Brände und Plünderungen. Fast alle unsre Arbeiten und Anstrengungen konnten nur darauf gerichtet sein, Negatives zu vermeiden. Für produktive Arbeit blieb kaum etwas übrig.
>
> Meine Frau und ich fuhren wiederholt für Wochen und Monate nach München hinein, wo uns mancherlei Pflichten festhielten. Meist kamen wir gerade zu den schweren Angriffen zurecht.« (LaV, S. 682f.)

1944

Das Haus Georgenstraße 4 wurde durch eine Bombe getroffen, die Verlagsbüros selbst erlitten jedoch nur wenig Schaden:

> »Klaus kommt und berichtet, daß diesmal nun doch auch das Verlagshaus in der Georgenstraße schwer getroffen ist. Eine Bombe hat das Doppelhaus in der Mitte bis ins Erdgeschoß hinunter auseinandergerissen.« (LaV, S. 686)

Die Privatwohnung des Verlegers war nur wenige Tage zuvor bei einem der unmittelbar aufeinanderfolgenden Luftangriffe vom 11. bis 16. Juli völlig zerstört worden, so daß Reinhard Piper nun für längere Zeit aufs Land ziehen mußte, zu Verwandten nach Isen. Er nutzte die erzwungene Muße zur Abfassung seiner Lebenserinnerungen – in den Kriegsjahren waren Aufsätze, Betrachtungen und Skizzen entstanden, die zum Teil in der Autobiographie Eingang fanden, erste Aufzeichnungen zum »Vormittag« reichen noch in die dreißiger Jahre zurück – und zur Ausarbeitung eines Konzepts für die Piper-Bücherei:

> »In Burgrain habe ich auch das Programm der Piper-Bücherei aufgestellt und so einen Plan, der mich schon seit den zwanziger Jahren beschäftigte, der Verwirklichung nähergeführt. Papier wurde während des Krieges für neue ›billige Reihen‹ nicht bewilligt. Aber der Aufmarsch war schon vorbereitet, und die Arbeit konnte gleich nach Kriegsende beginnen. Auch war

> mir vergönnt, hier den ›Vormittag‹ zu Ende zu schreiben.« (LaV, S. 683)

Die Piper-Bücherei war die letzte große verlegerische Leistung von Reinhard Piper. Sie begann sofort nach Ende des Krieges, im Jahre 1946, mit den ersten Bänden. In dem Programmentwurf von 1944/45 heißt es dazu:

> »Die Piper-Bücherei kann als eine Umwandlung der ›Fruchtschale‹ gelten, der Taschenbibliothek, mit der ich 1904 meinen Verlag begann. Aber die Piper-Bücherei ist viel beweglicher. Ihre Bände im Umfang von 60 bis 100 Seiten gestatten, ohne allzu große Umständlichkeiten in wohlüberlegter Auswahl Autoren zum Sprechen zu bringen und Themen zu behandeln, die der Zeit etwas zu sagen haben.« (LaV, S. 692)

Die Herstellung der Bücher war während dieses Kriegsjahres noch schwieriger geworden. Dennoch erschienen insgesamt elf neue Titel, darunter Stemplingers letzter Anekdotenband – ganz dem Geist der Zeit entsprechend – »Von Feldherrn und Soldaten«.

1945

Nach Kriegsende wurden von der amerikanischen Militärregierung alle bayerischen Zeitungs-, Buch- und Zeitschriftenverlage geschlossen und durften erst nach einem Lizenzierungsverfahren neu geöffnet werden. In München sollte zunächst – und vorrangig – als Nachfolgerin der »Münchner Neuesten Nachrichten« die »Süddeutsche Zeitung« entstehen. Auch in anderen Städten wurde von den Amerikanern die Neugründung von parteiunabhängigen Tageszeitungen initiiert, aber es stellte sich als äußerst schwierig dar, hierfür geeignete Lizenzträger zu finden. Es sollten jeweils möglichst vier sein: ein Mitglied der Bayerischen Volkspartei oder des Zentrums, ein Liberaler, ein Sozialdemokrat und ein Kommunist. Die »Altverleger« der früheren Zeitungen wurden dabei kategorisch ausgeschlossen, unabhängig von ihrer persönlichen politischen Vergangenheit. Anders verhielt es sich bei den Buchverlagen. Hier sollten Neugründungen erfolgen, aber auch alte Verlagshäuser nach einer Überprüfung wieder arbeiten dürfen; diese Überprüfung umfaßte die eingereichten Programme, die wirtschaftliche Planung, vor allem aber die politische Haltung eines bestehenden Verlags und seines Verlegers im Dritten Reich. Die politische Vergangenheit katholisch-konfessioneller Häuser war, der Lage des Katholizismus im Dritten Reich entsprechend, meist unproblematisch. Die 1945 noch bestehenden größeren Buchverlage, die bis zum Schluß mit mehr oder weniger großen Konzessionen an die Machthaber arbeiten konnten, mußten hingegen erst einen politisch unbelasteten Lizenzträger finden, der auch an der Firma beteiligt werden sollte. Einige Verlage wurden deshalb unter verändertem Namen fortgeführt, wie in München beispielsweise der »Münchner Verlag« (vormals F. Bruckmann KG), der Biederstein-Verlag (vormals C. H. Beck'sche Verlagsbuchhandlung) und der Leibniz-Verlag (vormals R. Oldenbourg Verlag).

Berthold Spangenberg, der kurz nach Kriegsende die

»Starnberger Verlagsgesellschaft« gegründet hatte und später Mitinhaber der Nymphenburger Verlagshandlung wurde, war von der amerikanischen Militärregierung als Berater beim Aufbau des Presse- und Verlagswesens in die Politische Abteilung des Nachrichtenwesens ICD (Information Control Division) geholt worden. Der Piper Verlag (seine Inhaber hatten keiner nationalsozialistischen Parteiorganisation angehört) erhielt die Genehmigung, die Arbeit provisorisch wiederaufzunehmen. Neue Bücher konnten jedoch erst nach Erteilung einer formellen Verlagslizenz herausgebracht werden.

Diese offizielle Verlagslizenz wurde im Januar 1946 ausgestellt. Spangenberg erinnert sich:

> »Eines Tages lag der Lizenz-Antrag des R. Piper & Co. Verlags auf meinem Schreibtisch. Es handelte sich um eines der wenigen Verlagshäuser, die das Dritte Reich mit einem Programm für ›Schöne Literatur, Kunst, Kultur- und Geistesgeschichte‹ – so hieß es auch im Lizenz-Antrag – überstanden hatten, ohne politische Konzessionen an nationalsozialistische Anschauungen zu machen. Über seine Auseinandersetzungen mit Parteistellen, besonders sein Eintreten für Barlach und Kubin, hatte man gehört. So trat der Fall ein, daß mit dem Piper Verlag wenigstens einer der bekannten Verlage mit vorwiegend künstlerischer und literarischer Richtung ohne Veränderung wiedereröffnet werden konnte. Am 4. Januar 1946 erhielt er die Lizenz 125, also die 25. eines Buchverlags in Bayern. Eine Ausnahme wurde gemacht: statt des bei allen Buchverlagen vorgeschriebenen einen Lizenzträgers gab es beim Piper Ver-

> lag deren zwei: Reinhard und Klaus Piper.« (B. Spangenberg, «Brief über ein Geheimnis in der Stunde Null«, in: Für Klaus Piper zum 70. Geburtstag, S. 301–305, hier S. 303 f.)

Die Erteilung der Lizenz wurde nach Erinnerung Klaus Pipers zudem vom Ergebnis eines »ziemlich skrupulösen Prüfungsverfahrens, auch mit psychologischen Tests verbundenen ›screening‹« (SuB, S. 17) abhängig gemacht:

> »Zu diesem Zweck sollten sich Reinhard Piper senior, mein Vater, und Klaus Piper junior im Screening-Center Bad Orb einfinden. Die Reise im offenen Jeep, 400 Kilometer lang von München aus, wäre für meinen Vater ein großes Risiko gewesen. Auf meine Bitte verzichtete man auf ihn und begnügte sich mit mir. Mein freundlich-sachlicher, psychoanalytisch geschulter Hauptbefrager... insistierte, von mir Gründe zu erfahren, warum ich nicht Mitglied der NSDAP gewesen sei. Ich versuchte ihm zu erklären, daß nicht nur persönliche Veranlagung und Überzeugung das politische Verhalten in der Nazizeit bestimmte, sondern daß mindestens ebenso der biographische Ausgangspunkt bestimmend war. Ich erklärte, die soziale und geistige Welt, in der ich aufgewachsen war, hätte mich geprägt, mir bestimmte Instinkte, Richtpunkte, Werte mitgegeben. In einem zivilen, demokratisch eingefärbten Elternhaus wie dem meinen ›konnte‹ man kein Nationalsozialist werden. Aber ich sei auch kein Held gewesen, hätte mich an keinem Attentatsversuch beteiligt. Bescheidenen Widerstand, dessen ich mich nicht be-

rühmen dürfe, hätte ich – und viele meinesgleichen – geleistet, einfach durch Widerstehen, Sich-Entziehen gegenüber Verführungen und Anträgen, die ich nicht für vertretbar hielt. Das war übrigens im Dritten Reich weitaus mehr, als Kleinmütige glaubten, möglich ...

Das Lizenzverfahren der westlichen Militärregierungen hat sich bewährt. Die Führung der Verlage und Zeitungen wurde Verlegern und Herausgebern anvertraut, deren demokratischer, antitotalitärer Haltung man sicher sein konnte. Und so fanden in der Bundesrepublik in den entscheidenden Aufbaujahren nach 1945 nazistische Ressentiments und reaktionäre Tendenzen keine Chance öffentlicher Wirkung.« (SuB, S. 17f.)

Wiederbeginn nach dem Zweiten Weltkrieg Die Jahre 1946 bis 1953

Mit dem Einzug der Amerikaner am 30. April 1945 war der Zweite Weltkrieg zu Ende:

»Ich weiß nicht, ob Psychohistoriker ausrechnen könnten, wie viele Deutsche den militärischen Zusammenbruch im Frühjahr 1945 herbeigesehnt hatten, damit all die unzähligen Leiden und Opfer ein Ende fänden und die Nazidiktatur beseitigt würde, und bei wie vielen anderen Deutschen die endgültige Niederlage eine tiefe Verstörung anrichtete, weil sie ihren Glauben an den Führer in Stücke schlug. Sicher war die Kapitulation nicht nur für mich und die Menschen meines Lebenskreises, sondern für die allermeisten Deutschen die Stunde des großen Aufatmens ...

Die ›Stunde Null‹ erlebte ich im bayerischen Voralpenland, wohin ich meine Familie vor den Bombenangriffen in Sicherheit gebracht hatte. Die militärische Niederlage war seit vielen Monaten unwiderruflich vorgezeichnet ... Wie aber würde sich das Ende vollziehen? Chaos, Plünderung, Rachezüge von DPs (›displaced persons‹), von Fremdarbeitern, KZlern? Oder Wahnsinnstaten der SS in der letzten Stunde – ein letztes Um-sich-Schlagen der Naziführung als Strafaktion gegen das eigene Volk, das sich als undankbar erwiesen hatte, weil es sich nicht in toto mit dem Regime in den Abgrund reißen lassen wollte?...

Was mir als geradezu unheimlicher Vorgang im Gedächtnis geblieben ist: Der NS-Staat tritt ab, seine Repräsentanten sind scheinbar wie vom Erdboden verschluckt, und im selben Augenblick sind die militärischen Sieger da. ›Nahtlos‹ löst das Besatzungsregime der Sieger die Herrschaft der Verlierer ab. Die Maschinerie der Weltgeschichte funktioniert so perfekt, daß es keine ›Pause‹ gibt.« (SuB, S. 13 ff.)

Die einstigen kulturellen Zentren Deutschlands jedoch waren in Trümmerwüsten verwandelt, hier funktionierte die Weltgeschichte nicht so perfekt, daß die Zerstörungen des Krieges von einem auf den anderen Tag hätten beseitigt werden können.

»Leipzig, der Ostzone zugehörig, hatte seine ruhmreiche Stellung als altes Zentrum des deutschen Buchhandels eingebüßt. Seine in über hundert Jahren durchgearbeitete, über die ganze Erde wirkende Organisation, der Börsenverein deutscher Buchhändler, war zerschlagen. Schon vorher, am 4. Dezember 1943, hatte ein Luftangriff von zwanzig Minuten Dauer die gesamte Innenstadt mit allen ihren großen Druckereien, Buchbindereien, Kommissionsgeschäften und Verlagen zum großen Teil vernichtet.« (LaV, S. 385)

An einen Warenverkehr in dem zerstörten, in Besatzungszonen aufgeteilten Land war vorerst nicht zu denken. Zensur, Krieg, Revolution, Inflation, Wirtschaftskrise,

Faschismus, Exil und wiederum Krieg hatten seine geistigen und physischen Reserven völlig ausgeschöpft. Die Aufgabe der Verleger bestand zunächst darin, nicht nur das Werk verstorbener Schriftsteller in Erinnerung zu rufen, sondern ihr Interesse mußte auch den Autoren gelten, die zwar auf dem Höhepunkt ihrer Entwicklung standen, die aber dennoch vergessen zu werden drohten, da ihre Bücher während der Nazizeit nicht publiziert werden konnten. Der immer weiter verbreitete Typ des Sachbuchs dagegen hatte einem neuen allgemeinen Orientierungs- und Informationsbedürfnis breiter Bevölkerungsschichten nachzukommen, das aus den Erfahrungen des Weltkrieges und der allmählich ans Licht kommenden Schrecken der Judenverfolgung resultierte.

Doch der Neubeginn stellte sich nicht ganz einfach dar. Glaubte man anfangs, die nach Kriegsende immer noch vorhandenen Versorgungsschwierigkeiten würden bald so weit behoben sein, daß zumindest erste bescheidene Publikationen in den Handel gebracht werden könnten, so sah man sich in dieser Hoffnung innerhalb kürzester Zeit enttäuscht. Der Mangel nahm zu, denn den Verlagen fehlte es nicht nur an Papier, sondern auch an Einbandmaterial, Heftfaden, Leim und Druckmaschinen. Papier war auf dem Markt noch nicht frei käuflich, sondern wurde nur auf Antrag zugeteilt, woraus eine vollständige Abhängigkeit von den Besatzungsmächten resultierte.

»Sommer 1945. Wie überall, so wurde auch im Piper Verlag geplant, ›organisiert‹ (der allgültige terminus technicus), improvisiert – um wieder neue Bücher drucken zu können. Eine bizarre buchtechnische Erinnerung aus der Zeit, als es mit dem Büchermachen wieder soweit war (ein Jahr später). Dostojewski, der schon in der Erschütterung nach dem Ersten Weltkrieg so viele deutsche Leser bewegt hatte, mußte mit Vorrang wieder lieferbar gemacht werden. Mir lag vor allem an seinen großen Romanen ›Die Dämonen‹ und ›Der Idiot‹. Aber wo das Papier herbekommen? Schließlich wurde uns für den Druck der beiden Werke Dünndruckpapier freigegeben, das im Druckhaus des ›Völkischen Beobachters‹ für den Nachdruck von Hitlers ›Mein Kampf‹ bestimmt gewesen war. Diese Nachauflagen waren durch den Spruch des Weltgerichts überflüssig geworden.« (SuB, S. 16)

Nach dem Zweiten Weltkrieg kamen viele Autoren zu Piper, die ihre verlegerische Heimat verloren hatten – ihre bisherigen Verlage arbeiteten nicht mehr oder waren für sie nicht mehr erreichbar –, unter ihnen Richard Friedenthal (1896–1979), Oda Schaefer (1900–1988), Stefan Andres (1906–1970) und, vermittels ihrer Erben, Ludwig Thoma (1867–1921) und Karl Valentin (1882–1948).

Neue graphische Betriebe und neue Buchkünstler wurden für die Herstellung der Bücher gewonnen: Karl Arnold und sein Sohn Claus, Gerhard M. Hotop, Werner Rebhuhn, Wolfgang Dohmen, Dieter Zembsch, Walter Becker, Hans Hermann Hagedorn, Martin Kausche. Vor allem aber gab Emil Preetorius den Piper-Büchern das entscheidende Gesicht. Er zählte mit seinen gehaltvollen und persönlich erlebten »Gedanken zur Kunst« zugleich zu den wichtigen Autoren dieser Jahre.

Das Verlagsprogramm, das nach dem Zusammenbruch des Dritten Reiches einen Neubeginn erforderte, wurde in den Grundlinien wesentlich erweitert: Literatur, Kunst und Philosophie waren die drei Hauptgebiete gewesen, denen sich Reinhard Piper zugewandt hatte; Belletristik (zeitgenössische deutsche und ausländische Autoren), moderne Sachbücher (Biographien, Kultur, Zeitgeschichte und Politik) und geistes- und naturwissenschaftliche Darstellungen führender Gelehrter für ein allgemeingebildetes Publikum wurden die des Sohnes.

Die Verantwortung für die verlegerische Arbeit lag nun ganz bei Klaus Piper. Reinhard Piper überließ ihm nicht nur den Verkehr mit den Autoren, sondern auch beinahe die gesamte geschäftliche Leitung. Er selbst arbeitete nur noch wenige Stunden im Verlag und nahm beratend an der Arbeit des Sohnes Anteil. »Im Alter fühlt man sich an den Rand des Lebens gedrängt. Die Zeit wird knapp«, notierte er sich in den letzten Lebensjahren, und dem Freund Penzoldt schrieb er 1942: »Der Verleger muß nicht alle Autoren verlegen wollen, mit denen er befreundet ist. Er braucht auch welche, um mit ihnen spazieren zu gehen. Und dies Spazierengehen ist umso unbeschwerter und erfrischender, je weniger er den Autor verlegt.« Immer wieder ist auch in der Korrespondenz dieser Jahre von Spaziergängen die Rede, die für Reinhard Piper einen Rückzug aus der Verlagsarbeit bedeuteten und ihm die Möglichkeit der entspannten Lektüre außerhalb des Büros eröffneten. »Wenn ich spazieren gehe, stecke ich mir am liebsten ein Drama ein.«

Nur mit den wenigen Freunden, die noch lebten, verhandelte Reinhard Piper selbst. Vor allem Alfred Kubin gehörte noch zu den vertrauten Korrespondenzpartnern.

Zum 75. Geburtstag wurde er von seinem Verleger mit einem Band der Piper-Bücherei geehrt. »Es erfüllt mich mit großer Freude, nochmal ein Kubin-Buch machen zu können!« (BAK, S. 504) schrieb ihm Reinhard Piper 1952. Neben den Büchern Georg von der Vrings, einer Ausgabe von Ernst Barlachs »Leben und Werk in seinen Briefen« und einer Lyrikauswahl von Otto zur Linde war dies das letzte Buch, an dem er Anteil nahm.

Die Arbeitskraft der Nachkriegsjahre gehörte vor allem den Lebenserinnerungen »Vormittag« und »Nachmittag«. (Der geplante »Abend« kam nicht mehr zustande.) »Mein Erinnerungsbuch ist ein Ordnungsversuch. Mein Leben sollte nicht als Zufallshaufen von Tatsachen hinter mir zurückbleiben«, schrieb Reinhard Piper. Zugute kam ihm, daß er als sorgfältiger Archivar seines Lebenswerkes alle wesentlichen Autoren-Korrespondenzen aufbewahrt und Zeitungsartikel, Rezensionen oder allgemeine schriftliche Dokumente zu wichtigen Ereignissen gesammelt hatte. Stets war es ihm ein Anliegen gewesen, seine Eindrücke im Umgang mit Autoren, Freunden und Kunstwerken festzuhalten:

> »Als Verleger-Autobiographie darf ›Mein Leben als Verleger‹ von Reinhard Piper fast als einzigartig bezeichnet werden. Denn kaum jemals vorher hat es ein Verleger unternommen, sein Leben und Wirken so vollständig, von der frühen Kindheit bis zum Lebensabend und in allen wesentlichen Verflechtungen seiner persönlichen Existenz mit Umwelt und Zeit darzustellen.« (SuB, S. 52)

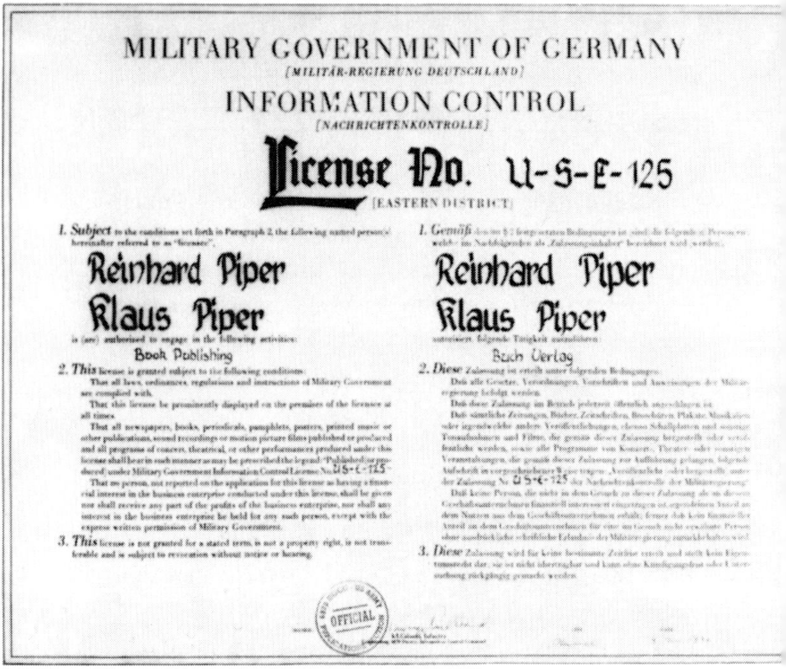

MILITARY GOVERNMENT OF GERMANY
[MILITÄR-REGIERUNG DEUTSCHLAND]

INFORMATION CONTROL
[NACHRICHTENKONTROLLE]

License No. U-S-E-125
[EASTERN DISTRICT]

1. Subject

Reinhard Piper
Klaus Piper

Book Publishing

2. This

3. This

1. Gemäß

Reinhard Piper
Klaus Piper

Buch Verlag

2. Diese

3. Diese

OFFICIAL

20 *Verlagslizenz Reinhard und Klaus Pipers vom 4. Januar 1946*

1946

Der Wortlaut der Lizenz, die die Voraussetzung dafür war, daß der Verlag nach dem Krieg von neuem mit der Arbeit beginnen konnte, war der folgende:

Military Government of Germany, Information Control, License No. U-S-E-125, 1. Gemäß den im § 2 festgesetzten Bedingungen sind die folgenden Personen, welche im Nachfolgenden als ›Zulassungsinhaber‹ bezeichnet werden, Reinhard Piper Klaus Piper autorisiert, folgende Tätigkeit auszuführen: Buch Verlag.« (Lizenz vom 4. 1. 1946, Piper-Archiv)

Albrecht Knaus, der nach dem Krieg Verlagsleiter bei

Piper war, erinnert sich in der Festschrift anläßlich Klaus Pipers 70. Geburtstag an die ersten Anfänge der Verlagsarbeit:

»Ende 1946 erschienen bei Piper die ersten Bücher nach dem Krieg. Neben den kartonierten, farbigen Bänden, mit denen die ›Piper-Bücherei‹ eröffnet wurde, waren das Egon Friedells phantastische Novelle ›Die Reise mit der Zeitmaschine‹, die Erinnerungen des in München lebenden Arztes Dr. Mirok Li an die Jugendzeit in seiner koreanischen Heimat, ›Der Yalu fließt‹, sowie die ›Stafford‹-Biographie des Earl of Birkenhead und der Roman ›Und doch will ich leben‹ von Frank Tilsley. Die beiden letztgenannten waren einmal als Neuerscheinungen für den Herbst 1939 geplant... Ein ›Weihnachtsgeschäft‹ gab es 1946 für den Verlag nicht. Die Bücher konnten nicht rechtzeitig im ›Zuteilungsverfahren‹ ausgeliefert werden. Daß der Verlag im Herbst keine Neuerscheinungen hatte, zum ersten Mal seit seinem Bestehen, gab Reinhard Piper genügend Grund für seine trockenen, sarkastischen Anmerkungen. Die paar Leute, die damals neben ihm und Klaus Piper den Verlag darstellten, saßen leicht fröstelnd in ihren Mänteln und an den zusammengerückten Schreibtischen im östlichen Eckzimmer und hörten sich melancholisch amüsiert seine kurzen Sätze mit den kleinen Pausen dazwischen an.« (A. Knaus, »Als der Verlag wieder begann«, in: Für Klaus Piper zum 70. Geburtstag, S. 189–191, hier S. 189)

In das erste Programm der Nachkriegszeit fiel also der Beginn der Piper-Bücherei, die mit sieben Bänden startete: »Der Grundgedanke der Piper-Bücherei ist dem einer früheren Sammlung, der ›Fruchtschale‹, darin verwandt, daß auch sie, allerdings in einem von vornherein weiter gefaßten Rahmen, weniger das schon Bekannte pflegen will als einladen zu Entdeckungsfahrten. Dabei die interessante

21 *Günter Franke und Reinhard Piper in einer Ausstellung Max Beckmanns in der Villa Stuck, München, 1946*

und nicht seltene verlegerische Erfahrung: Der einstigen ›Fruchtschale‹ war der Erfolg versagt. Erst in der neuen, veränderten Form ist der Keim zur fruchtbringenden Entfaltung gekommen.« (Almanach 1904–1954, S. 14) In den ersten zehn Jahren wurden mehr als eine Million Bände verkauft. Zu den Autoren der Bücherei gehörten Ernst Barlach, Karl Friedrich Boree, Erich Brautlacht,

Bruno Brehm, F. M. Dostojewski, Gustave Flaubert, Nikolai Lesskow, Herman Melville, Christian Morgenstern, Ernst Penzoldt, Oda Schaefer, Heinrich Wolfgang Seidel, Ina Seidel, Ludwig Thoma und Karl Vossler. Als Bearbeiter und Herausgeber wirkten mit Richard Benz, Ernst Buschor, Albrecht Goes, Arthur Hübscher, Margareta Morgenstern, Ina Seidel und einmal mehr Reinhard Piper; er legte im ersten Erscheinungsjahr der Serie eine Auswahl deutscher Liebesgedichte vor. Zu den Kunstbüchern der Piper-Bücherei schrieben H. W. Hegemann, Ernst Penzoldt, Adolf Schinnerer und Franz Winzinger die Einführungen. In einem Beitrag des Nordwestdeutschen Rundfunks hieß es: »Die ganze Fülle und Spannweite menschlichen Geistes im Bereich des Wortes sichtbar zu machen, alle Formen und Möglichkeiten am Beispiel zu verdeutlichen, dies ist offenbar das Ziel, das die Piper-Bücherei anstrebt und das sie auch mit glücklicher Hand verwirklicht.« Die buchkünstlerische Gestaltung übernahm der Graphiker, Bühnenbildner und Kunstsammler Emil Preetorius, der auch zahlreiche Einzelumschläge für den Piper Verlag gestaltete (insgesamt über 100) und so das äußere Bild des Verlages in den ersten Jahren nach dem Krieg entscheidend mitbestimmte. Er war seit 1907 unter anderem für die Verlage Hans von Weber, Georg Müller, Kurt Wolff, Insel und Rowohlt tätig gewesen. Im Jahre 1948 wurde er Präsident der Bayerischen Akademie der Schönen Künste. In einer allgemeinen Programmbesprechung der Piper-Bücherei von Helmut Lindemann in der »Deutschen Rundschau« vom August 1949 wird deren künstlerische Erscheinung besonders hervorgehoben: »Die kleinen Bände in der schönen Ausstattung von Emil Preetorius... erfüllen alle Ansprüche, die ein echter Leser und Bücherfreund nur stellen kann. Denken wir uns einen Menschen unserer Tage, der im Monat nicht mehr als 1,50 DM für Bücher ausgeben kann und dennoch danach strebt, eine wirkliche Bibliothek als Schatzkammer des Geistes anzulegen – er greife zur Piper-Bücherei!« (Deutsche Rundschau, Heft 8, August 1949, S. 767f., Piper-Archiv) Mit Ausnahme eines 1924 im Piper Verlag verlegten Vortrags »Gedanken zum illustrierten Buch« (zur Gründung der Gesellschaft der Münchener Bücherfreunde) erschienen Preetorius' eigene Arbeiten ebenfalls erst nach 1945 bei Piper: »Gedanken zur Kunst« (1947), »Sprache der Kunst. Aphorismen« (1955), »Persische Miniaturen« (1958), »Zehntausendfaches Glück« (1959) und »Geheimnis des Sichtbaren. Gesammelte Aufsätze zur Kunst« (1963).

Ein neuer Autor, der wie mancher andere nach 1945 zu seinem neuen Verlag fand, ist zu nennen: Heinrich Spoerl (1887–1955); von ihm erschien in diesem Jahr die Erzählung »Die Hochzeitsreise«. Spoerl, der hauptberuflich Rechtsanwalt war, hatte sich als Hobby der Schriftstellerei gewidmet; es hatte aber »nachdrücklicher Initiativen seiner wirklichkeitsnäheren Frau«, der Konzertsängerin Gertrud Kebben bedurft, damit das erste Romanmanuskript den Weg zum Droste-Verlag fand. 1935 erschien dort »Die Feuerzangenbowle«, die einen gewaltigen Erfolg hatte und den Grundstein zu Spoerls Ruhm als Autor unterhaltsamer Romane legte. 1937 zog er nach Berlin, den Ort, an dem fast alle seine Bücher verfilmt wurden. Doch Goebbels und sein Umkreis erwiesen sich als allzu aufdringlich, so daß die Familie Spoerl bald wieder das Feld räumte und sich »aus gesundheitlichen Gründen« 1940 nach Rottach-Egern, jenen auch von anderen Künstlern bevölkerten Kurort am Tegernsee, zurückzog. Dazu noch einmal Albrecht Knaus in seinen Erinnerungen:

> »Es ist immer das alte Lied: Ein erfolgreicher Schriftsteller, dessen Bücher in jedermanns Hand sind und dessen Namen noch die mittelmäßigsten Schüler späterer Zeiten auswendig wissen müssen, der hat mit seinem ersten Buch seine liebe Not gehabt ... Und woher stammt denn nun eigentlich sein Bombenerfolg...., dieser sich immer wieder von neuem bewährende Erfolg des ›Maulkorb‹, des ›Gasmann‹ und wie die Bücher alle heißen? Nun daher, daß sie ein findiger Jurist geschrieben hat, der sich in diesem Zeitalter den Humor bewahrt hat... Wie sehr Spoerl das wirkliche Leben zu treffen weiß, bewies in den Tagen des Dritten Reichs in einer Buchhandlung eine unbekannte Volkesstimme: Da war gerade der Band mit dem verschmitzten, wenn man will aufreizenden Titel erschienen: ›Man kann ruhig darüber sprechen.‹ Eintrat eine Dame und fragte: ›Ach bitte, haben Sie nicht das neue Buch ‚Man darf nichts weitersagen'?‹ So genau trifft Spoerl den Nagel.« (A. Knaus, »Als der Verlag wieder begann«, in: Für Klaus Piper zum 70. Geburtstag, S. 189ff.)

Als zweites Buch Spoerls brachte Piper im darauffolgenden Jahr, 1947, den »Maulkorb« (erstmals 1936 erschienen) heraus, der bis 1977 – dreißig Jahre nach seinem Erscheinen – allein zwölf Auflagen erlebte, und setzte damit die erfolgreiche Zusammenarbeit mit dem Autor lebensfreundlich-humorvoller Kurzromane fort. Im Jahre 1981 stellte der Verlag in einer vierbändigen Ausgabe »Das Schönste von Heinrich Spoerl« zusammen.

1947

Im zweiten Nachkriegsjahr stieg die Zahl der Publikationen auf 34, was genau das Doppelte des Vorjahres war.

Unter dem Titel »Vormittag« kam der erste Band der Lebenserinnerungen Reinhard Pipers heraus.

Das Jahr 1947 brachte zwei bedeutende und folgenreiche Vertragsabschlüsse. Der eine: Die Erbin Ludwig Thomas und Inhaberin seiner Autorenrechte, Maidi Liebermann von Wahlendorf, übertrug das Verlagsrecht an sämtlichen Werken Thomas auf den Piper Verlag. Thoma hatte im November 1897 sein erstes Buch, »Agricola«, einen Band mit Bauerngeschichten, im Verlag der M. Walbauerschen Buchhandlung veröffentlicht. Über seinen Freund, den Illustrator Bruno Paul, war er mit dem »Simplicissimus« in Kontakt gekommen, als ständiger Mitarbeiter schrieb er im Lauf der Zeit annähernd 800 Beiträge. Im März 1900 übernahm er außerdem, als Nachfolger Frank Wedekinds, der sich mit Albert Langen überworfen hatte, die Stelle des Redakteurs – seine beißenden Satiren kamen unter dem bezeichnenden Titel »Grobheiten« später auch als Buch heraus. 1901 wurde Thoma Buchautor bei Albert Langen, der mit Ausnahme des allerersten sämtliche Werke Thomas verlegte. Thoma wurde nun rasch das, was man heute einen Erfolgsautor nennen würde. Zu seinen Lebzeiten erschienen insgesamt 47 Bücher bei Langen. Als dieser 1907 mit dem »März« eine weitere Zeitschrift gründete, wurde Thoma neben Hermann Hesse (und anfänglich Kurt Aram) zum Herausgeber berufen. Die Zeitschrift bestand bis 1917, und Thoma schrieb in dieser Zeit mehr als 300 Beiträge. Im Jahre 1921 starb er im Alter von nur 54 Jahren. In seinem Testament hieß es: »Als Haupterbin meines Vermögens setze ich ein Frau Maria genannt Maidi von Liebermann, die vor langen Jahren nur durch meine Schüchternheit nicht meine liebe Frau geworden ist... Meine Manuskripte gehören meiner Erbin Frau Maria von Liebermann, und ich empfehle ihr, sich an Herrn Professor Hofmiller Josef in München zwecks Sichtung zu wenden.«

Maidi Liebermann von Wahlendorf war, genau wie Thomas erste Frau, verheiratet, als er sie kennenlernte. Eine Eheschließung kam nicht mehr zustande. Gleichwohl setzte Thoma sie als seine Haupterbin ein. Thomas Popularität tat sein früher Tod keinen Abbruch. Schon 1922 erschienen »Gesammelte Werke« in sieben Bänden, die auch Ausgewähltes aus dem Nachlaß enthielten, sowie im Jahr darauf das Erinnerungsbuch »Leute, die ich kannte«. Nach dem Tod von Albert Langen und Georg Müller in den Jahren 1909 beziehungsweise 1917 wurden die Firmen Langen und Müller, zunächst unabhängig voneinander, in eine GmbH und eine Aktiengesellschaft, 1931 dann in eine gemeinsame Interessengemeinschaft und am 7. März 1932 schließlich in die Albert Langen-Georg Müller GmbH umgewandelt. Drei Jahre später schon, 1935, gab es erneut eine Veränderung, die Verlage wechselten noch einmal den Besitzer. Sie gingen auf den Ehrenzeichenträger der NSDAP, August Haid, und auf Rudolf Forster, den Gauleiter von Danzig, über. Im Zuge der Konzentration der in Kriegszeiten noch aktiven Verlage wurden Langen-Müller 1943 schließlich dem Zentralverlag der NSDAP Franz Eher Nachf. GmbH (München) angegliedert, dessen Rechtsnachfolger der Freistaat Bayern war.

Bei Kriegsende unterlagen die Thoma-Rechte also – ein Ergebnis zeitbedingter politischer Umstände – der Kontrolle einer der NSDAP nahestehenden Holding-Gesellschaft. 1945 wurde das Verlagsvermögen von Langen-Müller gemäß dem Alliierten Kontrollgesetz beschlagnahmt. In dieser Situation lag es nahe, daß die Autoren beziehungsweise ihre Erben nach neuen Verlagen Ausschau hielten, damit ihre Werke weiterhin lieferbar bleiben konnten. Der Verlagsdirektor Horst Kliemann machte Klaus Piper darauf aufmerksam, daß sich die Erbin von Ludwig Thoma, Maidi von Liebermann, verlegerisch neu orientieren wollte. Piper nahm die Verbindung auf, die zu einer dauerhaften Zusammenarbeit mit Maidi von Liebermann führte. Am 11. Dezember 1946 wurde ein Verlagsvertrag geschlossen. Das gemeinsam von ihr und dem Verlag R. Piper & Co. angestrengte gerichtliche Feststellungsverfahren führte zur Entscheidung des Bundesgerichtshofes, wonach die Thoma-Verlagsrechte an die Erbin aufgrund der von ihr nach dem Krieg ausgesprochenen Kündigung zurückgefallen seien. Die Gültigkeit des von Maidi von Liebermann mit Piper geschlossenen Vertrags war damit bestätigt.

Im November 1947 erschien das erste Thoma-Buch im Piper Verlag. Es war »Agricola«, mit dem 50 Jahre zuvor die Karriere des Autors begonnen hatte. Noch im Dezember folgten vier weitere Titel und im Jahr darauf noch einmal sechs. In enger Zusammenarbeit mit der Erbin bis zu deren Tod und später mit ihrem Sohn Edgar von Wahlendorf brachte der Verlag Thomas Werke, die Romane und Erzählungen, Stücke, Gedichte, Erinnerungen, verstreute Texte und Briefe neu heraus – in Einzel-, Sammel- und umfassenden Werkausgaben. Die Übernahme des großen Prosaisten und Dramatikers Ludwig Thoma, des »bayerischen Klassikers«, bedeutete nicht nur für die »bayerische Abteilung« des Verlags, sondern für das Gesamtprogramm einen gewichtigen Zuwachs. Klaus Piper erhielt im Jahre 1973 die Ludwig-Thoma-Medaille für seine verlegerischen Verdienste um den Autor.

Der zweite besonders zu vermerkende Verlagsvertrag betraf die umfangmäßig schmalste Veröffentlichung des Jahres. Klaus Piper berichtete darüber in den Erinnerungen seines Vaters:

»Eine besondre Genugtuung war es meinem Vater und mir, Karl Jaspers, den großen Philosophen, durch die Veröffentlichung seiner bei den ›Rencontres Internationales‹ 1946 in Genf gehaltenen Rede ›Vom europäischen Geist‹ dem Kreis unsrer Autoren zuführen zu können. Jaspers' als Band Tausend der Sammlung Göschen 1931 erschienene ›Geistige Situation der Zeit‹ war eins der Bücher, die auf mich, als ich Sortimentslehrling war, einen bestimmenden Einfluß ausübten. So griff ich mit Freuden zu, als sich durch Vermittlung des

Heidelberger Soziologen Hans von Eckardt, dessen bedeutendes ›Russisches Christentum‹ unter unsren ersten Büchern nach Kriegsende erschienen war, Gelegenheit bot, mit Karl Jaspers in Verbindung zu treten.« (LaV, S. 695)

Karl Jaspers (1883–1969), Träger des Friedenspreises des Deutschen Buchhandels 1958 – seine unvergeßlich-unerbittliche Rede über »Wahrheit, Freiheit und Friede« haben Hunderttausende von Menschen miterlebt – und nach dem Krieg, in den Jahren 1948 bis 1961, Professor für Philosophie in Basel, hatte zuerst Jura, dann Medizin studiert. 1909 hatte er in Heidelberg promoviert. Während seiner Assistentenzeit an der dortigen Psychiatrischen Klinik habilitierte er sich für Psychologie. Ab 1916 war er Professor für Psychologie, ab 1921 für Philosophie an der Universität Heidelberg. 1937 wurde er – bis zu seiner Wiedereinsetzung im Jahr 1945 – seines Amtes enthoben. Jaspers gilt als einer der Hauptvertreter der Existenzphilosophie. Seine Schriften – es sind über 30 Bände – liegen in mehr als 600 Übersetzungen vor. Klaus Piper besuchte Karl Jaspers seit 1947 jährlich ein bis zweimal zu Arbeitsgesprächen, anfangs in Heidelberg und dann in Basel. Der Philosoph sagte später einmal im Gespräch, der nachwirkende Anstoß dafür, daß er Piper-Autor geworden sei, sei durch einen Brief erfolgt, den Piper ihm schon während des Krieges geschrieben hatte. Dieser Brief war in der damaligen politischen und persönlichen Bedrückung für ihn wichtig und ermutigend gewesen. Auf die Schrift »Vom europäischen Geist« folgten in den Jahren darauf bei Piper mit geringen Ausnahmen sämtliche neuen Schriften von

Karl Jaspers, so beispielsweise »Der philosophische Glaube« (1948), Band eins der »Philosophischen Logik« mit dem Titel »Von der Wahrheit« (1948), »Vom Ursprung und Ziel der Geschichte« (1949), Band eins der »Großen Philosophen« (1957), mit den drei »Gründern des Philosophierens« einsetzend. Jaspers nahm leidenschaftlich engagiert auch an den Fragen der Zeit Anteil: 1958 erschien »Die Atombombe und die Zukunft des Menschen«, einige Jahre später »Wohin treibt die Bundesrepublik?« (1966). Beide Bände erreichten Auflagen von über 100000 Exemplaren. Nicht nur das philosophische, sondern auch das politische Denken von Jaspers kam den Interessen von Klaus Piper entgegen. In seinem Nachruf auf den großen Philosophen vom April 1969 heißt es:

> »Ich verdankte ihm eine neue Selbstbewegung meines Denkens, die mich auf eine neue Stufe meiner inneren Entwicklung brachte. Ich begriff es als Wahrheit, daß sich Philosophie nicht in Logik und Erkenntnistheorie, nicht in bloßen isolierten Verstandesoperationen erschöpfen kann, sondern daß sie nur dort stattfindet, wo sie den ganzen Menschen erfaßt. Ich empfand es nicht als Einengung, sondern als ungeheuere Erweiterung und Vertiefung der Erkenntnismöglichkeiten, wenn man sah: Die Philosophie kann nicht die Welt als ganzes erkennen, sondern nur Gegenstände in der Welt ... Er kannte die bohrenden Fragen ungesicherter Menschen und die Konflikte seiner Zeit. Er ist ihnen mit der Offenheit und Konsequenz seines Denkens begegnet, die seine philosophischen Werke zu Büchern machen, mit denen man leben kann.« (SuB, S. 89ff.)

Jaspers' Autorschaft bedeutete einen Grundstein für die Entwicklung des Verlagsprogramms in weite Bereiche des modernen Denkens, über Philosophie, Soziologie, Psychologie und Pädagogik bis hin zu den Naturwissenschaften.

1948

Die Währungsreform wirkte sich, wie auch sonst in der Wirtschaft, auf dem Buchmarkt einschneidend aus. Aus dem Verkäufer- wurde rasch wieder ein Käufermarkt, das »Zuteilungsverfahren« war abrupt beendet. Bis zur Währungsreform des Sommers 1948 war beinahe jede von einem Verlag produzierte Buchauflage auch schon verkauft gewesen. Die Zahl der Neuerscheinungen stieg noch einmal auf 53. Die aber nun wieder notwendig werdenden Aufwendungen für den Vertrieb der Bücher, für Werbung und Publizität, zugleich das bald fühlbar wieder eintretende Produktionsrisiko legte vorsichtige Dispositionen und eine Begrenzung der Titelzahl nahe.

Erstmals erschienen in diesem Jahr Horst Lange (1904–1971) mit dem Geschichtenband »Am kimmerischen Strand«, »Gedichte aus zwanzig Jahren« sowie dem Komödienfragment »Kephalos und Prokris« und seine Frau Oda Schaefer mit der »Kastanienknospe«, dem sechzehnten Band der Piper-Bücherei, als neue Autoren bei Piper. Von Oda Schaefer, die seit 1932 mit Lange verheiratet war und seit 1950 in der Nähe von München lebte, erschienen in den 70er Jahren die beiden autobiographischen Schriften »Auch wenn Du träumst, gehen die

Uhren. Erinnerungen bis 1945« (1970) und »Die leuchtenden Feste über der Trauer. Erinnerungen aus der Nachkriegszeit« (1977).

Ein neuer Name und bald weithin sichtbar ein neuer Hauptautor des Verlags: der Romancier, Lyriker, Dramatiker und Essayist Stefan Andres. Von ihm, der seit 1937 in Italien lebte, erschien bei Piper 1948 als erstes Buch die dramatische Dichtung »Tanz durchs Labyrinth«. 1949 folgte »Das Tier aus der Tiefe«, der erste Band der Trilogie »Die Sintflut«. Klaus Piper erinnert sich daran, wie er als Leser die Bekanntschaft von Andres gemacht hatte:

»Der Piper Verlag konnte sehr bald nach dem Kriegsende seine Arbeit wieder aufnehmen. Es ging darum, ein neues Programm aufzubauen. Albrecht Knaus, der damalige Verlagsleiter, empfahl mir, Stefan Andres für den Verlag zu gewinnen. Er fand mich nur zu bereitwillig. Denn auch ich hatte Andres schon Jahre vorher als Leser erlebt. Mitten im Krieg, 1942, erschien ›Wir sind Utopia‹. Diese Novelle hatte mich in ihrer geistigen Konsequenz und erzählerischen Spannkraft erregt wie kaum ein anderes Buch in jener Zeit. Ich empfand das schmale Opus als ein Exempel des möglichen und notwendigen geistigen Widerstands.« (SuB, S. 108)

Klaus Piper war mit Andres bis zu dessen Tod im Jahre 1970 befreundet. 1948 war es im Anschluß an den Internationalen Jugendkongreß in München zu dem »gründenden« Verlagsgespräch gekommen. Reinhard Piper charakterisierte den Schriftsteller nach dem Eindruck dieser

Unterhaltung: »Das ist ein Autor! In dem stecken Figuren und Ideen, das ist ein Künstler mit Volumen.« (SuB, S. 109) Autor und Verlag waren sich sofort darin einig, daß die Verbindung auch Wiederauflagen der von Andres schon erschienenen Bücher und damit die Zusammenfassung seines gesamten Werkes anstreben sollte. Auf »Das Tier in der Tiefe« folgten die beiden weiteren Bände der »Sintflut«: »Die Arche« (1951) und »Der graue Regenbogen« (1959); den Umschlag zu letzterem hatte Emil Preetorius entworfen. In regelmäßiger Folge erschienen im Piper Verlag die neuen Werke von Stefan Andres und Neuausgaben fast aller früher in anderen Verlagen erschienenen Bücher. Erfolgreich waren, neben den Erzählungen, besonders die Romane »Ritter der Gerechtigkeit« (1949), »Die Liebesschaukel« (1951) und »Der Mann von Asteri« (1955). Die »Neue Zeitung« brachte mit großem Widerhall als Vorabdruck Andres' Geschichte seiner Kindheit »Der Knabe im Brunnen« (1953). Als eigenständigen Lyriker stellte der Verlag Andres mit dem Gedichtband »Der Granatapfel« (1950) vor. Zwei seiner Werke erschienen in der Reihe der »Bücher der Neunzehn«: »Novellen und Erzählungen« mit 100000 Exemplaren und der Roman »Der Mann von Asteri«. Stefan Andres gilt als einer der berühmtesten Autoren der deutschen Literatur in den mittleren Jahrzehnten dieses Jahrhunderts. Insgesamt erschienen 33 Werke von ihm bei Piper. Die deutsche Gesamtauflage hat die Zahl von 1,5 Millionen weit überschritten. Seinen größten bleibenden Erfolg gewann der Autor mit »Wir sind Utopia«, das zuerst 1942 in Berlin herausgekommen war und bei Piper seit 1951 bislang 21 Auflagen erreicht hat.

Leo Slezaks (1873–1946) Tochter Margarete vertraute Piper das letzte Buch ihres Vaters, des zwei Jahre zuvor in Rottach-Egern verstorbenen Opernsängers, Filmschauspielers und Humoristen an: »Mein Lebensmärchen«. Der Künstler hatte den Text zu diesem autobiographischen Buch seiner Tochter kurz vor seinem Tode diktiert. Dieser Titel akzentuiert die literarisch-humoristische Linie, die der Verlag (der Verleger auch aus persönlicher Neigung) immer weiter ausbaute. Von Margarete Slezak erschien 1953 »Der Apfel fällt nicht weit vom Stamm«, von ihrem Bruder, dem Filmschauspieler Walter Slezak, einige Jahre später »Wann geht der nächste Schwan?« (1964).

Ernst Barlachs »Ein selbsterzähltes Leben« kam als Neuausgabe mit erweitertem Bildteil heraus. Zusammen mit der 1947 erschienenen ersten posthumen Barlach-Briefauswahl in der Piper-Bücherei bildete diese Publikation den Beginn der seitdem im Programm konsequent wieder aufgenommenen Barlach-Pflege, die das vollständige dichterische Werk – in drei Bänden herausgegeben von Friedrich Droß und Klaus Lazarowicz (der erste Band »Dramen« erschien im Jahre 1956, die beiden anderen folgten 1958 und 1959) und an Mächtigkeit der Gestaltung seinem bildkünstlerischen Werk ebenbürtig – und die zweibändige Gesamtausgabe seiner Briefe (neben repräsentativen Ausgaben seines plastischen und zeichnerischen Werks) umfaßt.

1949

In diesem Jahr waren das 45jährige Bestehen des Verlages und der 70. Geburtstag des Gründers zu feiern. Aus diesem Anlaß hat man Reinhard Piper sein Lebenswerk vorgerechnet: Zwischen 1904 und 1949 hatte er in seinem Verlag 775 neue Titel und 655 Neuauflagen herausgebracht. Die Ludwig-Maximilians-Universität ernannte ihn zu ihrem Ehrenbürger. Der Verlag präsentierte sich und seine Arbeit unter der selbstbewußten Überschrift »45 Jahre Münchener Kultur« – wie schon bei der Jubiläumsausstellung »25 Jahre Piper Verlag« im Jahre 1929 – in der Neuen Sammlung, die inzwischen selbständig als »Museum für angewandte Kunst« firmierte. Die Ausstellung dauerte vom 9. bis 23. November. Ernst Penzoldt hielt die Eröffnungsansprache, die zur Laudatio auf Reinhard Piper geriet:

> »Es ist Herr Professor von Pechmann zu danken, daß er den Piper-Verlag eingeladen hat, in der Neuen Sammlung dem Volk, dem Staat und der Stadt München zu zeigen, was ein einziger freier Mitbürger, kein Politiker oder Beamteter, ein Mann ohne akademische Laufbahn und Würden, vermag, ohne öffentlichen Auftrag, allein durch einen höheren inneren Auftrag für einen segensreichen Einfluß auf die Verfassung und auf die Geschichte, nämlich die eigentliche Menschheitsgeschichte, die friedliche Poesie, der Kunst und der Kultur jenes grenzenlosen Vaterlandes zu gewinnen, dessen Geographie, Klima und Bodenschätze freilich anders aussehen als in einem historischen Schulatlas.«

22 *Ernst Penzoldt bei der Ansprache zur Eröffnung der Piper Verlags-Ausstellung »45 Jahre Münchener Kultur« in der »Neuen Sammlung München«, 9. November 1949. In der ersten Reihe Gertrud und Reinhard Piper*

(Ansprache, gehalten bei der Eröffnung der Ausstellung »45 Jahre Münchener Kultur«, Piper-Archiv)

Im Verlauf seiner Rede kam Penzoldt auch auf den Verleger der zweiten Generation zu sprechen: »Was Reinhard Piper begonnen hat, Klaus Piper, der Sohn, setzt es fort im gleichen Geiste. Man pflegt als Leser von einem Verlag zu sagen: ›Er hat Gesicht.‹ Sie werden mir zugeben, daß diese bildhafte Redensart für den Piper-Verlag besonders zutreffend ist.«

Karl Jaspers, von dem in diesem Jahr »Vom Ursprung und Ziel der Geschichte« erschien, schrieb an Reinhard Piper: »Ich erfahre nun selbst die Hilfe aus dem Geist Ihres Hauses durch Ihren Sohn. Welch hohe Freude für einen

Vater es sein muß, sein Werk mit dem eigenen Leben nicht am Ende zu sehen, sondern an seinen Sohn zur weiteren Blüte aus der gleichen Wurzel weitergeben zu können, mit dem Blick auf dessen Leistungen, die ihm das volle Vertrauen für die Zukunft geben, in der einst sein eigener Rat entbehrt werden muß.«

Gleichzeitig zu Pipers bunter Verlagsschau in der Neuen Sammlung fand die erste große Nachkriegsausstellung des »Blauen Reiter« mit dem Titel »Der Blaue Reiter. München und die Kunst des 20. Jahrhunderts. Der Weg von 1908 bis 1914« im Haus der Kunst statt. Reinhard Piper, der sich knapp 40 Jahre zuvor durch die Veröffentlichung des Almanachs in ganz besonderer Weise um diese Münchner Künstlergruppe verdient gemacht hatte, war neben der inzwischen über siebzigjährigen Gabriele Münter, aus deren Besitz viele der ausgestellten Werke stammten, eines der Mitglieder des Ehrenausschusses. Es hatte also beinahe ein halbes Jahrhundert gedauert, bis die heute als »klassische Moderne« bekannten Werke des Künstlerkreises um Kandinsky überhaupt von einer breiteren Öffentlichkeit wahrgenommen werden konnten. Sie waren zunächst durch den Kriegsausbruch wieder in Vergessenheit geraten. In der Nachkriegszeit standen andere Probleme im Vordergrund, und im Dritten Reich war die Verfolgung dieser Kunst sogar zum Programm erhoben worden. Nachdem eine im Jahre 1937 geplante Ausstellung von Werken Gabriele Münters im Münchner Kunstverein auf Intervention des Gauleiters in letzter Minute abgehängt wurde, hatte die Künstlerin geistesgegenwärtig alle Bilder Kandinskys, die nach dessen Exil bei ihr verblieben waren, im Keller ihres Murnauer

Hauses eingemauert und sie auf diese Weise vor Zerstörung bewahrt und der Nachwelt erhalten.

Zum 65. Geburtstag Max Beckmanns legten Benno Reifenberg (1892–1970) und Wilhelm Hausenstein, die von früh an dem Künstler verbunden waren, eine Deutung seines Werks vor. Dabei handelte es sich um die letzte große Beckmann-Monographie mit zahlreichen Abbildungen und Texten namhafter Kunstschriftsteller, die zu dessen Lebzeiten veröffentlicht wurde. Weltwirtschaftskrise und Drittes Reich hatten dafür gesorgt, daß bis nach dem Zweiten Weltkrieg an weitere Max Beckmann-Publikationen nach der ersten vom Jahre 1923 nicht zu denken war. Nach der Entlassung von der Staedelschule im Jahre 1933, an der der Künstler seit 1925 die Meisterklasse geleitet hatte, ging Beckmann von Frankfurt nach Berlin zurück. Am Tag nach Eröffnung der Ausstellung »Entartete Kunst« in München (19. Juli 1937) verließ er Deutschland schließlich für immer. Von da an war nur noch die Möglichkeit der brieflichen Verbindung geblieben. Mit einem neuen Beckmann-Titel würde es wohl noch eine Weile dauern, schrieb Piper 1941. Er machte sich daran, sobald es möglich war. Den Anlaß zu dem Buch, an dem sich nun auch Reinhard Pipers Sohn Klaus beteiligen wollte, hatte eine Ausstellung des Künstlers in der Münchner Galerie Günther Franke gegeben:

> »Es stand für mich sofort fest, ein neues Beckmann-Buch zu machen und darin die grandiose Fortsetzung zu zeigen, die Ihr Schaffen inzwischen erfahren hat. Als Text bringe ich den etwas erweiterten Vortrag von Wilhelm Hausenstein, den er bei der Eröffnung der hie-

> sigen Ausstellung gehalten hat und der auch in der ›Gegenwart‹ erschien. Ich nehme an, dass Ihnen dieser Text bekannt geworden ist. Auch mein Sohn, den Sie ja kennen, ist für dieses neue Beckmannbuch sehr lebhaft interessiert. Wir haben bei Günther Franke das Fotomaterial ausgesucht, bisher etwa 30 Bilder. Im ganzen sollen es 60 Bilder und 20 Graphiken werden.« (BAK, S. 495)

Von dem Literaturkritiker, Lyriker und Essayisten Hans Egon Holthusen (geboren 1913), der, aus dem Krieg zurückgekehrt, als freier Schriftsteller in München lebte, erschien als erstes Buch bei Piper der Gedichtband »Hier in der Zeit«. Großes Aufsehen sollte im Jahre 1951 der Essayband »Der unbehauste Mensch« erregen – ein Titel, der geradezu zum Schlagwort wurde; der Untertitel »Motive und Probleme der modernen Literatur« war in einem weiten Sinn zu verstehen. Zwischen 1949 und 1976 erschienen elf Bücher von Holthusen bei Piper. Von 1961 bis 1964 war er Programmdirektor des Goethe-Institutes in New York und von 1968 bis 1976 Präsident der Bayerischen Akademie der Schönen Künste. Mit Klaus Piper steht Holthusen noch heute in freundschaftlicher Verbindung. Im Jahre 1981 rief sich dieser den Anfang ihrer Zusammenarbeit vor sein geistiges Auge: »Es gibt keine Erinnerung, die nicht von der Einbildungskraft ›ediert‹ wäre. Dieses... ist es, das sich mit eigensinniger Bestimmtheit immer wieder zu Wort meldet, wenn ich mir mein Verhältnis zu Klaus Piper in der Zeit vor 1945, als ich noch nicht sein Autor, er noch nicht mein Verleger war, zu vergegenwärtigen suche. Es war nicht nur die freundschaftliche Sympathie, es war nicht nur das gemeinsame Interesse, was uns zusammenbrachte, es war auch ein Gefühl von passionierter Zeitgenossenschaft und politischer Solidarität.« (H. E. Holthusen, »Zur Feier des Tages. Festrede mit Zitaten für Klaus Piper«, in: Für Klaus Piper zum 70. Geburtstag, S. 161–168, hier S. 167f.)

1950

Im Todesjahr Max Beckmanns wurde zur Pflege des Werks und Förderung der Forschung die Max-Beckmann-Gesellschaft gegründet, deren einziger Schriftenband »Blick auf Beckmann« 1962 bei Piper erschien.

Erstmals figurierte Karl Valentin, eigentlich Valentin Ludwig Fey, der geniale Komiker, der nicht nur als Volkssänger, sondern vor allem als Autor, Darsteller, Filmemacher, ja, als multimediales Gesamtkunstwerk außerordentliche Bedeutung gewonnen hat, mit »Karl Valentins Lachkabinett« im Piperschen Verlagsprogramm. Valentin war am 4. Juni 1882 in der Au geboren worden, erlernte hier zunächst das Schreinerhandwerk, übernahm dann die väterliche Transportfirma, konstruierte den Musikapparat »Das lebende Orchestrion«, der jedoch ein kommerzieller Mißerfolg wurde, und hatte 1908 seinen ersten, sogleich erfolgreichen Auftritt mit eigenen Texten beim »Baderwirt«. Er erhielt daraufhin ein Engagement an die Volkssängerbühne im Frankfurter Hof. 1912/13 hatte er seine ersten Filme gedreht. Seit 1910 arbeitete Valentin mit Liesl Karlstadt zusammen, und ab 1915 trat das Paar in allen wichtigen Münchner Kabaretts auf. Wilhelm Hausenstein hat in seinem Aufsatz »Die Erhabenheit des

Tragischen« den Humor Valentins auf treffende Weise charakterisiert:

»Doch wo in Valentin hatte nun dieses, das Komische, seine Quelle? Vorab soviel: Es entsprang aus der vollendeten Souveränität Valentins über die eigene Erscheinung, über ihre nicht auszudenkende Ungeheuerlichkeit. Indem er die ›traurige Gestalt‹ bis zum äußersten bloßstellte und preisgab, befreite er sich von ihrem Druck, befreite er sich von sich selbst. Ein auf änigmatische Weise zugleich extremes und diskretes Überdrehen der ›traurigen Gestalt‹ – und siehe da: das Traurige war überwunden: in dieses Wortes buchstäblichster, aber auch moralischer Bedeutung. Das Traurige war hinaufgeschraubt – in des Komischen überlegene Höhe. Und nicht wahr: die Metapher ›Schraube‹ paßte auf Valentin? Derart (aber auch nur derart) in der Luft der Freiheit angekommen, spielte er nun also recht in seiner eigensten Situation: an einer der subtilsten Grenzen, unter einer der rätselhaftesten Halbdämmerungen – dort, wo man fast schon versucht war, zu fragen, ob das Komische nicht eine überlegenere Form des menschlichen Fiaskos, der menschlichen Unvollkommenheit, der menschlichen Mangelhaftigkeit ausmache als die leidende Erhabenheit des Tragischen?«

Daß die Akquisition Valentins ein ebenso wertvoller wie »stimmiger« Zuwachs für das Programm des Piper Verlages sein würde, war deutlich – wie wichtig und dauerhaft, zeigten erst die kommenden Jahre. Sie war einer Empfehlung des kunstsinnigen Münchner Rechtsanwaltes Wil-

23 *Reinhard Piper mit Klaus (rechts) und Martin Piper im Garten des Verlags in der Georgenstraße 4, Herbst 1950*

helm Dieß (selbst ein bayerischer Geschichtenerzähler von Rang) an Klaus Piper zu danken gewesen. Seit 1991 erscheint eine wissenschaftlich erarbeitete Gesamtausgabe der Werke Valentins in acht Bänden. Bei dem im Jahre 1950 erschienenen Titel handelte es sich um acht Stegreifkomödien, die von Gerhard Pallmann herausgegeben wurden, den Umschlag dazu hatte der ehemalige Mitarbeiter und spätere Teilhaber des »Simplicissimus«, Karl Arnold (1883–1953), entworfen.

Die produktive Verbindung zu Heinrich Spoerl schloß

seit diesem Jahr auch den Sohn Alexander (1917–1978) mit ein. Seine Karriere als Autor begann der Ingenieur und Dramaturg mit den Erinnerungen an seine Schulzeit an der Düsseldorfer »Oberrealschule am Fürstenwall«, der gleichen Schule, die auch sein Vater besucht hatte und von der »Die Feuerzangenbowle« berichtet. 1950 erschienen bei Piper die »Memoiren eines mittelmäßigen Schülers«; ihnen war ein bis heute anhaltend großer Erfolg beschieden. Von den Rezensenten wurde allgemein anerkannt, daß der Sohn dem Vater als Schriftsteller nicht nachstand. Im Oktober wurden 15000 Exemplare des Buches aufgelegt, die nach zwei Monaten vergriffen waren. Bis heute wurde das Buch über 700000mal verkauft. Als seine Schülermemoiren erschienen, war Alexander Spoerl 33 Jahre alt. 1949 hatte er schon gemeinsam mit dem Vater den Roman »Der eiserne Besen« veröffentlicht. In den folgenden zwei Jahrzehnten schrieb Alexander Spoerl über 30 heitere Romane und Sachbücher, deren berühmtestes – auf Anregung des Verlegers entstanden – sein erstes (und zugleich erfolgreichstes) heiteres Fachbuch wurde: »Mit dem Auto auf du«, das in der ersten von 18 folgenden Auflagen mit 192000 Exemplaren im Jahre 1953 zur Veröffentlichung kam. In einer Selbstcharakterisierung Spoerls heißt es:

»Frauen finde ich großartig, Autos bezaubernd, Wein unentbehrlich. Bei allem rauche ich Pfeife. Wenn ich arbeite, bin ich gut gelaunt, aber unausstehlich. Wenn ich nichts tue, werde ich sanft, aber deprimiert. Beethoven ist mir schon zu modern, Hitler Gott sei Dank tot, Einstein verstehe ich nicht. In Gesellschaft rede am liebsten ich, womit ich mich am besten unterhalte. Bei Verabredungen bin ich pünktlich, sofern ich sie nicht ganz vergesse. Das Finanzamt bekommt noch Geld von mir. Womit meine Ehre hinreichend gerettet ist.«

Ganz so heiter, wie es hier scheinen mag, war der Autor, der sich im Nazi-Deutschland einem Berliner Kreis von aktiven Regimegegnern, die mit der »Roten Kapelle« in Verbindung standen, angeschlossen hatte, vielleicht doch nicht. Jedenfalls beschäftigte er sich zu Beginn des Jahres 1978 wieder mit seiner Schulzeit im Dritten Reich. Er schrieb an dem Manuskript »Die braunen Dreißiger«, als er am 16. Oktober 1978, nur 61 Jahre alt, einem Herzversagen erlag. »Die braunen Dreißiger«, deren Hintergrund die politischen Vorgänge der ersten Wochen nach der »Machtergreifung« bilden, wurden 1988 von Ernst Reinhard Piper herausgegeben.

Paul Eipper (1891–1964), der »Freund aller Tiere« und Verfasser zahlreicher Tier- und Reisebücher, kam mit seinem Œuvre zu Piper. Ulrike, die Schwester Klaus Pipers, die einige Jahre im Verlag arbeitete, hatte Eippers Bekanntschaft gemacht. Sein erstes Buch »Tiere sehen dich an« (1928) war ein Welterfolg geworden und hatte es dem ehemaligen Buchhändler ermöglicht, als freier Schriftsteller zu leben. Ab 1931 drehte er Kulturfilme, unternahm weite Reisen und vermittelte in regelmäßigen Rundfunksendungen und später im Fernsehen einem breiten Publikum Verständnis für das Lebendige und die Natur. Zunächst erschienen eine Neuausgabe seiner schon berühmt gewordenen »Gelben Dogge Senta« (zuerst 1936; Gesamtauflage 275 000) und der Band »Paul

Eipper erzählt…«. Die »Gelbe Dogge Senta«, das bis heute erfolgreichste Buch des Autors, erreichte bei Piper bereits 1974 die zehnte Auflage. Mit dem autobiographischen Werk »Die geschmiedete Rose. Jugend im Schwabenland« (1961) beschloß Paul Eipper, von dem vor allem in den 50er Jahren zahlreiche Bücher und Kalender bei Piper erschienen waren, sein Schaffen. Ein Brief Klaus Pipers an den Schriftsteller vom 12. Januar 1950 gibt nicht nur der großen Wertschätzung Ausdruck, die der Verleger diesem neuen Autor entgegenbrachte, sondern vermittelt zudem ein amüsantes Stück Zeitgeschichte:

> »In den Vertrag würde, entsprechend Ihrem Wunsch, die Beschaffung eines Volkswagens als Vorschuß aufgenommen werden. Daß Sie nicht dauernd auf das Nesselwanger Bummelbähnchen angewiesen bleiben können, verstehe ich wirklich … Auch an dieser Stelle möchte ich es bekräftigen, daß wir Sie nicht als einen Autor unter anderen betrachten, sondern daß wir unsere Erfahrungen und Möglichkeiten daransetzen wollen, Ihnen und Ihren Büchern eine dauernde Heimstätte bei uns zu schaffen, in der Sie sich wohl befinden.« (SuB, S. 167f.)

Ein weiterer Schritt in zeitgenössisches Denken: Die Kontakte mit den Heidelbergern Hans von Eckardt und Karl Jaspers (dieser war inzwischen schon nach Basel übersiedelt) brachten Klaus Piper auch mit dem Soziologen Alfred Weber (1868–1958), dem Bruder von Max Weber, in Verbindung, der seit 1907 in Heidelberg eine Professur hatte. Zuerst erschien von ihm im Jahre 1950

24 *Klaus und Elisabeth Piper (zweite von links) in der Buchhandlung Hans Goltz, München, um 1950. Rechts im Vordergrund die Schauspielerin Lil Dagover*

eine erweiterte Neuausgabe von »Kulturgeschichte als Kultursoziologie«.

Reinhard Piper veröffentlichte den zweiten Band seiner Lebenserinnerungen, »Nachmittag«. Er umfaßte die Zeit von 1910 – den Zeitpunkt seiner Heirat mit Gertrud Engling – bis 1950. Den Umschlag dazu hatte der inzwischen für den Verlag so wichtig gewordene Buchkünstler Emil Preetorius geschaffen.

In diesem Jahr heiratete Klaus Piper seine zweite Frau, Elisabeth Holthaus. Aus dieser Ehe stammen die Kinder Ernst Reinhard (geboren 1952), der 1982 in den Verlag des Vaters eintrat und seit 1984 Geschäftsführer und Mitinhaber des Unternehmens ist, und Karin (geboren 1964). Sie studierte Germanistik und Kunstgeschichte und lebt heute in München.

1951

Die Geschäftspolitik blieb hinsichtlich der Titelzahl zurückhaltend: 23 Neuerscheinungen einschließlich sieben neuer Titel in der Piper-Bücherei: Gerhart Hauptmann »Der Schuß im Park«, Stefan Andres »Das Antlitz«, Robert Schumann »Leiser Ton im bunten Erdentraum« (herausgegeben von Martin Piper), Gustave Doré »Potpourri«, Olaf Gulbransson »Idyllen und Katastrophen«, Raffael »Disputa und Schule von Athen« und schließlich Christian Morgenstern »Stilles Reifen«.

In diesem Jahr erschien neben drei anderen Titeln das erfolgreichste Werk von Stefan Andres, »Wir sind Utopia«, das in seiner existentiellen Dichte zu den berühmtesten Novellen der zeitgenössischen deutschen Literatur zählt und das zuerst 1943 bei Riemerschmidt erschienen war (Gesamtauflage allein bei Piper inzwischen 347000).

1952

Die schon längst legendäre Piper-Ausgabe der Werke Dostojewskis begann als Neuausgabe zu erscheinen, an-

25 *Ingeborg Bachmann bei der Tagung der Gruppe 47 im Mai 1952 in Niendorf mit Paul Celan (rechts vorne), Milo Dor (links) und Reinhard Federmann*

gelegt auf zehn Dünndruck-Bände und, der Tradition entsprechend, wiederum in rotes Leinen gebunden. In diesem Jahr kamen die »Brüder Karamasoff«. Nach fast einem halben Jahrhundert revidierte die Übersetzerin Elisabeth Kaerrick ihre Übertragung von Grund auf, das heißt, sie sah das seinerzeit in 22 Bänden erschienene Werk noch einmal Satz für Satz durch und überarbeitete es – aus der Überzeugung heraus, daß die Veränderungen des Sprachgebrauchs in den geistig-gesellschaftlichen Veränderungen der letzten Jahrzehnte eine Neufassung des Ganzen notwendig machten. Für ihre Leistung, der die Pipersche Dostojewski-Ausgabe ihren sprachlichen Rang zu verdanken hat, erhielt sie 1960 den Johann-Heinrich-Voss-Preis für Übersetzung der Deutschen Akademie für Sprache und Dichtung. Werner Bergengruen sagte in seiner Laudatio bei der Verleihung:

»... Übertragungen, die ja nicht denkbar gewesen wären ohne die kundigste Liebe zu zwei Sprachen, zwei Kulturen, zwei Völkern. Sie haben mitgeholfen, Maßstäbe zu gewinnen, an denen übersetzerische Leistungen gemessen werden konnten ... Sie hat als Substanz die Reinheit und Freiheit der deutschen Sprache zu behaupten und doch als Aroma den Geist des Russischen zu erhalten gewußt ... Innerhalb eines solchen Lebenswerkes ist man nicht nur Übersetzer – das wächst schon in ganz andere Dimensionen hinein. Die Übersetzerin wurde auf die natürlichste Weise zur Deuterin. In ihren unschätzbaren Nachworten hat sie uns die Entstehungsgeschichte jedes einzelnen Buchs... gegeben. Nehmen wir das alles zusammen, so haben wir Dostojewskis ganze innere und äußere Biographie.«

Klaus Piper nannte die Leistung Less Kaerricks einmal eine der »Sternstunden der Übersetzungskunst« und führte in Zusammenhang mit dem Problem dieser verlegerischen Aufgabe weiter aus:

»Gewiß sind es seltene Stunden. Denn die Qualitätsskala des Übersetzens ist weit gezogen. Was da auf den ›unteren‹ Sprossen geschieht, macht den Verlagen mehr Kummer und Mühe, als gemeiniglich bekannt ist ... Wenn wir hier aber bei den oberen Stufen des reifen Könnens und glücklichen Gelingens bleiben – wenn ich an die vielen, fürs große Publikum meist anonymen Übersetzerleistungen von exemplarischer Qualität denke, dann möchte ich dafür plädieren, daß einmal eine Walhalla für die großen Übersetzer errichtet wird.« (SuB, S. 66)

Reinhard Piper wurde in seinem 73. Lebensjahr zum Mitglied des PEN-Zentrums der Bundesrepublik gewählt.

1953

Im August 1952 hatte Reinhard Piper, schon seit seinem 70. Geburtstag kränkelnd, einen Schlaganfall erlitten, von dem er sich nicht mehr erholte. Am 21. Oktober 1953, wenige Tage vor seinem 74. Geburtstag, starb er. Bei der Beerdigung sprachen Georg von der Vring für die Autoren und Paul Weberbeck für die Mitarbeiter.

Annemarie Meiner schloß ihre Erinnerungsschrift in den »Mitteilungen des Bayerischen Verleger- und Buchhändlerverbands« mit den Worten: »Reinhard Piper gehört in die vorderste Reihe der Bahnbrecher und Verwirklicher. Deshalb geht uns sein Tod so nahe, fühlen wir uns so verwaist. Jedoch ›bei den größten Verlusten‹, so mahnt Goethe, ›müssen wir uns sogleich umschauen, was uns zu erhalten und zu leisten übrig bleibt‹. Dann handeln wir auch ganz im Sinne Reinhard Pipers.«

Benno Reifenberg schrieb in einem Nachruf, aus dem Eindruck der letzten Begegnung mit Piper heraus:

26 Der Piper-Stand auf der Frankfurter Buchmesse 1953. Im Vordergrund auf dem Stuhl die Ludwig Thoma-Kassette, entworfen von Gerhard M. Hotop, die sechs verschiedene Bände des bayerischen Autors in Originalausstattung enthält

»So, wie echtes Papier ein Wasserzeichen trägt, so war für mich von je ein Buch, das seinen Verlegernamen trug, von vornherein qualifiziert, als echt und damit als wichtig genommen zu werden. Der bedeutende Verleger ist auf eine eigentümlich stolze Weise ausgezeichnet: seine eigene Individualität wird in dem Medium der schöpferischen Persönlichkeiten nicht zerrissen und aufgelöst, sondern gewinnt, je stärker seine Autoren sind, selbst an Prägekraft. Ein Verleger wie Reinhard Piper bringt deshalb an den Tag, auf wieviel Ton und Farbe die eine Seele ansprechbar sein kann und wie das Geistige auf solche Art immer auch eine Allgegenwart der Geister meint.« (Almanach 1904–1954, S. 21)

Und Ernst Penzoldt:

»Reinhard Piper ist kein Nachverleger, sondern fast immer ein Vorverleger gewesen. Er ging... nicht nach der Mode, sondern vor ihr her. So müssen echte Verlegernaturen sein. Sie folgen nicht dem Geschmack des Publikums, sondern lassen das Publikum ihrem Geschmack folgen. Der Piper Verlag ist wesentlich beteiligt an der unblutigen Revolution der Kunst, die aus der Wilhelminischen Epoche zur Moderne führte... Fast könnte man sagen, ein Verleger wie Freund Piper hat eigentlich nichts anderes getan, als seine Lieblingsbücher drucken lassen und so die Kosten seiner privatesten Privat- und Liebhaberbibliothek auf die Allgemeinheit umgelegt.«

Klaus Piper charakterisierte in der Einleitung zum Piper-Almanach 1904–1964, »Stationen«, seinen Vater:

»Der Vater besaß die große Tugend der Toleranz. Er akzeptierte nicht nur, er förderte die Neigungen und Pläne des Sohnes auch dort, wo sie den Verlag in neue Richtungen führten. Aus der engen Zusammenarbeit durch so viele Jahre erwächst auf natürliche Weise das ›Vorbild‹, das lebenslang wirksam bleibt. Besonders vor Augen steht mir, wie mein Vater mit innerer Bereitschaft allen Menschen, die sich an ihn wandten, entgegenkam. Er konnte wirklich zuhören, und deshalb erfuhr er viel von anderen. Aber nie konnte das Phrasenhafte, Konventionelle oder künstlich Forcierte vor ihm bestehen.« (Almanach 1904–1964, S. 14f.)

Der Verlag in der zweiten Generation
Die Jahre 1954 bis 1981

Durch den Tod des Verlagsgründers, der seine Firma immer ganz persönlich geführt und beinahe alle Verhandlungen mit den Autoren vom ersten Kontakt bis zur Drucklegung ihrer Bücher selbst übernommen hatte, wurde Klaus Piper alleiniger Geschäftsführer und persönlich haftender Gesellschafter des Piper Verlags. Reinhard Pipers Witwe Gertrud und die Kinder Martin und Ulrike waren Kommanditisten.

Gerade Anfang der fünfziger Jahre bedurfte es einer großen Anstrengung, den Verlag auf eine in beispielloser Expansion begriffene »Friedenswirtschaft« und deren technische Neuerungen umzustellen. An dieser Expansion galt es teilzunehmen und der ansteigenden Konkurrenz standzuhalten, ohne dabei literarische Ambitionen einer charakterlosen Massenproduktion opfern zu müssen. Klaus Piper hat in dieser Zeit das Verlagsprogramm in den Grundlinien wesentlich erweitert. In den Jahrzehnten, in denen er das Unternehmen eigenverantwortlich führte, hat er ohne Qualitätseinbußen aus einem angesehenen, doch von der Größenordnung her bescheidenen Kunst- und Literaturverlag, der jährlich etwa 15 bis 20 Titel herausgebracht hatte, einen der führenden Publikumsverlage Deutschlands aufgebaut. Das Wort seines Vaters und Verlagsgründers produktiv umsetzend: »Du mußt meinen Verlag nicht wiederholen«, hat Klaus Piper evolutionär das Neue aus dem Alten entwickelt, aber gleichzeitig auch dem Verlag völlig neue Dimensionen erschlossen, vor allem das wichtige Gebiet der Naturwissenschaften. Das Hardcover-Programm wuchs damals schon auf die heutige Größe an; erstmals gab es Lektoren, darunter Otto F. Best, Reinhard Baumgart, Walter Hinderer, und Verlagsleiter – erst Albrecht Knaus, dann Hans Rössner.

Das Programm entfernte sich immer weiter vom traditionell schöngeistigen Bereich. Was sich bereits Mitte der zwanziger Jahre mit der Entstehung des Sachbuchs abzeichnete, war für Klaus Piper eine selbstverständliche Aufgabe: daß die von ihm publizierten Texte die akademische Diskussion überschritten und öffentlich wirksam werden konnten. Diese Popularisierung des Wissens, die vor allem über das Medium des Buchs möglich ist, war unter dem NS-Regime jahrelang blockiert worden. In den Vereinigten Staaten hingegen hatte sie sich ungehindert entfalten können, was dazu führte, daß sich nach dem Krieg viele deutsche Verleger am amerikanischen Büchermarkt orientierten, sowohl, was die dort auftretenden Zeitthemen betraf, als auch hinsichtlich neuer Herstellungs-, Werbungs- und Gestaltungstechniken.

In den fünfziger Jahren begründete Klaus Piper ein Sachbuch-Programm, das bereits eine deutlich aktuelle Ausrichtung auf sozial- und naturwissenschaftliche Themen zeigte. Daneben gewannen jedoch auch die neuen Schwerpunkte Politik und Geschichte eine wichtige aufklärerische Funktion. Ein Reflex auf die deutsche Katastrophe des Nationalsozialismus ist das anhaltende verlegerische Engagement für die Zeitgeschichtsschreibung.

Dieser stetige Zuwachs nichtbelletristischer Titel stand in direktem Bezug zu einem Informationsbedürfnis breiter Leserschichten, das nach dem Zusammenbruch von Diktaturen ganz allgemein zu beobachten ist. Es zeichnete sich ab, daß es nicht genügte, diesen sozialen und kulturellen Ansprüchen durch eine Anpassung der Verlagsprogramme nachzukommen. Den Beweis hierfür lieferte das neue Medium des Taschenbuches. Da der durchschnittliche Lebensstandard der deutschen Bevölkerung gerade Anfang der fünfziger Jahre noch sehr bescheiden war, ließ sich vorhersehen, daß sich deren Lesehunger leicht auch über die neue, ungewohnt einfache Ausstattung dieses Buchtyps hinwegsetzen würde. Bereits im Jahre 1935 hatten die englischen »Penguin Books« den Buchmarkt erobert. Als erste deutsche Taschenbuchreihe erschien 1950 Rowohlts »rororo«-Serie. Die Entwicklung, die das Taschenbuch dann seit Ende der 50er Jahre genommen hat, ist kaum mehr überschaubar: Es hat sich in allen Bereichen von Literatur und Kunst, von Natur-, Geistes- und Sozialwissenschaften als universelles Medium durchgesetzt. Anfängliche Befürchtungen, daß die Ausschöpfung der Lizenzen bald zu einer Stagnation der Taschenbuchreihen führen werde, sollten sich nicht bewahrheiten. Der Anteil von Originalausgaben nämlich nahm im Verhältnis stetig zu, und selbst die Gründung des dtv im Jahr 1960, durch die ein Rückgang frei käuflicher Lizenzen ausgelöst wurde, ließ den anderen Unternehmen noch genügend Möglichkeiten zur Erweiterung ihrer Programme. In den 60er Jahren vervierfachte sich in der Bundesrepublik die Zahl der jährlichen Neuerscheinungen im Taschenbuchbereich, in den 70er Jahren hat sie sich nochmals verdoppelt.

Die Erschließung der Literatur über die deutsche Sprachgrenze hinaus erfolgte (mit Ausnahme der großen Dostojewski-Ausgabe) im wesentlichen erst nach 1945. Hierbei ist besonders die italienische Literatur hervorzuheben. Sie hat von den ausländischen Literaturen die größte Bedeutung für den Piper Verlag gewonnen. Nach dem Krieg interessierte man sich in Deutschland zunächst für die Literatur der Besatzungsmächte, die im Rahmen der damaligen Reeducation-Konzepte auch über eine wirkungsvolle Propaganda verfügten – man las in erster Linie die französisch- und englischsprachige Literatur. Die ersten italienischen Autoren kamen erst Mitte der 50er Jahre in größerem Umfang nach Deutschland. Hans Hinterhäuser, dessen Verdienste um die Vermittlung italienischer Literatur nach Deutschland kaum abzuschätzen sind, schrieb rückblickend über diese Zeit: »Der Grund für die Rezeption en masse ist ganz gewiß in erster Linie in der Qualität dessen zu suchen, was im Nachkriegsitalien geschaffen wurde, und zum Teil heute noch geschaffen wird, in seiner Vitalität und seiner Anmut, auch in seinem halbexotischen Reiz. Er liegt andererseits in der bisher beharrlichen Blutarmut der deutschen Gegenwartsliteratur.« Und Klaus Piper sagte zu diesem Phänomen:

»Die Situation änderte sich grundlegend mit dem Ende des Zweiten Weltkriegs, dem Zusammenbruch des Faschismus: Aufgestaute Kräfte wurden frei, das Lebensgefühl Italiens wandelte sich, die geistige Auseinandersetzung mit der Moderne war nicht mehr durch Diktatur und Krieg blockiert. Im Gefolge dieser Befreiung kam es in Italien in den zwei Jahrzehnten nach 1945 zu einer erstaunlichen schöpferischen Entwicklung – auf dem Feld der Literatur, des Films, der Kunst und der Musik. Das Land, das Dante und Boccaccio hervorbrachte, hatte lange Zeit hindurch als buchfernes Land, als Land ohne Leser gegolten. Jetzt änderte sich das … Und deutsche Verlage wurden interessiert und erwarben die Rechte an Büchern der genannten Autoren, um sie den deutschen Lesern vorzustellen.« (SuB, S. 136f.)

Im Jahre 1954 erschien die erste Übersetzung im Piper Verlag, bis heute sind etwa 90 Übertragungen aus dem Italienischen von über 30 verschiedenen Autoren veröffentlicht worden, die kleine Gruppe der Sachbuchautoren und Anthologien mitgerechnet. Im Jahre 1963 wurde Klaus Piper, als bisher einziger deutscher Verleger, für seine Verdienste um die Verbreitung der italienischen Kultur in Deutschland mit der Goldenen Italienischen Kulturmedaille ausgezeichnet.

Klaus Piper hat seinen Verlag aus inhaltlichem Engagement heraus gestaltet, nur wenige Verleger haben sich auf so intensive geistige Auseinandersetzungen mit Denkern und Künstlern eingelassen. Die zentralen Stationen der Firmengeschichte unter seiner Führung nach dem Zweiten Weltkrieg, die sich auch in den neuen Reihen des Verlages manifestierten, hat er einmal selbst in seinem Aufsatz »Reinhard Piper und der Piper Verlag. Skizze eines Porträts aus der Sicht des Nachfolgers« zusammengefaßt:

»Wenn ich eine kurze Übersicht über die jüngste, aktuelle Epoche der Verlagsarbeit seit dem Krieg gebe, dann beginne ich mit der PIPER BÜCHEREI, in der viel

Neues aus alten Keimen und frühen Grundlagen erschienen ist und die in bisher über 180 Bänden künstlerische und literarische Stoffe von den alten Ägyptern und Etruskern bis zur Gegenwart vorgestellt hat. Dem für unsere Gegenwart charakteristischen wachsenden Bedürfnis der Teilhabe an den Ergebnissen des wissenschaftlichen Forschens will die SAMMLUNG PIPER (Ergebnisse und Probleme der modernen Wissenschaft) dienen. Eine ›positive Revolution‹ im traditionellen Buchgeschmack bezeichnet der Buchtyp des ›Paperback‹ – das Buch für den praktischen Gebrauch unter Verzicht auf jede verteuernde Ausstattung, das informative oder literarische Texte in einfacher, geschmackvoller Form bietet. Die PIPER PAPERBACKS bevorzugen Originalausgaben und bringen Anthologien, Einführungen, Materialien, Dokumente, Überblicke aus allen Stoffgebieten der Verlagsarbeit. Die große thematische Vielseitigkeit ist gegenüber dem Taschenbuch dadurch möglich, daß eine Paperback-Reihe nicht unter dem Zwang der sehr hohen Auflagen steht, die die Kalkulation des Taschenbuches verlangt.« (SuB, S. 41)

Die Piper Bücherei hatte ihren Anfang im Jahre 1946 genommen (Abschluß 1966), ihr folgten 1954 die Sammlung Piper (Abschluß 1967) und schließlich 1961 Piper Paperback (Abschluß 1972).

27 *Feier anläßlich des 50. Verlagsjubiläums im Hotel Bayerischer Hof. Am Rednerpult Klaus Piper, im Vordergrund Stefan und Dorothee Andres*

1954

Zum erstenmal in der Geschichte des Verlages zog Klaus Piper Bilanz. Er war seit einem Jahr Allein-Verleger und gab zum 50jährigen Jubiläum den Almanach »Nach fünfzig Jahren« heraus, mit 65 ausgewählten Beiträgen von Autoren und aus Werken des Verlages, die im halben Jahrhundert seit der Gründung erschienen waren, ferner mit einer Bibliographie. Der Umschlagentwurf stammte von Emil Preetorius. Der Verlag hatte bis dahin 1092 Neuerscheinungen und 794 Neuauflagen herausgebracht, zusammen 1886 Veröffentlichungen:

»›Nach 50 Jahren‹ – ein Rückblick und ein Gegenwartsspiegel, in dem die Dreigesichtigkeit der Verlagsarbeit zum Ausdruck kommt, deren Ursprung die Dreiheit der Neigungen des Verlagsgründers ist: zu Literatur, Kunst und Philosophie. Dieser Grundstruktur ist der Verlag in seiner Entwicklung treu geblieben. Das belletristische Programm wurde in den letzten Jahren wesentlich erweitert; zeitgenössische Autoren sind in den Kreis des Verlags getreten; Bücher heiterer Art und solche aus Natur und ferner Welt haben die Palette bereichert. Die philosophische Abteilung wurde durch bedeutende lebende Autoren aktualisiert und in die Richtung von Geisteswissenschaft und Kulturkritik hin erweitert ... Neuen Kräften und Themen der Zeit wird besondere Aufmerksamkeit zugewendet werden. – Eine neue Reihe großer Kunstpublikationen ist mit den deutschen Ausgaben der ›Unesco-Sammlung der Weltkunst‹ im Enstehen.« (Almanach 1904–1954, S. 13 f.)

Beim Festakt im Hotel Bayerischer Hof sprachen außer dem Verleger selbst noch Wilhelm Worringer und Hans Egon Holthusen. Während Worringers erstes Buch bei Piper bereits 1908 erschienen war, repräsentierte Holthusen die jüngere Autorengeneration. In seiner Rede charakterisierte er die verlegerische Programmatik von Klaus Piper:

»Die schönen Künste wurden beileibe nicht vernachlässigt, die vom Vater begründete stilbildende Kunstbuchtradition wurde mit Energie und in repräsentativer Form fortgeführt, aber ein ausnehmend starker Akzent

28 *Verlagsjubiläum im Hotel Bayerischer Hof, 1954. Am Tisch im Zentrum Hans Egon Holthusen (links), in der Mitte Klaus und Elisabeth Piper, rechts Gertrud Piper, die Witwe Reinhard Pipers*

wurde doch... auf die philosophische, soziologische und kulturkritische Problematik der Zeit gesetzt. Gewisse Themen, die erst durch das Heraufkommen einer neuen politischen ›Eiszeit‹, durch zwei Weltkriege und die erlebten Schrecken der totalitären Systeme dringlich geworden waren, wurden mit allem Nachdruck in das Arbeitsprogramm des Verlags einbezogen.«

Der damalige Cheflektor und Verlagsleiter Albrecht Knaus veröffentlichte aus gegebenem Anlaß ein Jubiläumsbändchen namens »Fruchtschale« und erinnerte damit an eine der ersten Publikationen des Gründers. Autoren und Freunde des Verlages gedachten in dieser kleinen Sammlung Reinhard Pipers und sprachen gleichzeitig dem Sohn ihre »Zuversicht in das Gedeihen seines Werks« aus: »Denn die verschiedensten Bäume stehen in Pipers Garten, aber ihre Früchte können in einer Schale gesammelt werden.«

Mario Soldati wurde mit »Die geheimen Gründe« der erste italienische Autor in der Geschichte des Verlags; der modernen italienischen Literatur galt künftig besonderes Interesse.

Vor allem ist dieses Jahr durch die Aufnahme von neuen Buchreihen akzentuiert, in denen der Verleger Vehikel für die planvolle Erweiterung des Verlagsprogramms sah. Das USA-Porträt des französischen Journalisten Raymond Cartier »Achtundvierzig mal Amerika« wurde zum Modell für die »Panoramen der modernen Welt«, wie seit 1959 eine Reihe anspruchsvoll-lebendiger Länderbeschreibungen hieß, deren Darstellungsweise jeweils von der Individualität des Autors bestimmt war. 1979 erschien »50mal Amerika« in 14. Auflage mit dem neuen Reihentitel »Piper Panoramen der Welt«. Von Cartier wurden auch umfangreiche Werke zur Geschichte des 20. Jahrhunderts veröffentlicht. Die Reihe »Piper Panoramen der Welt« hat sich im Laufe der Jahre durch »ihre inhaltliche Qualität und durch ihr individuelles Profil einen sicheren Platz bei anspruchsvollen und weltoffenen Reisenden verschafft... Jeder Band schildert aus der Erfahrungssicht eines namhaften Kenners Lebensformen, Wirtschaft, Landschaft, geistiges und menschliches Klima eines Landes oder Kontinents.« (Almanach 1964–1974, S. 12)

Außerdem initiierte Klaus Piper in diesem Jahr die

»Sammlung Piper« mit dem Wunsch, »Probleme und Ergebnisse der modernen Wissenschaft« (so der Untertitel der Reihe) von der Philosophie über die Soziologie bis zur Kunst in Monographien und Einführungen von überakademischer Bedeutung zu erschließen. Die »Linie« der »Sammlung Piper« entsprach damit dem Konzept für die – neben der fortgesetzten Pflege des Literaturprogramms – zunehmende Entfaltung der wissenschaftlichen Produktion. Die Bände dieser Reihe erschienen im handlichen Taschenformat, broschiert und in Leinen gebunden mit Schutzumschlag. Als erster Band kamen »Gedanken zur Daseinsgestaltung« von Eduard Spranger, ausgewählt und eingeleitet von Hans Walter Bähr.

Schließlich die dritte neue Reihe in diesem Jahr: die großformatigen, durchgehend mehrfarbig gedruckten Bände der »Unesco-Sammlung der Weltkunst«: »Diese Serie ist den einmaligen Meisterwerken der Kunst gewidmet... Sie soll Künstlern, Lehrern, Studenten und dem kunstliebenden Publikum erstklassige Farbenreproduktionen von Meisterwerken der Kunst zugänglich machen, die bisher nur wenigen bekannt waren.« Die ersten Bände waren Indien, Ägypten und Australien gewidmet.

Stefan Andres wurde in diesem Jahr mit dem Großen Kunstpreis des Landes Nordrhein-Westfalen ausgezeichnet.

1955

Der Deutsch-Argentinier F. R. Franke ließ dem drei Jahre zuvor erschienenen »Mein Inselparadies« das Buch »Auf Gottes Poncho« folgen, für das Konrad Lorenz ein Vor-

29 *Abschiedsfeier für Albrecht Knaus (vierter von links) im Verlag, 1955. Rechts Paul Weberbeck, Klaus Piper (dritter von rechts), links daneben Dieter Lattmann, links vorne neben Albrecht Knaus Reinhard Baumgart*

wort schrieb; Lorenz figurierte damit zum erstenmal im Piper-Programm.

Anne Morrow Lindbergh (geboren 1906), die Frau des berühmten Atlantik-Fliegers, war die Autorin von »Muscheln in meiner Hand«. Von diesem schmalen Band erlebnishafter Meditationen wurden bis heute mehr als eine Million Exemplare verkauft. Es folgten die Bücher »Wind an vielen Küsten« (1956), »Trage mich über die Flut – The Unicorn« (1957), »Die Hochzeit« (1962), »Die Erde leuchtet« (1970), »Bring mir das Einhorn« (1972), »Stunden von Gold Stunden von Blei« (1973), »Verschlossene Räume offene Türen« (1975), »Blume und

Nessel« (1984) und schließlich »Welt ohne Frieden« (1986). Die Übersetzung der zuletzt in den 70er und 80er Jahren erschienenen Titel besorgte Elisabeth Piper, die auch eine Auswahl aus dem Werk der Schriftstellerin unter dem Titel »Das Schönste von Anne Morrow Lindbergh« herausgab.

30 *Ulrike von Puttkamer, die Schwester von Klaus Piper, und Peter Beckmann, der Sohn von Max Beckmann, im Verlag, um 1955*

1956

Die Titelzahl steigerte sich auf 45, davon 14 Bände in der Piper-Bücherei. Als deren 100. Band erschien »Pompeji. Zeugnisse griechischer Malerei«.

Ein literarisches Ereignis im Verlagsprogramm dieses Jahres war die »Anrufung des Großen Bären« von Ingeborg Bachmann (1926–1973), der Lyrikerin, Erzählerin, Hörspielautorin und Essayistin. Es war der zweite Band mit Gedichten der damals Dreißigjährigen nach »Die gestundete Zeit« (zuerst 1953), für den die Dichterin den Preis der Gruppe 47 erhalten hatte. Sie ist die bedeutendste deutschsprachige Autorin, die für den Verlag in den 50er Jahren gewonnen werden konnte. Klaus Piper hatte sie bei der Gruppe 47, an deren Tagungen er regelmäßig teilnahm, kennengelernt. Sie hatte dort im Jahre 1952 ihre erste Lesung gehalten:

> »Ingeborg Bachmann entdeckte ich als Leser zuerst in der Monatszeitschrift ›Merkur‹. Die Herausgeber, Joachim Moras und Hans Paeschke..., hatten mich auf diese Gedichte eines neuen, außerordentlichen poetischen Talents aufmerksam gemacht... Ingeborg Bachmann forderte sich stets selbstkritisch den höchsten für sie erreichbaren Kunstanspruch ab. Die Intensität des Mit-ihr-zu-Sprechen entsprang ihrem unbedingten Willen, Verbindliches zu sagen – nicht im Sinn des Originellsein-Wollens, sondern aus dem Willen, das existentiell erfahrene ›identisch‹ in die sprachliche Aussage einzubringen. Ingeborg Bachmanns frühe Leseabende erzwangen durch das inständige Piano (manchmal Pia-

31 *Piper-Stand auf der Frankfurter Buchmesse 1956. Vierter von rechts Klaus Piper, rechts daneben Paul Weberbeck und Dieter Lattmann*

nissimo) ihrer Stimme äußerste Aufmerksamkeit, in den späteren Jahren las sie selbstsicherer, deutlicher.« (SuB, S. 127f.)

Im darauffolgenden Jahr verlieh man ihr den Literaturpreis der Stadt Bremen. Gleichzeitig erschien der Gedichtband »Die gestundete Zeit« bei Piper. Weitere Bücher folgten: Lyrik, Erzählungen, eine einbändige Werkauswahl. Im März 1978 erschien nach intensiver Editionsarbeit das literarische Werk Ingeborg Bachmanns in einer vierbändigen Ausgabe. Die Dichterin erhielt zahlreiche Auszeichnungen, so zum Beispiel den Hörspielpreis der Kriegsblinden, den Berliner Kritikerpreis, den

Georg-Büchner-Preis, den Großen Österreichischen Staatspreis und den Anton-Wildgans-Preis.

Ein zweiter Autor von bleibender Bedeutung wurde in diesem Jahr Richard Friedenthal. Nach seiner Jugend in Berlin hatte er Literaturgeschichte, Philosophie und Kunstgeschichte studiert, unter anderem als Schüler von Heinrich Wölfflin, Fritz Strich und Max Weber. Bis zu seiner Emigration nach England im Jahr 1938 war er als freier Schriftsteller, Lektor, Herausgeber und schließlich als Verlagsleiter tätig, von 1945 bis 1950 als Herausgeber und Redakteur der »Neuen Rundschau« im S. Fischer Verlag. Von 1955 bis zu seinem Tod lebte Friedenthal als freier Schriftsteller in London. Er schrieb eine Reihe von bedeutenden Biographien, sein 1963 erschienener »Goethe. Sein Leben und seine Zeit«, in dem er eine neue Methode der biographischen Darstellung entwickelte, für die der Untertitel Programm ist, machte ihn weltberühmt. Es wurde zudem eines der erfolgreichsten Bücher des Piper Verlages, seine Auflage betrug schon zu Beginn der 80er Jahre weit über 500000 Exemplare. Das darin im Mittelpunkt stehende bedeutende Individuum tritt, indem es im Netz der gesellschaftlichen Bindungen und des geschichtlich-kulturellen Zeitgeschehens verwoben erscheint, stärker und eindringlicher vor den Leser. Es folgten andere große biographische Arbeiten über »Luther« (1967), die Trias »Montaigne – Pascal – Diderot« (1969), »Hus« (1972) und »Marx« (1981). Klaus Piper äußerte sich in seinem Aufsatz »Richard Friedenthal« zu dieser spezifischen Art historischer Darstellung folgendermaßen:

»Der Erfolg des Autors Richard Friedenthal wäre aber auch nicht zu erklären ohne die selten gewordene Gabe dieses Autors, seine ›Helden‹ und seine Gegenstände nicht nur in den der Sache zunächst angemessenen künstlerischen und historischen Kategorien zu sehen, sondern auch mit klarem Blick für die politischen und wissenschaftlichen Errungenschaften und Interessen der Zeit, die ihrerseits aber gerade nicht sein Thema sind. Friedenthal, der erzählende Menschen- und Epochendarsteller, hat auf seine Weise dazu beigetragen, die oft beklagte Kluft zwischen den ›beiden Kulturen‹, zwischen Kunst und Wissen, durch die großen historisch-geistigen Szenenbilder, vor und in denen die von ihm Erzählten agieren, zu überbrücken.« (SuB, S. 117f.)

In dem im Jahre 1956 veröffentlichten autobiographisch geprägten Roman »Die Welt in der Nußschale« schilderte Friedenthal seine Erlebnisse in einem britischen Internierungslager auf der Isle of Man im Zweiten Weltkrieg. Zum 80. Geburtstag von Friedenthal, der zudem Ehrenpräsident des PEN-Zentrums der Bundesrepublik war, erschien ». . . und unversehens ist es Abend«, herausgegeben von Klaus Piper.

1957

Mit dem in Georgien geborenen französischen Schriftsteller Romain Gary (1914–1980), ein Pseudonym für Roman Kassew, erschloß sich der Verlag ein neues Feld der ausländischen Literatur. Für den symbolhaft zeitbezogenen Afrika-Roman »Die Wurzeln des Himmels« hatte Gary den Prix Goncourt bekommen. Im Jahre 1959 folgte »Lady L.«, später noch fünf weitere Titel: »Erste Liebe – letzte Liebe« (1961), »Grüße vom Kilimandscharo« (1965), »Engel ohne Himmel« (1966), »Der Tanz des Dschingis Cohn« (1969) sowie »Der weiße Hund von Beverly Hills« (1972).

Ein seltsames Buch – ein großer Verlagserfolg: »Das dritte Auge« von Lobsang Rampa. Später, nachdem von der deutschen Ausgabe (die Originalausgabe erschien in Großbritannien) schon fast 100000 Exemplare verkauft waren, stellte sich heraus, daß der Verfasser kein tibetischer Lama, sondern ein englischer Klempner war.

1958

Karl Jaspers erhielt den Friedenspreis des Deutschen Buchhandels. Die Laudatio hielt die 1933 emigrierte, nach dem Krieg in Amerika lebende und lehrende Professorin für Philosophie und Politisches Denken Hannah Arendt (1906–1975); Jaspers war ihr Lehrer gewesen. Sie hatte Philosophie, Theologie und Griechisch studiert (Promotion 1928). Seit 1941 lebte sie in New York und arbeitete dort zunächst als Cheflektorin (in den Jahren 1946 bis 1948), danach als freie Schriftstellerin. 1963 wurde sie als Professorin an die University of Chicago berufen, seit 1968 lehrte sie an der New School for Social Research. Hannah Arendt ist die bedeutendste Philosophin des 20. Jahrhunderts; der Piper Verlag betreut seit über 30

32 *Karl Jaspers erhält den Friedenspreis des Deutschen Buchhandels 1958. Bei der Feier in der Frankfurter Paulskirche von links nach rechts: Oberbürgermeister Werner Bockelmann, Gertrud und Karl Jaspers, Theodor Heuss, Hannah Arendt*

Jahren ihr Werk im deutschen Sprachraum. In diesem Jahr wurde sie erstmals Autorin des Verlages mit einer Studie über den ungarischen Aufstand von 1956 (»Die Ungarische Revolution und der totalitäre Imperialismus«):

»Die Schrift als Ganzes halte ich für sehr wichtig. Daß meine Mitarbeiter und ich ihr verlegerisch dienen können, erfüllt mich mit aufrichtiger Genugtuung. Ich werde die Broschüre, wenn sie fertig ist, viel an interessierte Menschen verschicken, und im Bereich der Presse werden wir sie nicht nur an die Redaktionen senden, sondern auch an politische Publizisten.« (SuB, S. 199)

1979 kamen die beiden noch abgeschlossenen Bände »Vom Leben des Geistes« heraus. Dazwischen liegen sieben Veröffentlichungen zu literarischen, philosophischen und politischen Themen.

Jaspers' Rede zur Preisverleihung gab es als Broschüre und auf Schallplatte, das war zugleich die erste »Piper-Sprechplatte«. (Bis 1965 kamen weitere sechs Sprechplatten heraus.) Einen Höhepunkt in der Reihe der Veröffentlichungen von Karl Jaspers im Piper Verlag bildete in diesem Jahr ein Buch von großer politischer Aktualität: »Die Atombombe und die Zukunft des Menschen. Politisches Bewußtsein in unserer Zeit«. Das 500 Seiten starke Buch wirkte provozierend und aufrüttelnd wie wenige Titel nach dem Krieg. Die großen Funkanstalten strahlten mehrteilige Sendungen mit Textauszügen aus. Der Verkauf erreichte in Jahresfrist fast 100000 Exemplare. Wichtige, zum Teil umfangreiche Texte zur Fortsetzung der »Großen Philosophen«, deren erster Band im Vorjahr erschienen war, lagen im Jaspers-Nachlaß vor und wurden von dem Rechteinhaber und Nachlaßherausgeber Hans Saner (geboren 1934) unter Mitarbeit von Raphael Bielander 1981 in zwei Bänden veröffentlicht. Hans Saner studierte Philosophie, Psychologie und Germanistik in Basel und promovierte 1967 über Kant, seither ist er als Dozent an mehreren Universitäten und Akademien tätig. Den »Großen Philosophen« folgte im Jahre 1982 eine »Weltgeschichte der Philosophie«, ebenso aus dem Nachlaß herausgegeben von Hans Saner, sowie 1991 ein »Nachlaß zur Philosphischen Logik« unter Mitarbeit von Marc Hänggi. Bei letzterem handelt es sich um den Folgeband eines der Hauptwerke von Jaspers, der »Philosophischen Logik«, von dem er nur den ersten Band vollenden und im Jahre 1947 unter dem Titel »Von der Wahrheit« veröffentlichen konnte; zu einer Fortsetzung mit den drei Lehrbüchern über eine Kategorien-, Methoden- und Wissenschaftslehre, die in ihrem vollen Umfang erst die Logik des neuen Zeitalters ausmachen sollten, kam es nicht mehr. Hans Saner und Marc Hänggi haben die drei »Lehrbücher« für die Nachlaßedition aus Jaspers' Aufzeichnungen rekonstruiert und damit »Von der Wahrheit« zu einer modernen Logik der Kommunikation ergänzt.

1959

Hannah Arendt erhielt den Lessing-Preis der Stadt Hamburg. Jetzt erschien, ein halbes Menschenalter nach dem Entstehen, Hannah Arendts »Rahel Varnhagen. Lebensgeschichte einer deutschen Jüdin aus der Romantik«.

Zu Romain Gary gesellte sich aus Frankreich in diesem Jahr der 1913 geborene Schriftsteller Claude Simon (Nobelpreis für Literatur 1985) als markanter Vertreter des Nouveau Roman mit »Der Wind«.

Ein Meisterwerk der italienischen Literatur dieses Jahrhunderts wurde zugleich eines der erfolgreichsten Bücher in der Verlagsgeschichte: »Der Leopard« von dem sizilianischen Fürsten Giuseppe Tomasi di Lampedusa (1896–1957). »Ein verlegerischer Glücksfall, der nicht oft eintritt«, gestand Klaus Piper. Von der deutschen Ausgabe des Buches wurden bereits 1959 über 50000 Exemplare verkauft, inzwischen sind rund 700000 Exemplare (einschließlich der Lizenzausgaben) verbreitet. Der Gesamtverkauf der gebundenen Originalausgabe, also nicht gerechnet Taschenbücher, Buchklubs usw., liegt heute bei etwa 200 000 Exemplaren. Auch in allen anderen europäischen Ländern, wo der »Gattopardo« erschien, war er ein großer Erfolg. Tomasi di Lampedusa war kurz nach Fertigstellung des Romans, mit dessen Niederschrift er sich über zwanzig Jahre lang beschäftigt hatte, gestorben. Nach merkwürdigen Umwegen – ein großer italienischer Verlag hatte das Manuskript nach langer Prüfungszeit abgelehnt – gelangte es durch einen glücklichen Zufall in die Hände von Giangiacomo Feltrinelli. Auf eine Anregung der Tochter von Benedetto Croce schlug Giorgio Bassani, selbst Erzähler und Romancier und zugleich Herausgeber einer Roman-Reihe bei Feltrinelli, den Roman zur Veröffentlichung vor. Er nannte ihn »ein literarisches Kunstwerk und zugleich eine große nationale Dichtung: ein politisches und moralisches Bekenntnis zu Italien«. Das Buch erschien Ende 1958, fand sofort starke Beachtung in Italien und wurde von namhaften Kritikern den bedeutendsten Leistungen der italienischen Literatur überhaupt zugerechnet:

»Habent sua fata libelli – Bücher haben ihre Schicksale, das ist eine Binsenweisheit, die aber doch immer wieder in einer ganz außerordentlichen, gewöhnlich-ungewöhnliche Bücherschicksale überschreitenden Weise bestätigt wird. So auch durch den Roman DER LEOPARD. Was sind die ungewöhnlichen Fakten in der Biographie und Umwelt des Buchs? Erstens, daß es das einzige Buch ist, das ein zurückgezogen lebender großer Herr geschrieben hat, ohne jede berufliche Beziehung zur oder Position in der Literatur, also sozusagen ohne jedes schriftstellerische Training scheinbar, äußerlich-handwerklich gesehen aus dem Nichts. In Wirklichkeit ist der innere Vorbereitungsweg zu einem solchen Buch, das sich dann später als Meisterwerk entpuppt und das die Kritik in seiner Heimat und nach und nach in der ganzen Welt in die Knie zwingt – ist ein solcher Weg natürlich lang ... Es ist meine aufrichtige Hoffnung, die nicht nur von meinem persönlichen Engagement für die gegenwärtige italienische Literatur bestimmt ist, daß der große Widerhall wie der eines Buchs des LEOPARD auch das Tor aufschließt für ein künftig stärkeres Leben italienischer Erzählkunst und Dichtung bei uns in Deutschland.« (SuB, S. 27 ff.)

Mit dem »Leopard« legte Klaus Piper den Grundstein für das bis heute größte Italien-Programm eines deutschsprachigen Verlages überhaupt.

1960

Der polnische Philosoph Leszek Kolakowski war zum erstenmal Autor mit »Der Mensch ohne Alternative«. Kolakowski wurde 1927 in Polen geboren, hatte Philosophie studiert und erhielt 1958 den Lehrstuhl für Geschichte der Philosophie an der Universität Warschau. Im Jahre 1966 wurde er aus der Kommunistischen Partei Polens wegen seines Eintretens für oppositionelle Studenten ausgeschlossen, zwei Jahre später verlor er seinen Lehrstuhl und reiste nach Kanada aus. Dort unterhielt er Gastprofessuren in Montreal und Berkeley, seit 1970 lehrte er am All Souls College in Oxford, es folgten weitere Gastprofessuren in Yale und Chicago. Im Jahre 1977 erhielt er den Friedenspreis des Deutschen Buchhandels. Kolakowski, der zur Zeit der Veröffentlichung von »Der Mensch ohne Alternative« noch in Warschau unterrichtete, sah sich wegen seiner politischen Situation genötigt, sich von dem Untertitel, den der Verleger dem Buch mitgegeben hatte (»Von der Möglichkeit und Unmöglichkeit, Marxist zu sein«), öffentlich zu distanzieren. Im Jahre 1974 äußerte sich Klaus Piper anläßlich des Erscheinens der zweiten Auflage zu dem Werk: »Philosophische und theologische Fragestellungen berühren sich im Werk des gegenwärtig in Oxford lehrenden polnischen Philosophen Leszek Kolakowski. In einer 1967 erschienenen Arbeit hat er die existenzielle Gefährdung des ›Menschen ohne Alternative‹ (2. Aufl.) aufgezeigt.« (Almanach 1964–1974, S. 18) Kolakowskis Veröffentlichungen bei Piper waren unter anderem: das dreibändige Werk »Die Hauptströmungen des Marxismus« (1977–79) und »Horror metaphysicus« (1989). In einem Brief vom Mai 1969 schrieb Klaus Piper an den Philosophen:

»In der Verlagsarbeit des Hauses Piper nehmen Bücher der Philosophie und Politik, Soziologie, überhaupt des wissenschaftlichen Denkens einen breiten und sehr wichtigen Raum ein ... Die Bedeutung der genannten Verlagsgebiete entspricht meinen persönlichen Interessen. Ich möchte deshalb nochmals meiner Freude darüber Ausdruck geben, mit meinen Mitarbeitern der Verbreitung und Wirkung Ihrer Bücher in deutscher Sprache dienen zu können.« (SuB, S. 231 f.)

Mit Leszek Kolakowski verband Piper bald ein freundschaftliches Verhältnis:

»Wir sind gewohnt, menschliche Beziehungen in zwei Klassen zu teilen: persönliche und bürokratische oder sachliche, wobei die letzten solche sind, in denen wir für andere Menschen und sie für uns ganz ersetzbar sind, wo also die Person in den gegenseitigen Beziehungen völlig gleichgültig ist und durch eine Maschine ersetzt werden könnte. Es gibt aber auch eine in unserem Leben sehr wichtige Klasse der Beziehungen, worin das Sachliche von dem Persönlichen ganz untrennbar ist und wo das erste nur dank dem letzteren wirklich funktioniert. Dazu gehören zum Beispiel sowohl die Beziehungen zwischen einem Hausarzt und seinem Patienten als auch zwischen einem Verleger und seinem Autor. In beiden Fällen sind die Beziehungen sachlich, und auch das Geld kann natürlich nicht ausgeklammert werden. Wie aber jedem Kranken der Unterschied zwischen einem persönlichen Arzt und einem anonymen Funktionär des Gesundheitsdienstes gut bekannt ist, so ist jeder Autor sich des Unterschiedes wohl bewußt zwischen einer Buchfabrik und einem Verleger, der sowohl Partner und Berater als auch Freund ist, so daß sich beide Seiten der Beziehungen kaum unterscheiden lassen. Seit mehreren Jahren bin ich ein Autor nicht nur des Piper Verlages, sondern auch von Klaus Piper, dem Verleger. Selbstverständlich spielt das Geld in unserer Beziehung eine Rolle, aber was für eine Erleichterung für den Autor, wenn er daran überhaupt nicht zu denken braucht. Ich bemerke jetzt, daß ich mit Klaus Piper nie im Leben vom Geld gesprochen habe; nicht, als ob daran etwas Schamhaftes sei, und nicht, weil ich mir den Anschein eines reinen Geistes gebe, der vom Geld nie gehört hat, sondern weil es dazu keine Gelegenheit gibt und keinen Anlaß.« (L. Kolakowski, »Trinkspruch«, in: Für Klaus Piper zum 70. Geburtstag, S. 196f.)

Der Erzähler Giorgio Bassani (geboren 1916) wurde gleichzeitig mit den Lyrikern Eugenio Montale (1896–1981) (»Glorie des Mittags«), der den Nobelpreis für Literatur 1975 erhielt, und Salvatore Quasimodo (1901–1968) (»Das Leben ist kein Traum«), Nobelpreisträger 1959, als neuer italienischer Autor mit »Die Brille mit dem Goldrand« in das Verlagsprogramm aufgenommen. In den folgenden 15 Jahren kamen die fünf weiteren Bände des Prosawerkes heraus (»Ferrareser Geschichten«, »Die Gärten der Finzi-Contini«, »Der Geruch von Heu«, »Hinter der Tür« und »Der Reiher«), die heute zusammen den »Romanzo di Ferrara« bilden. Alle sind bis heute lieferbar. Dies verweist auf die Bedeutung ihres Autors wie auf das große Interesse an italienischer Literatur. Bassani zählt zu den bedeutendsten Autoren der italienischen Abteilung des Piper Verlages. Bei wenigen Autoren ist die elementare Bedeutung der Literatur für die lebensnotwendige Erinnerungsarbeit des Menschen so augenfällig wie bei Bassani. In dem Aufsatz »Auskünfte über mich« schrieb Bassani:

»Die Gefahr, die der Jugend heute droht, ist, daß sie vergißt, was geschehen ist, woher wir alle kommen.

Eine der Aufgaben meiner Kunst – wenn Kunst eine Aufgabe haben kann – sehe ich vor allem darin, solchen Schaden zu verhüten, das Andenken, die Erinnerung wach zu halten. Wir gehen alle miteinander aus einer der entsetzlichsten Erfahrungen hervor, denen die Menschheit je begegnet ist. Denken Sie an die Vernichtungslager. Nie ist schrecklicheres und ungeheuerlicheres verübt worden. Nun denn, die Dichter sind da, um zu gewährleisten, daß dies nicht in Vergessenheit gerät. Eine Menschheit, die Buchenwald, Auschwitz und Mauthausen vergäße – ich könnte mit ihr nichts anfangen. Ich schreibe, damit man sich erinnere.«

Während in Deutschland gerade in den späten Jahren der Nazidiktatur der Widerstand nur die Sache kleinster Gruppen oder einzelner war, entstand in Italien bereits der Neorealismus, gewann die Bewegung der Resistenza, auch schon vor dem Sturz Mussolinis im Sommer 1943, ständig an Breite. Bereits 1940 war Bassanis erstes Buch »Una città di pianura« unter Pseudonym in Mailand erschienen. Der Autor war damals 24 Jahre alt und seit drei Jahren als Kurier für antifaschistische Gruppen tätig. Wichtiger vielleicht noch war seine Arbeit als Kurier eines humanen, demokratischen Geistes, als Lehrer an der Ghetto-Schule von Ferrara, an der er unterrichtete. Der Neorealismus schuf die Voraussetzungen für den Reichtum und die Vitalität der italienischen Literatur der Nachkriegsjahre. Giorgio Bassani war immer bis zum äußersten sensibilisiert für das zerstörerische Wirken der Zeit, für die Gefahren des Wandels. Aus Anlaß des 75. Geburtstages des Autors ist im Jahre 1991 der Band »Erinnerungen des Herzens« mit autobiographischen Texten sowie einigen Beiträgen über Bassani veröffentlicht worden, zudem eine Auswahl aus dem dichterischen Werk unter dem Titel »In einem alten italienischen Garten«, mit dem der Piper Verlag erstmals auch eine Sammlung aus Bassanis lyrischem Werk vorlegte. Übersetzer war diesmal Michael Marschall von Bieberstein, der auch Gedichte von Montale, Ungaretti und Pasolini für Piper übersetzt hat. Die Übertragungen des »Romanzo di Ferrara« hat der Piper Verlag Herbert Schlüter zu verdanken, der damit wesentlich dazu beigetragen hat, daß die Rezeption der Werke Bassanis in deutscher Sprache ihre volle Wirkung entfalten konnte. Giorgio Bassani lebt heute in Rom. Er erhielt zahlreiche Auszeichnungen, zuletzt den Nelly-Sachs-Preis für sein Gesamtwerk.

Im naturwissenschaftlichen Programm erschien erstmals ein Buch des Verhaltensforschers Irenäus Eibl-Eibesfeldt (geboren 1928), mit dem sich eine intensive Zusammenarbeit entwickelte: »Galapagos. Die Arche Noah im Pazifik«. Eibl-Eibesfeldt studierte Biologie bei Konrad Lorenz und Wilhelm von Marinelli, seit 1949 war er Mitarbeiter des Max-Planck-Instituts für Verhaltensphysiologie in Seewiesen, seit 1970 Leiter der dortigen Forschungsstelle für Humanethologie, zudem Professor an der Universität München. Er unternahm zahlreiche Forschungsreisen. Im Piper Verlag liegen unter anderem folgende Schriften zur Verhaltensforschung und Tierpsychologie von ihm vor: »Im Reich der tausend Atolle. Als Tierpsychologe in den Korallenriffen der Malediven und Nikobaren« (1964), »Grundriß der vergleichenden Verhaltensforschung – Ethologie« (1967), »Krieg und Frieden aus der Sicht der Verhaltensforschung« (1975), »Die Malediven. Paradies im Indischen Ozean« (1982), »Die Biologie des menschlichen Verhaltens. Grundriß der Humanethologie« (1984), »Der Mensch, das riskierte Wesen« (1988) sowie zuletzt gemeinsam mit Christa Sütterlin »Im Banne der Angst. Zur Natur- und Kunstgeschichte menschlicher Abwehrsymbolik« (1992). Mit seinem inzwischen klassischen Band »Galapagos« ist Irenäus Eibl-Eibesfeldt als Verhaltensforscher einem breiten Publikum bekannt geworden.

Paul Eipper hatte Klaus Piper an den Baseler Zoologen Adolf Portmann (1897–1982) empfohlen, und so nahm von dem Tierschriftsteller aus die Entfaltung des Verlagsprogramms in weite Gebiete der Biologie ihren eigentlichen Anfang. Von Portmann, der zahlreiche Arbeiten über Morphologie, Entwicklungsgeschichte, über Zusammenhänge zwischen Umwelt, Verhalten und Gestalt der Tiere, zwischen Biologie und Anthropologie (vor allem die Sonderstellung des Menschen) verfaßte, erschien als erstes Buch bei Piper 1960 »Neue Wege der Biologie«. Bei der Feier des 60. Verlagsjubiläums hielt er die Festansprache.

In München wurde von einer Gruppe unabhängiger Verlage der Deutsche Taschenbuch Verlag gegründet, eine Anwendung des Kooperationsgedanken der Verlagsgruppe »Bücher der Neunzehn«. Zu seinem Leiter wurde auf Vorschlag von Klaus Piper Heinz Friedrich, der damalige Programmdirektor von Radio Bremen, bestellt. Der Gedanke, einen gemeinsamen Taschenbuchverlag zu gründen, war erstmals bei einem Gespräch befreundeter Verleger durch Joseph Caspar Witsch ausgesprochen worden. Angestrebt wurde ein Zusammenschluß ohne Konzernverflechtung, der für alle Teilhaber mit gleichem Nutzen und Risiko verbunden sein sollte. Als handelsrechtliche Grundlage wählte man eine GmbH & Co. KG mit zwölf Gesellschaftern (Artemis, Beck / Biederstein, Deutsche Verlags-Anstalt, Hanser, Hegner, Insel, Kiepenheuer & Witsch, Kösel, Nymphenburger Verlagshandlung, Piper, Walter). Die Gründung dieses Verlages als Gemeinschaftsunternehmen aus einem genossenschaftlichen Gedanken heraus war ungewöhnlich. Die großen Taschenbuchverlage waren Ende der 50er Jahre bereits etabliert. Im Taschenbuch, das in dieser Zeit noch als minderwertiger Buchtypus und »Verbrauchsbuch« galt, dominierten populäre Lesestoffe. Die Verlage hängten sich vor allem an den Erfolg der gebundenen Ausgaben an. Daher war die Ausstattung der Taschenbücher oft sehr sparsam, und viele Ausgaben lagen nur in inhaltlich gekürzter Form vor. Es galt bereits als Erfolg, wenn ein Hardcover-Verlag außer seinen Bestsellern auch nur eine weitere Taschenbuchlizenz verkaufen konnte. Dementsprechend bescheiden waren die Honorare. Der Gedanke lag nahe, durch einen gemeinschaftlichen Verlag größeren Nutzen aus diesem in Deutschland erst nach dem Zweiten Weltkrieg entdeckten Medium zu ziehen und sowohl im Programm wie in der Qualität der Ausstattung das Taschenbuch aufzuwerten. Am 30. November 1960 wurde die neue Firma in das Handelsregister eingetragen. »Die Konkurrenz stöhnte; die Marktbeobachter errechneten die Lizenz-Chancen und prophezeiten ein Fiasko«, schrieb damals der »Münchner Merkur« unter der Überschrift »Das Fähnlein der Zwölf«. In den nunmehr über dreißig Jahren seines Bestehens hat sich der dtv – mit dem heutigen Umfang von 15 Reihen, über 3000 lieferbaren Titeln und einem Programmfächer von rund 50 Sachgebieten – eine führende Rolle unter den Taschenbuchverlagen des deutschen Sprachgebietes errungen.

1961

Mit »Deutsche Literatur der Gegenwart« wurde Walter Jens (geboren 1923), klassischer Philologe, Schriftsteller und Literaturkritiker, später, von 1976 bis 1982, Präsident des PEN-Zentrums der Bundesrepublik, Autor des Verlags. Seit 1945 war er wissenschaftlicher Assistent, Dozent und schließlich Professor für Klassische Philologie an der Universität Tübingen, seit 1963 auch Direktor des dortigen Seminars für Allgemeine Rhetorik. 1968 erhielt er den Lessing-Preis der Freien und Hansestadt Hamburg, 1982 den Heinrich-Heine-Preis der Stadt Düsseldorf. Insgesamt erschienen neun Bücher von und ein Band über Walter Jens im Piper Verlag, darunter »Herr Meister. Dialog über einen Roman« (1963), »Nein – Die Welt der Angeklagten« (1968), »Ort der Handlung ist Deutschland. Reden und Essays« (1981) und »Von deutscher Rede« (1983).

Hans Egon Holthusen wurde für vier Jahre Direktor des Goethe-Instituts in New York; seine neuen Aufsätze zur Literatur trugen den Titel »Kritisches Verstehen«.

Mit Carlo Emilio Gadda (1893–1974) wurde ein weiterer bedeutender italienischer Gegenwartsautor vorgestellt. In diesem Jahr erschien sein Meisterwerk »Die gräßliche Bescherung in der Via Merulana«, das mit den Arbeiten von Rabelais, Jean Paul und James Joyce verglichen wurde. Hans Magnus Enzensberger charakterisierte den Autor so: »Wie Jean Paul taucht Gadda ins Inwendige der Welt, doch seine Innerlichkeit ist von anderem Schlag: es ist die blutige Innerlichkeit der Innereien. Die Eingeweide – das ist in seinem Werk das Schlüsselwort – sind das labyrinthische Urbild seiner Sprache.« Trotz der überaus positiven Kritik ließ die Nachfrage zu wünschen übrig, im Erscheinungsjahr konnte der Verlag lediglich 2130 Exemplare verkaufen. Die Übersetzung Toni Kienlechners (geboren 1919), die für ihre Übertragungen aus dem Italienischen mit dem Helmut-M.-Braem-Preis ausgezeichnet wurde, gilt als eine herausragende Leistung. Für den Piper Verlag übersetzte sie unter anderem auch Werke von Pier Paolo Pasolini, Giorgio Manganelli und Federico Fellini, darüber hinaus ist sie Verfasserin mehrerer Sachbücher über Italien und von Prosawerken.

Eine neue Reihe begann, »piper paperback«, als neue Buchform zwischen Hardcover und Taschenbuch. Klaus Piper charakterisierte sie folgendermaßen:

> »Sie bieten, mit dem rasch bewährten Typ des zwischen Taschenbuch und ›normalem‹ Leinenband liegenden broschierten ›Paperback‹, Materialien zur geistigen Arbeit – literarische, philosophische, zeitgeschichtliche, kulturhistorische, biographische Werke, geschlossene Werkauszüge oder anthologische Sammlungen. Ihr thematischer Bereich erstreckt sich von den ›Bildern als Fragezeichen‹ (Hans Platschek) bis zum ›Panorama des zeitgenössischen Theaters‹ (Marianne Kesting), von

Theodor Eschenburgs ›Die improvisierte Demokratie‹ über F. R. Allemanns ›Zwischen Stabilität und Krise‹ bis zu R. W. Leonhardts ›Zeitnotizen‹, von Alfred Webers ›Kulturgeschichte als Kultursoziologie‹ bis zu Eduard Sprangers ›Menschenleben und Menschheitsfragen‹.« (Almanach 1904–1964, S. 22f.)

Unter den ersten Bänden der Reihe war auch eine Analyse der beginnenden Präsidentschaft Kennedys von Herbert von Borch, von dem im Vorjahr »Die unfertige Gesellschaft. Amerika: Wirklichkeit und Utopie« erschienen war.

In der Biblioteca Comunale von Mailand zeigte das dortige Goethe-Institut auf Initiative des damaligen Leiters Johannes Hösle (geboren 1929) eine Piper-Verlagsausstellung. Hösle ist seit 1968 als Professor für Romanistik an der Universität Regensburg tätig und veröffentlichte bei Piper eine umfassende, vielbeachtete Biographie »Molière. Sein Leben. Sein Werk. Seine Zeit« (1987) sowie eine Studie über »Goldoni« (1993).

1962

Der österreichische Maler und Schriftsteller Albert Paris Gütersloh (1887–1973), eigentlich Albert Conrad Kiehtreiber, erschien mit dem großen »kosmogonischen« Roman »Sonne und Mond. Ein historischer Roman aus der Gegenwart«; hinzu kam eine Einführung in »Autor und Werk«. Gütersloh war zunächst Schauspieler, dann auch Regisseur und Bühnenbildner. Seit 1910 wirkte er als

Journalist. Literarische Arbeiten erschienen in der »Aktion«; zusammen mit Franz Blei gab Gütersloh 1918/19 die Zeitschrift »Die Rettung« heraus. 1923 erhielt er den Fontane-Preis. Schriftstellerische und malerische Arbeit gingen in der Folgezeit nebeneinander her. Gütersloh gehört zu den bedeutendsten und vielseitigsten Künstlern des 20. Jahrhunderts. Sein schriftstellerisches Werk ist in seinem barocken Gedanken- und Bilderreichtum einzigartig in der deutschen Literatur unseres Jahrhunderts. 1911 vollendete Gütersloh seinen ersten Roman »Die tanzende Törin«, und zwei Jahre später erschien bei Georg Müller der Aufsatz »Schönberg als Maler«. Acht Jahre wirkte er als Lehrer an der Kunstgewerbeschule (1931 bis 1938) und fast achtzehn Jahre als Professor der Akademie der bildenden Künste in Wien. Dazwischen lagen sieben Jahre Berufsverbot als politisch unerwünschter »entarteter« Künstler. Der 1962 erschienene Roman »Sonne und Mond« hat große europäische Dimensionen und entwirft eine kühne Vision von der Macht und ihrem Verfall. In einem Brief Klaus Pipers an Gütersloh vom 18. Juli 1960 heißt es zu einem ersten Eindruck über einen Teil des umfangreichen Manuskripts:

»Wir haben uns in den letzten Wochen mit der von Ihnen übersandten Auswahl aus Ihrem großen Roman-Manuskript eingehend und intensiv befaßt ... Um das Wichtigste gleich zu sagen: Wir sehen ein durchaus ursprüngliches, höchst eigenartiges, bedeutendes Prosa-Werk vor uns, zu dessen verlegerischer Realisierung und Veröffentlichung wir grundsätzlich bereit sind. Ich möchte Sie diese unsere Bereitschaft heute wissen lassen und Ihnen auch sagen, daß wir uns bewußt sind, daß mit ihrem großen Roman ein wahres Lebenswerk – ein poetisch-didaktisch-humoristisches Welttheater vor uns liegt, also ein Werk, für das auch mit gewissen Schwierigkeiten und Opfern sich einzusetzen, für den Verleger und seine Mitarbeiter zu den schönsten und vornehmsten Aufgaben zählt. Bemerken möchte ich auch, daß mich auch der philosophische ›Unterbau‹ immer wieder interessiert und gepackt hat. Gerade dieses Element bringt oft einfach großartige Züge einer kosmogonisch-überzeitlichen Weltschau, zum Beispiel an der Stelle, wo der das Universum durchdringende Zusammenhang aller Wesen – der Sterne, Gesteine, Pflanzen, Menschen – in einem geradezu sphärisch erklingenden Gedankenbild beschworen ist ... Die Bitte meines heutigen Briefes ist es nun, sehr verehrter Herr Professor, daß Sie uns so bald wie möglich die übrigen Teile des Manuskripts vertrauensvoll zum Weiterlesen übergeben. Bitte sagen Sie uns doch bald, ob Sie in der Lage sind, uns das vorliegende Gesamtmanuskript – ich möchte versicherte Wertsendung vorschlagen – für einen Zeitraum von etwa zehn Wochen, also bis Ende September, zur Verfügung zu stellen. Wir werden uns weiter intensiv damit beschäftigen und sicher rasch zu einem Gesamteindruck von den vorliegenden Teilen des Werkes kommen und Ihnen, wenn sich unser jetziger, mit einigen Vorbehalten doch positiver Gesamteindruck weiterhin bestätigt, unser verbindliches Vertragsangebot machen ... Voraussetzung für unsere weiteren Verhandlungen muß sein, daß wir uns mit Ihnen ... über Art und Umfang einer sicher notwendigen Straffung des Gesamt-Manuskripts unterhalten und verständigen können.« (SuB, S. 202 ff.)

In einer Antwort schreibt der Künstler im September desselben Jahres: »Was Ihr loberfülltes Schreiben im besonderen anlangt, bin ich, Zweifler von Beginn an meines sogenannten Dichtens und bis jetzt, durch es sowohl beglückt wie tief beschämt. Ich werde anläßlich Ihrer Gegenwart diesen zwiespältigen Gefühlen, soweit sie mitteilbar sind, Ausdruck verleihen, nebst dem großen Danke, einen Verleger gefunden zu haben, der Kritik und Zustimmung in so einziger Weise vereint.«

Walter Jens äußerte sich zu dem wohl berühmtesten Werk Güterslohs im Erscheinungsjahr in seinem Aufsatz »Noch einmal die ganze Welt. Albert Paris Güterslohs österreichisch-katholische Universal-Chronik«: »Welch ein Buch, dieses schillernd-bombastische Sprach-Konvolut, dieses europäische Resümee, diese Kapuziner-Predigt eines hochgebildeten Mannes, der seinen Nestroy so gut wie seinen Thackeray kennt und doch immer Albert Paris Gütersloh bleibt...«. Zudem erschienen von dem österreichischen Künstler im Piper Verlag »Kain und Abel. Eine Legende« (1963), »Der Lügner unter Bürgern« (1964), »Der innere Erdteil. Aus den ›Wörterbüchern‹« (1966), »Die Fabel von der Freundschaft. Ein sokratischer Roman« (1969), »Eine sagenhafte Figur. Ein platonischer Roman« (1985), »Die Menschenfreunde. Erzählungen I« (1987) sowie ein von Jeremy Adler herausgegebener Materialienband »Allegorie und Eros. Texte von und über Albert Paris Gütersloh« (1987). In der Einleitung zu letzterem Titel, der aus Anlaß von Güterslohs 100. Geburtstag bei Piper erschien, heißt es:

»Gütersloh war für die Literaten ein Maler, für bildende Künstler ein Schreiber und beiden vor allem wortgewaltiger Akteur – wovon die berufenen Schauspieler auch wieder nichts wissen wollten. Er widerstand erfolgreich einer Klassifizierung, war in seiner weltanschaulichen Haltung genausowenig zuzuordnen wie als Lehrer, als Kritiker, als Mensch. ›Im Verborgenen großen Glanz verbreitend‹ (Schmeller) ›verbarg er sich im Scheinwerferlicht‹ (Hutter). Schon zu Lebzeiten wurde er mythisiert, zu einer sagenhaften Figur.«

Seit 1984 hat der Piper Verlag begonnen, in Einzelausgaben der »Serie Piper« das Werk Güterslohs neu zu edieren.

Ebenso bio-bibliographisch aufgebaut wie der neben »Sonne und Mond« 1962 erschienene Band zu Autor und Werk »Albert Paris Gütersloh«, kam auch eine Einführung in die schriftstellerische Arbeit von Stefan Andres heraus.

In diesem Jahr wurde auch die Autobiographie des belgischen Architekten und künstlerischen Revolutionärs Henry van de Velde publiziert, »Geschichte meines Lebens«. Die schwierige Arbeit der Edition des Werkes hatte Hans Curjel bewältigt, der im Nachwort dem Verleger dafür dankte, daß er »aus Überzeugung und mit größter Beharrlichkeit die Grundlagen schuf, welche die Herausgabe der Memoiren van de Veldes möglich gemacht haben«.

»Pipers Kunstkalender 1963« war der letzte, der erscheinen sollte. Den ersten hatte es für das Jahr 1928 gegeben. Es erwies sich nicht mehr als sinnvoll, isoliert nur einen einzigen Kalender im Programm zu führen.

Eine neue Serie begann, die »Unesco Taschenbücher der Kunst«. Sie brachten, textlich überarbeitet und in veränderter Reihenfolge, als wohlfeile Kleinausgaben die großen Tafelwerke, die vorher als »Unesco-Sammlung der Weltkunst« herausgekommen waren und deren letzter Band im Jahre 1964 unter dem Titel »Österreich« erscheinen sollte. Im Almanach »Stationen« zum 60jährigen Verlagsbestehen äußerte sich Klaus Piper später dazu:

> »In Zusammenarbeit mit der UNESCO und ausländischen Verlegern erscheinen die deutschen Ausgaben der UNESCO-Weltkunstsammlung in monumentalen Bänden im Verlag Piper. Das Ziel dieser Buchreihe, in mustergültigen Farbreproduktionen und durch Einführungen von Sachkennern aus den jeweiligen Ländern den Geist der frühen Malerei aller Völker sichtbar zu machen, spiegelt sich auch in den UNESCO-Taschenbüchern der Kunst, in denen dieselben Bildvorlagen verkleinert wiedergegeben sind und die ein für jedermann erschwingliches ›Hausmuseum‹ dieser Kunstschätze schaffen.« (Almanach 1904–1964, S. 20)

1963

Die Titelzahl erhöhte sich im Vergleich zum Vorjahr um die Hälfte auf insgesamt 72 Bücher.

Erstmals war der Filmregisseur und Schriftsteller Pier Paolo Pasolini (1922–1975) mit dem Roman »Vita violenta«, der in der Welt des römischen Subproletariats spielt, im Programm. Es handelt sich dabei um den bedeutendsten Roman Pasolinis, der in Deutschland im Erscheinungsjahr jedoch nur einen Verkauf von 1955 Exemplaren zu verbuchen hatte. Damals klaffte ein Abgrund zwischen der Zustimmung der Kritik und dem Interesse der Leser. Von Pasolini liegt eine umfassende Werkaus-

33 *Klaus Piper mit Giorgio Bassani bei einer Veranstaltung anläßlich des Erscheinens der »Gärten der Finzi-Contini«, 1963*

wahl vor, die einen Querschnitt durch sein Schaffen bietet. So wurden insgesamt mehr als zehn Bände herausgebracht, die die verschiedensten Gattungen umfassen, Romane, Drehbücher, Gedichte, Essays. Unter anderem folgten auf den im Jahre 1963 erschienenen Titel »Teorema oder Die nackten Füße« (1969) »Gramsci's Asche«

(1980), »Accattone« (1984), »Mamma Roma« (1985), »Die Nachtigall der katholischen Kirche« (1989), »Alì mit den blauen Augen« (1990), »La notte brava« (1990) und »Der Atem Indiens« (1992). In diesem zuletzt veröffentlichten Titel beschreibt Pasolini die Impressionen, die er 1961 auf einer gemeinsam mit Elsa Morante und Alberto Moravia unternommenen Indienreise gesammelt hat, und gibt darüber hinaus Aufschluß über seine wichtigsten Filme. In »La Repubblica« hieß es dazu: »Doch es war Pasolini, der Indien ›erfühlt‹ hat... Pasolini sieht Indien nicht mit westlichen Augen, sondern versteht es unmittelbar und tief – mit den Sinnen.« Und Urs Jenny schrieb über den Regisseur und Schriftsteller: »Pasolinis Werk wirkt deshalb so eindringlich und stark, weil er sich völlig mit den Menschen, die er zeigt, identifiziert...«. Viele der bei Piper erschienenen Bücher hatten zunächst sehr bescheidene Auflagen, gemeinsam aber war ihnen der literarische Rang und die langfristige Wirkung.

Das wichtigste Ereignis in diesem Jahr war Richard Friedenthals große Goethe-Biographie – provozierend und anregend für immer neue Leser seitdem (deutsche Gesamtauflage 191000).

Die 1952 begonnene Neuausgabe der Werke Dostojewskis wurde nun abgeschlossen mit dem »Tagebuch eines Schriftstellers«.

Zum 80. Geburtstag von Karl Jaspers erschien die von Klaus Piper herausgegebene Festschrift »Karl Jaspers – Werk und Wirkung«. Anknüpfend daran wurden im wissenschaftlichen Programm neue Autoren verlegt: Theodor Eschenburg mit dem wiederholt neu aufgelegten Standardwerk »Staat und Gesellschaft in Deutschland«

und »Die improvisierte Demokratie«, Joachim C. Fest mit »Das Gesicht des Dritten Reiches«, Ernst Nolte mit »Der Faschismus in seiner Epoche«, Alexander Mitscherlich mit »Auf dem Weg zur vaterlosen Gesellschaft« und schließlich Iring Fetscher mit dem dreibändigen Werk »Der Marxismus. Seine Geschichte in Dokumenten«.

1964

Aus Anlaß des 60jährigen Verlagsjubiläums erschien der Almanach »Stationen«, der die Gesamtproduktion seit der Gründung des Verlages auf 1567 Neuerscheinungen und 1172 Neuauflagen, zusammen 2739 Veröffentlichungen, bezifferte:

> »Kein ›wirklicher‹ Verlag sieht in den Büchern, die er Jahr für Jahr herausbringt, nur eine Folge zufälliger Entscheidungen, nur ein Resultat wahlloser Angebote und willkürlicher Auswahl. Ein Verlagsprogramm ist aber auch nie nur ein Produkt aus der Retorte. Immer ist ein System von Wahlverwandtschaften, von bestimmten ›Aufmerksamkeiten‹, von geistigen Interessen im Spiel, gepaart mit wachem Sinn für Kontinuität, organischen Zusammenhang, mit steter Bereitschaft zu fruchtbar Neuem und einer bewußten Zeitgenossenschaft mit seinen Autoren als den berufenen ›Sprechern‹ der Epoche. – Daran denken wir, wenn wir diesem Lesebuch den Titel ›Stationen‹ mitgeben.« (Almanach 1904–1964, S. 11)

In der Einleitung resümierte der Verleger die in den letzten fünfzehn Jahren eingetretene »Veränderung, auch Erweiterung des früheren Verlagsspektrums«:

»Die Nachbarschaft von Literatur als Dichtung und kritischer, weltoffener Wissenschaft im neueren Programm des Piper-Verlags ist nicht zufällig. Beide Arten schriftstellerisch gestalteter geistiger Erfahrung sind heute aufeinander angewiesen. Der Schriftsteller hat es bei einer radikalen Wahrheitssuche mit der Welt zu tun, die durch die Folgen der modernen Wissenschaft mehr und mehr verändert wird. Beide, Schriftsteller und Forscher, werden herausgefordert von ähnlichen Phänomenen und Erlebnissen. Beide wissen auch von der Unerläßlichkeit des Politischen ... Aus der Einsicht, daß ein ausgedehntes Kunstbuchprogramm heute nur noch mit voller Konzentration auf die anspruchsvollen technischen Probleme bewältigt werden kann, hat sich der Piper Verlag seit dem Krieg auf bestimmte Kunstthemen beschränkt – im Zentrum ›angestammte‹ große Künstler wie Barlach und Beckmann...« (Almanach 1904–1964, S. 13 ff.)

Und Klaus Piper betonte in besonderer Weise eine neue Qualität der Arbeit, die vor allem den Publikumsverlag charakterisiert:

»Der Begriff ›team-work‹ ist kein Schlagwort mehr, sondern praktisch gelebte Wirklichkeit. Allen, ohne deren Vertrauen, deren Hilfe und tätiges Interesse die Bücher unseres Verlags gar nicht zustande kommen könnten, möchte ich an der Schwelle zum siebten Jahrzehnt Dank sagen: den Autoren, die uns ihre Werke anvertrauen; den Buchhändlern, die sich täglich um die Verbreitung unserer Bücher bemühen; unseren Beratern, den Redakteuren und Kritikern, deren Tugend die verstehend-kritische Wachsamkeit ist; den Herstellern, die für die gute äußere Gestalt unserer Verlagswerke sorgen.« (Almanach 1904–1964, S. 24)

In der Piper-Bücherei erschien in diesem Jubiläumsjahr ein Jubiläumsbuch: der 200. Band »Autun: Weltgericht und Auferstehung«. Die Auflage aller bis 1964 veröffentlichten Bände hatte bereits vier Millionen überschritten.

Reinhard Pipers Erinnerungen »Vormittag« und »Nachmittag« kamen in einer einbändigen Neuausgabe unter dem Titel »Mein Leben als Verleger« heraus. Der Sohn äußerte sich dazu in dem Almanach:

»Als Rechenschaftsbericht eines Verlegers über sein Leben und Tun, als wirkliche Summe, ist diese Selbstbiographie unter den leider sehr spärlichen autobiographischen Dokumenten aus der Zunft der Büchermacher einzigartig. Zugleich ist dieses Werk eine intime deutsche Lebens- und Kulturgeschichte aus sieben Jahrzehnten. Ich hoffe sehr, daß Reinhard Pipers Lebenserinnerungen – in der heutigen Generation – vielen neuen Lesern die Freude bereiten wird, den Lebensgang eines Mannes zu verfolgen, der vielen schöpferischen Menschen geistiger Partner und Arbeitsgefährte war. Das waren Zeiten, wo es den Beteiligten gewiß auch auf Erfolge ankam, aber eben nicht in erster Linie auf äußere Effekte, auf opportunistische Rangordnungen, auf die Befriedigung von Ehrgeiz und Machtbedürfnis.« (Almanach 1904–1964, S. 11)

Ingeborg Bachmann erhielt in diesem Jahr den Georg-Büchner-Preis. In dem verlegerischen Gemeinschaftsunternehmen der auf Kooperationsgedanken basierenden Gruppe der »Bücher der Neunzehn« erschien aus diesem Anlaß ein erfolgreicher Bachmann-Sammelband mit Gedichten, Erzählungen, einem Hörspiel und Essays.

Von Hannah Arendt wurde der Bericht »Eichmann in Jerusalem« veröffentlicht, der auf ihrer Beobachtung des Gerichtsverfahrens von 1961 basierte, zuerst in englischer Sprache im »New Yorker« veröffentlicht worden war und weltweit Aufsehen erregte. Ihr Begriff von der »Banaliät des Bösen« hat der Problematik von Politik, Moral und Verbrechen eine neue Dimension hinzugewonnen, eine paradigmatische Metapher geprägt, die auf die Durchschnittlichkeit der Schuldigen und auf das eigentümliche Funktionieren des nationalsozialistischen Herrschaftsapparates abzielt. Alexander Mitscherlich hat zu diesem Bericht gesagt: »›Eichmann in Jerusalem‹ ist ein überaus unbequemes Buch. Für einen jüngeren Leser, der die Geschichte besser verstehen möchte, in welche die Väter verstrickt waren, scheint es mir ein vorerst unersetzliches Übungsbuch zu sein.«

Eine neue literarische Provinz im Programm und ein neuer Autor: der Brasilianer Jorge Amado (geboren 1912) mit seinem Roman »Die Abenteuer des Kapitäns Vasco Moscoso« in der Übersetzung von Curt Meyer-Clason.

Es folgten unter anderem »Nächte in Bahia« (1965), »Dona Flor und ihre zwei Ehemänner« (1968), »Viva Teresa« (1975), »Die Geheimnisse des Mulatten Pedro« (1978), »Tieta aus Agreste« (1979), »Das Verschwinden der heiligen Barbara« (1992) und »Tote See« (1993). In einer Kritik dazu hieß es: »Rauhe Wirklichkeit und von der Volksphantasie verklärter Götterglaube verbinden sich in diesem Roman zu einem beeindruckenden Zeugnis über den Lebenskampf der einfachen Menschen an Brasiliens Nordostküste. Dieses frühe Werk Amados zeichnet sich durch die erzählerische Frische und Farbigkeit aus, die den Autor berühmt machten.« Amado lebt heute in Salvador de Bahia, wo er auch geboren wurde. Curt Meyer-Clason (geboren 1910), der für den Piper Verlag die meisten Werke Amados übersetzte, lebte selbst 25 Jahre lang in Brasilien, danach war er als freier Lektor und Übersetzer in München tätig. Von 1969 bis 1976 agierte er als Leiter des Goethe-Institutes in Lissabon. Für seine zahlreichen Übertragungen, vor allem aus dem brasilianischen Portugiesisch, erhielt er den Übersetzerpreis der Deutschen Akademie für Sprache und Dichtung. Heute lebt er wieder in München. In den letzten Jahren trat er auch als Autor hervor.

1965

Nach Jürg Federspiel (»Orangen und Tode«, 1961) und Urs Jaeggi (»Die Wohltaten des Mondes«, 1963) kam mit Walter Matthias Diggelmanns (1927–1979) »Die Hinterlassenschaft« ein weiterer Schweizer Schriftsteller bei Piper heraus.

Der Literaturkritiker Marcel Reich-Ranicki (geboren 1920), von dem unter dem Titel »Literarisches Leben in Deutschland. Kommentare und Pamphlete« neue Aufsätze zur zeitgenössischen Literatur erschienen, gab im gleichen Jahr die erste seiner Anthologien mit Erzählungen aus der deutschen Literatur des 20. Jahrhunderts heraus: »Erfundene Wahrheit. Deutsche Geschichten seit 1945«. Diesem Titel folgten »Notwendige Geschichten 1933–1945« (1967), »Gesichtete Zeit. Deutsche Geschichten 1918–1933« (1969), »Anbruch der Gegenwart. Deutsche Geschichten 1900–1918« (1971), und sieben Jahre nach Erscheinen des ersten Bandes, 1972, rundete Reich-Ranicki mit »Verteidigung der Zukunft. Deutsche Geschichten seit 1960« die Anthologien zu einer umfassenden deutschsprachigen Erzählerbibliothek des 20. Jahrhunderts in fünf Bänden ab, »ein durch die Fülle und Vielseitigkeit der Motive, Temperamente und Stillagen auch den Kenner überraschendes Kompendium deutscher Erzählkunst in diesem Jahrhundert« (Almanach 1964–1974, S. 10). In der Festschrift zu Klaus Pipers 70. Geburtstag hat der Literaturkritiker diese gemeinsame Arbeit mit seinem Verleger in Erinnerung gerufen: »In Ihrem Haus sind nicht weniger als sieben Bücher von mir erschienen und überdies fünf von mir herausgegebene Anthologien. Das ist ein Stück Leben, und ich denke daran herzlich und dankbar. Bei den Anthologien wird es vielleicht besonders deutlich, welche Rolle dem Verlag zukommt. Denn ursprünglich sollte es ja nur ein einziger Band sein, die ›Erfundene Wahrheit‹. Daraus wurden mit der Zeit fünf Bände, die das Resultat gegenseitiger Anregungen und Einflüsse sind.« (M. Reich-Ranicki, in:

Für Klaus Piper zum 70. Geburtstag, S. 266–267, hier S. 266f.)

Von dem Soziologen und Politiker Ralf Dahrendorf (geboren 1929) erschien mit großer öffentlicher Wirkung eine aktuelle Deutschland-Analyse, »Gesellschaft und Demokratie in Deutschland«, eines der erfolgreichsten Bücher im politischen Piper-Programm. Es erreichte allein in den ersten drei Jahren sieben Auflagen.

> »An den letzten Abenden habe ich die zweite Hälfte des Rohmanuskripts gelesen – zunächst wieder mit dem Gefühl der staunenden Bewunderung darüber, daß es Ihnen gelungen ist, diese große Arbeit in so kurzer Zeit durchzuführen ... Was mir bis zum Schluß sehr gut gefallen hat, ist: Der innere Schwung der Darstellung, der persönliche Tenor ist durchgehend da bis zum letzten Kapitel. Das Buch ist, obwohl es politische und soziale Ereignisse, d. h. Fälle nur streift und nicht diese, sondern die Strukturen, Mentalitäten, Verhaltensweisen als Objekte der analytischen Kritik nimmt, doch überall vom Engagement des Autors geprägt ... Ich freue mich, daß wir dies höchst wichtige Buch – mit allem Nachdruck und großer Propaganda – verlegen dürfen.« (SuB, S. 209ff.)

Dahrendorf hatte zunächst Philosophie und Klassische Philologie im Hamburg, später Soziologie in London studiert. Er war Professor der Soziologie in Hamburg, Tübingen und Konstanz und unterhielt auch verschiedene Gastprofessuren in den USA. Zwischen 1968 und 1974 bekleidete er für die FDP verschiedene politische Ämter, von 1974 bis 1984 war er Direktor der London School of Economics, seit 1984 schließlich ist er Warden des St. Anthony's College in Oxford. Seit 1963 hat er neun Bücher bei Piper herausgebracht. Zu seinen Veröffentlichungen gehören unter anderem »Soziale Klassen und Klassenkonflikt in der industriellen Gesellschaft« (1957), »Pfade aus Utopia« (1967), »Lebenschancen« (1979) und »Betrachtungen über die Revolution in Europa« (1990). Mit »Gesellschaft und Demokratie in Deutschland« schloß sich Dahrendorf der Reihe der Bücher des Piper Verlages an, die sich vor allem in den 60er und 70er Jahren um eine Aufhellung der »deutschen Frage« bemüht haben, »der Frage nach den historischen Wurzeln und den politischen, gesellschaftlichen, psychologischen und moralischen Faktoren hinter der belasteten, überwiegend erschreckenden Geschichte Deutschlands in diesem Jahrhundert« (Almanach 1964–1974, S. 16). Dazu zählen neben den Schriften Karl Jaspers', der sich bis zuletzt leidenschaftlich mit den Problemen der deutschen Politik beschäftigte, auch Theodor Eschenburgs »Staat und Gesellschaft in Deutschland« (1963), »Das Gesicht des Dritten Reiches« von Joachim C. Fest (1963), Peter Hoffmanns grundlegende Darstellung der Opposition gegen Hitler »Widerstand – Staatsstreich – Attentat« (1969), Waldemar Bessons »Die Außenpolitik der Bundesrepublik« (1970), Klaus von Beymes grundlegendes Werk über die »Parlamentarischen Regierungssysteme in Europa« (1970), Kurt Sontheimers »Grundzüge des politischen Systems der Bundesrepublik Deutschland« (1971) und schließlich Karl Dietrich Brachers »Das deutsche Dilemma« (1971).

Konrad Lorenz, der für den Verlag schon als Autor

von Vorworten tätig gewesen war, legte in zwei Bänden seine gesammelten Abhandlungen »Über tierisches und menschliches Verhalten« in der Reihe »piper paperback« vor. Beide Bände zusammen haben inzwischen eine Auflage von 240 000 Exemplaren erreicht – eine außerordentliche Wirkung, wenn man bedenkt, daß diese anspruchsvollen Texte zuerst überwiegend in fachwissenschaftlichen Organen erschienen waren und dort nur einen sehr begrenzten Leserkreis erreicht hatten. Die gesammelten Abhandlungen sind inzwischen zum »Klassiker« geworden. Lorenz hat mit diesen unübertroffenen, stets an lebendiger eigener Beobachtung orientierten Studien maßgeblich dazu beigetragen, daß die vergleichende Verhaltensforschung in der Biologie eine hervorragende Stellung erringen konnte. Anhand von verblüffend anschaulichen Beispielen subtiler Tierbeobachtung führt Lorenz zu den entscheidenden Ergebnissen der Tierpsychologie hin. »Dieses Werk geht jeden an, der über das Wesen von Tier und Mensch, Körper und Seele nachdenken will«, hieß es in einer Kritik aus der »Zeit«. Mit diesem Band wurde ein Grundstein zu dem bis heute wohl bedeutendsten Naturwissenschaftsprogramm eines deutschen Publikumsverlages gelegt. Klaus Piper war auf Empfehlung von Adolf Portmann mit Konrad Lorenz (1903–1989) in Kontakt getreten. Lorenz hatte Medizin und Zoologie studiert, war 1940 Professor für vergleichende Psychologie in Königsberg, 1950 bis 1973 Direktor am Max-Planck-Institut für Verhaltensphysiologie in Buldern und später Seewiesen (bei München), danach Leiter des »Konrad-Lorenz-Instituts« der Österreichischen Akademie der Wissenschaften. Im Jahre 1973 erhielt er den Nobelpreis für Medizin und Physiologie (mit Karl von Frisch und Niko Tinbergen), es folgten zahlreiche deutsche und internationale Auszeichnungen und Ehrungen. Lorenz hat die Wissenschaft vom Leben in entscheidender Weise beeinflußt. Seine Bedeutung wird inzwischen mit der von Charles Darwin verglichen. Hatte dieser die überragende Bedeutung der Evolution herausgearbeitet, so hat Lorenz die Vergleichende Verhaltensforschung als biologische Disziplin entwickelt und die evolutionären Grundlagen des Verhaltens von Tier und Mensch erhellt. Die Wirkung seiner Arbeiten reicht weit über die Biologie hinaus – unter anderem in die Psychologie, die Soziologie und die Kulturanthropologie. Nicht zuletzt aber stellte Lorenz die Erkenntnistheorie auf ein neues Fundament. Wiederholt ist er auch als Warner und Mahner aufgetreten. Für die Erhaltung natürlicher Lebensräume und für eine »menschengerechte Welt« hat er sich wie nur wenige eingesetzt. Auf den Titel des Jahres 1965 folgten »Die acht Todsünden der zivilisierten Menschheit« (1973) – ein sensationeller Erfolg in der später begründeten »Serie Piper«, die Auflage beträgt inzwischen über 480000 Exemplare –, »Die Rückseite des Spiegels« (1973), der erste, in sich geschlossene Teil eines großen naturphilosophischen Werks, das zum Nobelpreis erschien, »Das Jahr der Graugans« (1979), »Der Abbau des Menschlichen« (1983), ein aufrüttelndes Buch zur Krise der menschlichen Gesellschaft, das in wenigen Monaten über 100000 Käufer fand, und »Hier bin ich – wo bist du?« (1988). In diesem letzten Buch – es erschien wenige Monate vor seinem Tod – beschreibt und erklärt Konrad Lorenz in der ihm eigenen lebendigen und anschaulichen Sprache das Verhalten der

Graugans, einer sozialen Tierart, die »in vielen Punkten ein dem Menschen analoges Familienleben hat«. In einer Kritik hieß es dazu: »All dies liest sich nicht in trockenem Gelehrtendeutsch. Lorenz' bildhafte Sprache läßt schmunzeln und macht anschaulich, was nicht jeder sonst gleich verstünde. Das Buch ist die Bilanz eines 75jährigen Forscherlebens, das Lebenswerk eines Mannes, der zu den großen Wissenschaftlern unserer Zeit gehört.« Zum 75. Geburtstag von Konrad Lorenz gab sein früherer Schüler Irenäus Eibl-Eibesfeldt den Sammelband »Das Wirkungsgefüge der Natur und das Schicksal des Menschen« (1978) heraus. Lorenz hat in seinem Aufsatz zu Klaus Pipers 70. Geburtstag einmal selbst über den Stellenwert seiner Arbeiten für den Verlag nachgedacht:

> »Ein Verlag hat... etwas Ähnliches wie eine eigene Handschrift, und dies ist um so merkwürdiger, je breiter das Spektrum der Autoren ist, die zu ihm beitragen. Gibt es überhaupt Gemeinsamkeiten zwischen so verschiedenen Werken wie zwischen der zarten Lyrik Christian Morgensterns... und den trockenen – und weiß Gott nicht leicht zu lesenden – erkenntnistheoretischen Erwägungen des Evolutionsforschers, der auch diese Zeilen schreibt? Die Antwort auf diese Frage hat mir vermutungsweise gedämmert, als ich die Autobiographie Reinhard Pipers gelesen habe. Seit der Verlag im Jahre 1904 ›Dafnis‹ von Arno Holz herausgebracht hat, lag das Zentrum des Interesses, das die vom Verlag getroffene Auswahl bestimmt hat, im allgemein Menschlichen. Das ist natürlich ein weit gespannter Rahmen und umfaßt in gleicher Weise Kulturelles,

Kunstgeschichtliches, Künstlerisches und Philosophisch-Ethisches wie belletristische Werke, in denen sich verwandtes Fühlen und Denken ausdrückt. Wenn man voraussetzungslos den Katalog der in den letzten Jahren bei Piper erschienenen Bücher durchliest, bestätigt sich diese Vermutung, man ist gezwungen, dem Verlag höchste Anerkennung dafür zu zollen, daß er nicht das druckt, was die Menschen gerne lesen, sondern das, was sie lesen sollten ... Wenn es in unserer Kultur irgendeine Organisation gibt, die mit einiger Erfolgshoffnung der Aufgabe dienen kann, an der Faust verzweifelt, nämlich ›die Menschen zu bessern und zu bekehren‹, dann ist es ein Verlag! Wir leben leider in einer Zeit, in der die wissenschaftliche Zeitschrift, vor allem die naturwissenschaftliche, diese Fähigkeit weitgehend verloren hat. Es gibt Dinge, die ich mit großer Sicherheit weiß, die aber kaum eine wissenschaftliche Zeitschrift abzudrucken bereit wäre. In dieser Lage sind viele Autoren... Durch diese traurige Erkenntnis wird dem Verlag eine schwere Aufgabe zugeschoben. Ohne daß der Verleger Anspruch auf Universalität erhebt, wird ihm diese als eine ethische Pflicht aufgebürdet. ›Was die Welt im Innersten zusammenhält‹, kann unmöglich im eng gespannten Rahmen einer speziellen wissenschaftlichen Zeitung veröffentlicht werden. Der Verleger muß also die schwere Verantwortung übernehmen, die Wahl zwischen sehr verschiedenen Werken und Autoren zu treffen, sehr oft auch zwischen solchen, die einander unmittelbar widersprechen. Ich weiß, wie ernst mein Freund Klaus Piper diese Aufgabe nimmt. Wo er die Verantwortung der Entscheidung nicht übernehmen kann und will, läßt er oft gegenteilige Meinungen in gleicher Weise zu Wort kommen. Das kompromißlose Streben nach dem Menschlichen bestimmt den Kurs, den der Piper Verlag jetzt seit nahezu einem Jahrhundert verfolgt.« (K. Lorenz, »Das Menschliche. Klaus Piper zum 70. Geburtstag«, in: Für Klaus Piper zum 70. Geburtstag, S. 217–219, hier S. 217ff.)

Viele Jahre lang hatte es bei Piper keine Musikbücher mehr gegeben. In diesem Jahr erschien eine umfangreiche philosophische Analyse des Wesens der Musik, »Die Grundlagen der Musik im menschlichen Bewußtsein« – ein »singuläres Ereignis ersten Ranges, dessen geistige Wirkungsgeschichte erst begonnen hat« (Almanach 1964–1974, S. 13), schrieb Klaus Piper rückblickend im Almanach des Jahres 1974 zu dem Werk. Autor war der Schweizer Dirigent und Komponist Ernest Ansermet (1883–1969). Ansermet hatte 1918 in Genf das »Orchestre de la Suisse Romande« gegründet, an dessen Spitze er sich besonders für zeitgenössische Musik einsetzte. Der mit Klaus Piper befreundete Komponist Karl Amadeus Hartmann hatte den Verleger auf dieses Werk, schon als es im Entstehen war, aufmerksam gemacht.

1966

Mit Karl Valentins »Monologen« erschien der 218. und letzte Band der 1946 begonnenen Piper-Bücherei, »die auf dem Niveau der früheren niedrigen Verkaufspreise nicht mehr fortgeführt werden konnte«. (Almanach 1964–1974, S. 14) Der Hauptgrund für die Einstellung der Piper-Bücherei war, daß sie sich nurmehr schwer gegen Taschenbücher, die zum gleichen Preis umfangmäßig mehr bieten konnten, durchzusetzen vermochte. Auf diesen Verzicht ließ der Verlag später zwei positive Schritte folgen: die »Serie Piper« als zeitgemäßes Forum (Taschenbuchausstattung) für wissenschaftliche und ausgewählte literarische Texte und die »Piper Galerie« zur Fortführung des Kunstbestandes der Piper-Bücherei.

Karl Jaspers löste im Frühjahr 1966 – die Ära Adenauer war zu Ende gegangen, die Zeit des Umbruchs begann, und die erste Krise der bundesdeutschen Demokratie zeichnete sich ab – mit seinem Buch »Wohin treibt die Bundesrepublik? Tatsachen – Gefahren – Chancen« eine große Grundsatzdebatte aus. Die Schrift enthält drei in sich selbständige Stücke, ein Gespräch mit dem »Spiegel«-Herausgeber Rudolf Augstein, »Für Völkermord gibt es keine Verjährung«, das vor den Parlamentsdebatten über die Verjährungsfrage im Februar stattfand, eine Analyse der dann tatsächlich am 10. und 25. März 1965 erfolgten Debatten und Beschlüsse sowie eine Kritik der Bundesrepublik und ihrer Politik, »Aspekte der Bundesrepublik« überschrieben, die die Wege, die der Staat damals ging, kritisch analysierte. Es war vor allem der bei weitem umfangreichste letzte Teil, der das Buch zu einer politischen Sensation machte und eine kaum zu überblickende, höchst leidenschaftlich geführte Auseinandersetzung auslöste. Dieses Kapitel provozierte geradezu die deutsche politische Öffentlichkeit, die Diskussion über Jaspers wurde so heftig, daß der Autor im darauffolgenden Jahr an seine

»Gegner« eine umfangreiche »Antwort. Zur Kritik meiner Schrift ›Wohin treibt die Bundesrepublik?‹« folgen ließ, die seine philosophisch-politische Denkungsart zusätzlich erhellte und die grundsätzlichen moralischen Kategorien, die seinen Äußerungen zugrundelagen, deutlich werden ließen. Im Vorwort zur Neuausgabe in der »Serie Piper« 1988 schrieb Kurt Sontheimer:

> »Karl Jaspers' im Frühjahr 1966 erschienene Schrift ›Wohin treibt die Bundesrepublik?‹ ist auch mehr als zwanzig Jahre nach ihrem ersten Erscheinen ein bedeutsamer philosophisch-politischer Text geblieben, obwohl, wie es scheint, die politischen Ereignisse darüber schnell hinweggegangen sind ... Das Buch ist in politisch ziemlich dürftiger Zeit entstanden ... Es ist ein historisches Dokument von singulärer Bedeutung, weil in ihm die nervöse Spannung jener Zwischenperiode zwischen der Ära Adenauer und der Ära Brandt mitschwingt und weil es vor allem die Grundfragen der politischen Existenz der Bundesrepublik erstmals in radikaler Weise stellt und erörtert ... Die von Jaspers geübte Totalkritik geht über die sonst in freiheitlichen Demokratien laufend geübte systemimmanente Kritik an bestimmten Einzelerscheinungen des politischen Lebens weit hinaus; ... Karl Jaspers war nie ein Mann der Halbheiten, der Ungenauigkeiten, der verwaschenen Kompromisse; die Radikalität seines Fragens, die Unbedingtheit seiner moralischen Gesinnung ließen es nicht zu, daß er sich der Sphäre der Politik mit jener skeptischen Gelassenheit und Nachsichtigkeit zuwandte, die ihr mehr Gerechtigkeit widerfahren läßt.

> Sein außerordentlich wirkungsvolles Buch über die Bundesrepublik ist Ausdruck einer bewußt unpolitischen, da philosophisch begründeten Auseinandersetzung mit der Politik ... Wer nach Maßstäben für die politische Kultur der Bundesrepublik sucht, die heute soviel beredet und zerredet wird, er findet sie in diesem Buch.«

Ein neuer Autor in diesem Jahr war Heinz Zahrnt (geboren 1915). Er gehört zu den bekanntesten theologischen Schriftstellern unserer Zeit. 25 Jahre lang war er Chefredakteur des »Deutschen Allgemeinen Sonntagsblattes« und ist seit 1960 im Präsidium des Deutschen Evangelischen Kirchentages, zudem Mitglied des PEN. Das in diesem Jahr veröffentlichte Buch »Die Sache mit Gott. Die protestantische Theologie im 20. Jahrhundert« fand eine Resonanz, wie sie eine derartige Darstellung bisher noch nicht erwarten konnte (Gesamtauflage 140000). In einem Brief Klaus Pipers an Zahrnt vom März 1968 heißt es zu dem Werk:

> »Großartig ist, daß ›Die Sache mit Gott‹ so ausgezeichnet weitergeht. Das ist wirklich ein theologischer Bestseller, den es so wohl noch nie gegeben hat ... Mein Freund Robert Havemann sagte mir unlängst einmal: ›Die Weltrevolution ist auf der ganzen Welt im Gange – nicht nur in den sozialistischen Ländern seit dem revolutionären Akt Lenins 1917, sondern ebenso, nur unter anderen Bedingungen und in anderen Formen, auch in den westlichen Demokratien.‹ Auf die Welt hin gesehen ist es dasselbe, wenn Sie sagen, daß das Christen-

> tum die Dimension der Zukunft wieder entdecken muß. Dabei liegt die große Herausforderung für die westlich-demokratische Welt, wahrscheinlich aber auch bald für die technologisch-entwickelten sozialistischen Länder in der Tat darin, daß die ›Fähigkeit zu wünschen‹ ermattet ist, daß ›Genuß ohne Reue‹ die wirklich elementare Einsicht zu verdunkeln scheint, daß, wie Sie zum Schluß Ihrer Ausführungen nachdrücklich feststellen, große Dinge im menschlichen Leben ohne Opfer, auch ohne die Bereitschaft zu dulden und zu leiden, nicht getan werden können.« (SuB, S. 226ff.)

Mit Zahrnts »Sache mit Gott« wurde im Programm zum erstenmal der Bereich Religion, Christentum, Weltanschauung manifest. Ihr folgten viele weitere Werke, unter anderem »Gott kann nicht sterben« (1970), »Warum ich glaube – Meine Sache mit Gott« (1977), »Westlich von Eden. Zwölf Reden an die Verehrer und die Verächter der christlichen Religion« (1981), »Wie kann Gott das zulassen?« (1985), »Jesus aus Nazareth. Ein Leben« (1987), »Gotteswende. Christsein zwischen Atheismus und Neuer Religiosität« (1989) und schließlich »Leben – als ob es Gott gibt. Statt eines Katechismus« (1992). In diesem neuesten Buch wendet sich Zahrnt den vier fundamentalen Dokumenten der Bibel zu: Schöpfungsgeschichte, zehn Gebote, Vaterunser und Bergpredigt. Seine erklärte Absicht ist, allen Glaubenden wie Nicht-Glaubenden eine zeitgemäße Darstellung der christlichen Religion an die Hand zu geben: »Damit kommt die Absicht dieses Buches in Sicht. Es möchte christliches Grundwissen bieten. Statt das kirchliche Lehrgebäude in seinem ganzen Umfang zu restaurieren, konzentriert es sich auf die Erhaltung des Fundaments. Es riskiert das, was man früher vielleicht einen Katechismus genannt hätte.« Letztlich geht es Zahrnt darum, den Menschen anhand dieser vier Grunddokumente das Christentum zu erklären: »Welche Wahrheit ein Mensch auch wählt, er kommt nicht um die Zumutung herum, daß er sich auf etwas einlassen und einen Vorschuß an Vertrauen wagen muß. Bei der Begegnung mit dem christlichen Glauben geht es nicht anders zu. Wer Gott erkennen will, muß – wie auch sonst im Leben – auf etwas setzen, was er nicht weiß. Er muß glauben, denken, handeln – als ob es Gott gibt.«

1967

Hannah Arendt erhielt den Sigmund-Freud-Preis für wissenschaftliche Prosa der Akademie für Sprache und Dichtung in Darmstadt; als »piper paperback« erschien von ihr »Vita activa oder Vom tätigen Leben«.

Eine neue Reihe wurde gestartet, die zugleich ein neues Themenfeld erschloß: »Erziehung in Wissenschaft und Praxis«, die bis 1979 erschien. Hans Walter Bähr hatte den Kontakt zum Herausgeber Andreas Flitner (geboren 1922) vermittelt. Flitner war von 1958 bis 1988 Professor für Pädagogik in Tübingen, seit 1991 unterhält er eine Gastprofessur in Jena. Die Überlegung zur Gründung der Reihe »Erziehung in Wissenschaft und Praxis« war, »daß die Sozial- und Verhaltenswissenschaften und mit ihnen die Pädagogik sich in zwei gegenläufigen Prozessen be-

34 *Die Autoren Alexander (links) und Margarete Mitscherlich mit Lektor Michael Wegner, Iring Fetscher (zweiter von rechts) und dem Verlagsleiter Hans Rössner (rechts) bei der Präsentation des Buches »Die Unfähigkeit zu trauern«, 1967*

haupten müssen: einmal in der Verfachlichung, Spezialisierung, ›Professionalisierung‹...; auf der anderen Seite jedoch in dem zunehmenden Interesse einer breiteren Öffentlichkeit, die an dieser Praxis und Wissenschaft teilnehmen will und von ihr betroffen ist, die sie verstehen will und auch ihre schwierigen Texte nicht scheut« (A. Flitner, Almanach 1964–1974, S. 567). Die beiden ersten Bände waren »Jugend im Gefängnis« von Theodor Hofmann und »Der schlechte Schüler« von Elfriede Höhn, der sieben Auflagen erlebte. Klaus Piper äußerte sich rückblickend im Almanach zum 70. Verlagsjubiläum zu diesem Unternehmen:

> »Der konsequenten Programmpolitik des Herausgebers Andreas Flitner ist Ansehen und Erfolg der 1967 erstmals erschienenen pädagogischen Reihe ›Erziehung in Wissenschaft und Praxis‹ (EWP) zu danken..., die sich an Studenten der Pädagogik, an Lehrer, Dozenten und interessierte Bürger, insbesondere Eltern wendet... Einige Titelaussagen mögen die thematische Reichweite der Reihe EWP beleuchten: Einführung in pädagogisches Sehen und Denken, Der schlechte Schüler, Der Lehrer in Schule und Gesellschaft, Team Teaching, Evaluation, Spracherwerb, Brennpunkte gegenwärtiger Pädagogik, Gesamtschule, Curriculumentwicklung.« (Almanach 1964–1974, S. 21)

Alexander (1908–1982) und Margarete Mitscherlich (geboren 1917) legten die epochemachende Analyse »Die Unfähigkeit zu trauern. Grundlagen kollektiven Verhaltens« vor (Auflage bis heute über 100000). Dieses Buch hat eine Bewußtseinsveränderung in Deutschland bewirkt: »Erfolgreiches politisches und soziales Handeln ist heute nicht nur auf ökonomische und technische Kenntnisse, sondern auch auf psychologische Einsichten angewiesen. – Alexander Mitscherlich wurde 1968 in Anerkennung seiner einflußreichen Arbeiten, die in originellen Denkansätzen zum Verständnis der individuellen und kollektiven Psyche führen, mit dem Friedenspreis des deutschen Buchhandels ausgezeichnet.« (Almanach 1964–1974, S. 18) Alexander Mitscherlich erhielt 1967 den Lehrstuhl für Psychologie an der Universität Frankfurt/Main und leitete von 1959 bis 1976 das Sigmund-Freud-Institut. Zu seinem 70. Geburtstag gab Gert Kalow (1921–1991), Germanist, Publizist und Redakteur des Hessischen Rundfunks sowie ehemaliger Vizepräsident des PEN-Zentrums der Bundesrepublik Deutschland, das Lesebuch »Das Ich und die Vielen« heraus. Margarete Mitscherlich ist Ärztin und Psychoanalytikerin in Frankfurt am Main und veröffentlichte bei Piper außerdem »Müssen wir hassen?« (1972), »Das Ende der Vorbilder. Vom Nutzen und Nachteil der Idealisierung« (1978), »Die Zukunft ist weiblich« (1990) und gemeinsam mit Brigitte Burmeister »Wir haben ein Berührungstabu« (1993). Dieses Gespräch zwischen zwei Frauen ist ein Versuch notwendiger Verständigungsarbeit zwischen den beiden Teilen Deutschlands, die sich in vierzig Jahren ungleicher Geschichte fremd geworden sind. Es ist beispielhaft darin, gegenseitige Vorurteile abzubauen.

Von Peter Huchel (1903–1981), der 1971 von Ost-Berlin in die Bundesrepublik übersiedelte, erschienen Gedichte aus den Jahren 1925 bis 1947 unter dem Titel »Die Sternenreuse«. Zu seinem 65. Geburtstag gab Otto F. Best, der von 1960 bis 1968 Lektor bei Piper war, den Band »Hommage für Peter Huchel« heraus. Huchels lyrische Arbeiten zählen zu den bedeutendsten Werken, die die deutsche Literatur dieses Jahrhunderts hervorgebracht hat. Walter Jens sagte über den Dichter:

> »Ein Mann, vor dessen Kunst wir uns verneigen, hat gezeigt, daß es auch in unserer Zeit noch möglich ist, das Schwierige einfach zu sagen; er hat bewiesen, daß

die Dunkelheit dort endet, wo Genialität und moralische Kraft, Kalkül und Zeugnis sich vereinen. Wo endlich wieder Ernst gemacht wird und wo man den Glanz der Hoffnung so wenig leugnet wie die Melancholie des Erinnerns und ... die Verpflichtung zum Belehren so ruhig anerkennt wie die Verzweiflung und Würde des Todes.«

Die »Sammlung Piper« wurde im Jahre 1967 eingestellt. An ihre Stelle trat 1970 die »Serie Piper«.

Als kleine Geschenkreihe wurde »Piper-Präsent« konzipiert – preiswerte, reizvoll gestaltete Bände mit Erzählungen, Briefen und Anekdoten: »Heiteres, Witziges, Nachdenkliches, Ursprüngliches – aber kein tierischer Ernst –, das ist die Devise der beliebten Geschenkbände unserer Reihe ›Piper-Präsent‹, in der sich Erzählungen, Limericks, Gedichte, Parodien, Anekdoten finden...« (Almanach 1964–1974, S. 11) Eröffnet wurde die Reihe mit Anne Morrow Lindbergh, Heinrich Spoerl, Karl Valentin und »Blick aus Mandelaugen« von der Japanerin Hisako Matsubara.

1968

Von Hildegard Hamm-Brücher (geboren 1921), damals Staatssekretärin im hessischen Kultusministerium, erschienen in diesem Jahr gesammelte Aufsätze unter dem Titel »Gegen Unfreiheit in der demokratischen Gesellschaft. Aufsätze – Debatten – Kontroversen«. Hildegard Hamm-Brücher hatte Chemie in München studiert und im Jahre 1945 promoviert. Seit 1948 ist sie Mitglied der

FDP, 1964 bis 1976 war sie Mitglied des Bundesvorstandes, 1972 bis 1976 stellvertretende Bundesvorsitzende. Seit 1964 ist Hildegard Hamm-Brücher Vorsitzende der Theodeor-Heuss-Stiftung e. V. und seit 1948 als Stadträtin, Landtags- und Bundestagsabgeordnete, Staatssekretärin und Staatsministerin im politischen Leben tätig. 1990 schied sie aus dem Bundestag aus. Funktionsfähigkeit und Ansehen des Bundestages sowie eine Erneuerung der parlamentarischen Demokratie waren Anliegen, für die sie in den letzten Jahren kämpfte, zuletzt als Begründerin einer Initiative zur Reform des Parlaments. In einem Brief Klaus Pipers vom November 1966 – die FDP gehörte nicht mehr dem Landtag an – hieß es:

»Politische Rückschläge bringen auch ihr Gutes mit sich, und so werden Sie nunmehr, wie die ›Abendzeitung‹ soeben berichet, Zeit finden für zwei Buchpläne, die Ihnen sicher schon länger vorschweben, deren schriftstellerische Realisierung aber bisher bei Ihrer so intensiven politischen Tätigkeit Wunsch bleiben mußte.

Beide Pläne, ›Der Wettlauf zum Jahre 2000‹ – die Auswertung Ihrer zahlreichen bildungspolitischen Reisen – und eine Sammlung aus Ihren Reden und Aufsätzen über den ›Liberalismus heute‹, würden mich wie auch meine Mitarbeiter außerordentlich interessieren. ... Wenn politisch-philosophische, politische, soziologische Bücher, die dem geistigen ›Zeitprozeß‹ helfen wollen, seit Jahren im Mittelpunkt unseres Verlagsprogramms stehen, dann ist dies entscheidend ein Ergebnis meiner eigenen Lebenserfahrung – den Erfahrungen

> meiner Generation, die es diesmal nicht versäumen darf, sich, jeder an seinem Platz, politisch zu engagieren. Dabei der Begriff ›politisch‹ natürlich weit genommen.« (SuB, S. 220)

Zu Hildegard Hamm-Brüchers Veröffentlichungen gehören unter anderem: »Aufbruch ins Jahr 2000« (1967), »Unfähig zur Reform? Kritik und Initiativen zur Bildungspolitik« (1972), »Der Politiker und sein Gewissen. Eine Streitschrift für mehr Freiheit« (1983), »Gerechtigkeit erhöht ein Volk. Theodor Heuss und die deutsche Demokratie« (1984), »Der freie Volksvertreter – eine Legende? Erfahrungen mit parlamentarischer Macht und Ohnmacht« (1990) und nicht zuletzt auch »Wider die Selbstgerechtigkeit. Nachdenken über Sein und Schein der Westdeutschen« (1991).

Eine neue Autorin war die Lyrikerin Hilde Domin (geboren 1912). Von ihr erschienen in diesem Jahr der Roman »Das zweite Paradies« und die Essaysammlung »Wozu Lyrik heute«, die in kurzer Zeit drei Auflagen erlebte. In ihrem Beitrag in der Festschrift zu Klaus Pipers 70. Geburtstag schrieb sie in einem Brief an den Verleger über die Bekanntschaft mit dem Haus Piper:

> »Unsere erste wirkliche Begegnung hatten wir 1967, als Otto F. Best, Ihr damaliger Lektor, zu einem Vortrag kam, den ich in Friedrich Sengles Seminar hielt, und mich überredete, Ihr Autor zu werden. (Best hatte mich bereits zu gewinnen versucht, als er noch Lektor bei Witsch und mein erster Vertrag mit S. Fischer gerade unterschrieben war, 1959. Aber damals traf er auf

taube Ohren.) 1967 gingen die drei Lyriker des S. Fischer Verlags fremd, fast im gleichen Monat. Huchel und ich kamen zu Ihnen, Celan ging zu Suhrkamp. So begann für mich, was ich eine ›verlegerische Bigamie‹ nennen würde ... Meine Bücher sind, wie Sie es nannten, ›longseller‹, und damit haben Sie recht behalten. Wir machten sofort zwei Bücher aus, beide für 1968: ›Wozu Lyrik heute. Dichtung und Leser in der gesteuerten Gesellschaft‹, das gleichzeitig gebunden und als Piper-Paperback erschien und Glück hatte, obwohl oder auch weil 1968 ein poesiefeindliches Jahr war. Joachim Günther schrieb damals, das Buch wolle ›die angedrohte Hinrichtung der Poesie noch im letzten Augenblick verhindern und das Messer des Henkers gleichsam über dem Halse des Opfers aufhalten‹ ... So komme ich also seit 1967... in die Georgenstraße 4... und durfte dort... an der sorgfältigen Ausstattung der Bücher mitarbeiten. Ähnlich wie seinerzeit Knaus die Figur des Juan Gris'schen Gitarrenspielers in jedem Format über die Seite gleiten ließ, so jonglierten Heinz Sarkowski und ich jetzt mit dem Titel von ›Wozu Lyrik heute‹, der sich auf viele Weisen lesen läßt: von vorne nach hinten und zurück und noch in die Quere. Das Buch war die reine Freude. Auch der Umschlag des Romans, der im Herbst 1968 folgte, war ungewöhnlich... Der Piper Verlag war dem von Ihnen und Ihrem Vater postulierten Prinzip des ›besonders ausgestatteten Buchs‹ auch in diesen Fällen treu geblieben.« (Hilde Domin, in: Für Klaus Piper zum 70. Geburtstag, S. 42–47, hier S. 45 f.)

Hilde Domin hatte Jura und politische Wissenschaften (unter anderem bei Gustav Radbruch, Karl Jaspers und Karl Mannheim) studiert, 1935 promovierte sie in Florenz. In ihrem 22 Jahre währenden Exil in Italien, England und Santo Domingo war sie als Universitätslehrerin, Übersetzerin, Photographin und Mitarbeiterin ihres Mannes Erwin Walter Palm tätig. 1954 kehrte sie nach Deutschland zurück und lebt seit 1961 in Heidelberg. In ihrer Rede bei der Verleihung des Nelly-Sachs Preises 1983 sagte sie, »daß die deutschen Dichter jüdischen Schicksals aus der Verfolgung als Boten der Versöhnung, nicht des Hasses, heimgekehrt sind ins Sprachzuhause.« Ihre ersten Gedichte schrieb sie 1951, seit 1957 publiziert sie. Inzwischen sind ihre Werke in 15 Sprachen übersetzt. Unter ihren zahlreichen Auszeichnungen und Ehrungen sind vor allem hervorzuheben: Ida-Dehmel-Literaturpreis 1968, Meersburger Droste-Preis für Dichterinnen 1971, Heinrich-Heine-Medaille 1972, Roswitha-Plakette der Stadt Bad Gandersheim, Rainer-Maria-Rilke-Preis 1976, Richard-Benz-Medaille der Stadt Heidelberg, Ehrengast der Villa Massimo 1985, Carl-Zuckmayer-Medaille 1992 sowie der Hölderlin-Preis 1992. Zu ihrem 80. Geburtstag am 27. Juli 1992 hat Hilde Domin ihre autobiographischen Schriften und ihre Essays neu zusammengestellt, gegenüber den früheren Bänden »Von der Natur nicht vorgesehen. Autobiographisches« (1974) und »Aber die Hoffnung. Autobiographisches. Aus und über Deutschland« (1982) erheblich erweitert und im Piper Verlag unter den Titeln »Gesammelte autobiographische Schriften« und »Gesammelte Essays« veröffentlicht. Wie 1987 die »Gesammelten Gedichte« geben sie einen vollständigen Blick auf Leben und Denken einer Autorin, die als engagierte Zeugin dieses Jahrhunderts dennoch an die Zeiten der Verfolgung mit Dankbarkeit zurückdenkt: dankbar für die Hilfe, die ihr in Augenblicken »akuter Krisen« zuteil geworden ist und ohne die sie nicht überlebt hätte. Als weitere Veröffentlichungen sind zu nennen: »Ich will dich. Gedichte« (1970) und »Das Gedicht als Augenblick von Freiheit. Frankfurter Poetik-Vorlesungen 1987/1988« (1988).

1969

Karl Jaspers, mit dem Klaus Piper zwanzig Jahre lang in enger Zusammenarbeit verbunden war, starb im Alter von 86 Jahren in Basel. Hans Saner gab aus dem Nachlaß Gespräche in Interviews heraus, »Provokationen«.

Georg Picht forderte zum »Mut zur Utopie« auf.

Der Professor für politische Wissenschaften an der Universität Heidelberg, Klaus von Beyme (geboren 1934), wurde Autor des Verlags mit »Interessengruppen in der Demokratie«. Seit 1969 sind von ihm vierzehn Bücher bei Piper erschienen.

Ein Ereignis in diesem Jahresprogramm war eine wissenschaftlich-humanistische Autobiographie Werner Heisenbergs (1901–1976), des Nobelpreisträgers für Physik von 1932, »Der Teil und das Ganze. Gespräche im Umkreis der Atomphysik« (Gesamtauflage 125000). In einer Kritik der »Neuen Zürcher Zeitung« hieß es zu dieser Lebensgeschichte eines der bedeutendsten Wissenschaftler unserer Zeit: »Die Gespräche über Philosophie, Physik und Politik sind in glücklicher Weise eingespannt in eine Autobiographie Heisenbergs. Naturerlebnisse und Begegnungen mit Menschen sind eindrucksvoll, manchmal poetisch geschildert.« Und Adolf Portmann in der »Frankfurter Allgemeinen Zeitung«: »Heisenbergs Buch ist ein großartiges Zeugnis der wissenschaftlichen Methode. Durch diese Weite des Blicks und das kritische Wissen um Grenzen geht sein Werk alle Forschenden an und alle, die in der Verflechtung von Lebenspraxis und wissenschaftlicher Theorie ein besonderes Problem unserer Zeit mit ihrer unheimlichen Steigerung der Forschung sehen.« Und der Verleger selbst zu der Veröffentlichung des Jahres 1969: »Daß uns Werner Heisenberg (Nobelpreis 1932) seine wissenschaftliche Autobiographie ›Der Teil und das Ganze‹ anvertraute, buche ich als Glücksfall. Die Umwälzungen im physikalischen Denken des 20. Jahrhunderts sind auch die zentrale Thematik von Heisenbergs zuletzt erschienenem Buch ›Schritte über Grenzen‹.« (Almanach 1964–1974, S. 20) Werner Heisenberg hatte in München und Göttingen Physik studiert und war ab 1927 Professor für theoretische Physik an der Universität Leipzig. Im Jahre 1942 wurde er als Direktor des Kaiser-Wilhelm-Instituts für Physik nach Berlin berufen, 1946 errichtete er das Max-Planck-Institut für Physik in Göttingen, mit dem er 1958 nach München übersiedelte. Von 1953 bis 1975 war er Präsident der Alexander-von-Humboldt-Stiftung, von 1966 bis 1972 zudem Vizepräsident der Max-Planck-Gesellschaft. Die Zeit, in der Heisenberg lebte und wirkte, war eine äußerst politische. Auch der Physiker mußte seinen Elfenbeinturm verlassen und zu Tagesfragen wie übergeordneten Problemen Stellung nehmen, die die Entwicklung der Physik und ihrer Lehre oder die Anwendung und den Mißbrauch physikalischer Ergebnisse durch die Industrie und den Staat betrafen. Die Verteidigung grundlegender wissenschaftlicher Theorien und Methoden gegen ideologische Angriffe im »Dritten Reich« spielte in Heisenbergs Leben eine ebenso entscheidende Rolle wie seine Anstrengungen, die Forschung in Deutschland nach 1945 systematisch wieder aufzubauen und die deutschen Wissenschaftler in die internationale Gemeinschaft zurückzuführen. Daß die gewichtigen Aufgaben der modernen Physik oft nur in großem Stil durch nationale und internationale Zusammenarbeit erfolgreich angepackt werden können, hat Heisenberg sein Leben lang verfochten. Auch hat er sich stets dafür eingesetzt, daß die naturwissenschaftlichen Erkenntnisse und Methoden früh in die Erziehung junger Menschen an Schulen und Hochschulen eingingen. Auf seine Veröffentlichung des Jahres 1969 folgten im Piper Verlag »Tradition in der Wissenschaft. Reden und Aufsätze« (1977) sowie eine Publikation über Werk und Wirkung von Werner Heisenberg »Denken und Umdenken« (1977), für die Alexander-von-Humboldt-Stiftung herausgegeben von Heinrich Pfeiffer, »Ordnung der Wirklichkeit« (1989) und schließlich »Deutsche und Jüdische Physik« (1992).

1970

Stefan Andres starb im Juli in Rom, wo er auf dem Campo Teutonico begraben liegt. Er war seit 1948 Autor des Verlages gewesen und dem Verleger zum Freund geworden.

Von seinen Büchern wurden allein in Originalausgaben fast 700000 Exemplare verkauft. Der Roman »Die Versuchung des Synesios«, den Andres vor seinem Tode gerade noch fertiggestellt hatte, kam im folgenden Jahr heraus.

Die »Serie Piper« begann zu erscheinen: »Die Zielsetzung der ›Serie Piper‹ ist es, dem intellektuellen Potential des gesamten Verlagsprogramms durch die rationellen Herstellungs- und Vertriebsmöglichkeiten der zeitgemäßen, einheitlich gestalteten Taschenausgabe zu optimalen zusätzlichen Wirkungen zu verhelfen.« (Almanach 1964–1974, S. 5f.) Die ersten Autoren im Herbst 1970 waren Hannah Arendt mit »Macht und Gewalt«, Alexander und Margarete Mitscherlich mit »Eine deutsche Art zu lieben«, Barbara Bronnen mit »Ich bin Bürger der DDR und lebe in der Bundesrepublik« und Aldous Huxley mit »Die Pforten der Wahrnehmung – Himmel und Hölle«. Diese ersten vier Bände erreichten zusammen eine Auflage von 95000 Exemplaren. Das Programm wurde mit jährlich etwa 40 Bänden ausgebaut, so daß Klaus Piper im Almanach 1964–1974 die Zahl der bisher erschienenen Bücher auf eineinviertel Millionen beziffern konnte.

Robert Havemann, Kämpfer für einen freiheitlichen Sozialismus und Jugendfreund von Klaus Piper, legte ein politisch-autobiographisches Buch vor, »Fragen Antworten Fragen. Aus der Biographie eines deutschen Marxisten«. Es folgten die Titel »Rückantworten an die Hauptverwaltung ›Ewige Wahrheiten‹« (1971), »Ein Marxist in der DDR« (1980), eine Schrift, die zu Havemanns 70. Geburtstag erschien, sowie im gleichen Jahr

»Morgen. Die Industriegesellschaft am Scheideweg. Kritik und reale Utopie«. Klaus Piper gibt in einer Hausnotiz vom März des Jahres seinen Eindruck vom Manuskript wieder:

> »Robert Havemanns neues Buch, Frucht seines politischen Denkens und seiner gesamten Lebenserfahrung in vielen Jahren, ist wichtig aus mehreren Gründen: Sein Autor ist ein unabhängiger Geist. Er hat sich nie sein Denken von anderen vorschreiben lassen, er ist für seine Überzeugung mutig und ohne sich einem bequemen Opportunismus irgendwie anzupassen, in der Nazi-Zeit (wo er zum Tod verurteilt wurde) und, nach seiner Überzeugung als loyaler Sozialist, ebenso im totalitären Regime der DDR eingetreten. Die Informationen und Deutungen, die Havemann in diesem Buch zu den kritischen Hauptmomenten der gegenwärtigen Weltlage liefert, haben besonderes Gewicht dadurch, daß der Autor hier auch sein Rüstzeug als Naturwissenschaftler eingebracht hat ...
>
> Auch für den Leser, der die sozialistische Grundposition des Autors nicht teilt, ist dies Buch wichtig. Denn er wird, wenn er sich in seiner anderen Position nicht völlig eingeigelt hat, in den geistigen Dimensionen und in den Perspektiven dieses Buches eine neue Sicht auf die Probleme, die sich uns allen aufdrängen, gewinnen.« (SuB, S. 265 f.)

Reinhard Pipers Witwe Gertrud starb im Alter von 84 Jahren in München. Ulrike von Puttkamer, geborene Piper, schied als Kommanditistin aus der Firma aus.

Klaus Piper erhielt in diesem Jahr eine weitere Auszeichnung, ihm wurde das Bundesverdienstkreuz I. Klasse verliehen.

1971

Die Titelzahl war mit 76 die bisher höchste in der Geschichte des Verlages.

Neu begründet wurde die Reihe »Piper Sozialwissenschaft«, die bis 1979 erschien:

> »Zur geistigen Ausrüstung für die politischen, administrativen und wirtschaftlichen Aufgaben der Gegenwart bedarf es wissenschaftlich gründlich erarbeiteter, aktualitätsbezogener, politikwissenschaftlicher und soziologischer Literatur. Dieses Bedürfnis ist Basis für die... Reihe ›Piper Sozialwissenschaft‹ (PSW). Die Reihe gliedert sich in die Gruppe Politologie (Herausgeber Klaus von Beyme und Kurt Sontheimer); Soziologie (Herausgeber Friedhelm Neidhardt, Fritz Sack und Rüdiger Lautmann); ferner die Sondergruppe ›Internationale Politik‹ (Herausgeber Karl Kaiser und Hans-Peter Schwarz). Einige Titelelemente sollen auch hier das Programm der Gesamtreihe PSW veranschaulichen: Grundzüge der politischen Systeme, die Eliten, das Nord-Süd-Problem, politische Planung, Demokratiegründung, Vereinte Nationen und strukturelle Gewalt, Politische Kommunikation, Umweltgefährdung und Gesellschaftssystem.« (Almanach 1964–1974, S. 21 f.)

Die ersten beiden Bände waren Klaus von Beymes »Die politische Elite in der Bundesrepublik Deutschland« und Kurt Sontheimers »Grundzüge des politischen Systems der Bundesrepublik Deutschland«; dieser Band wurde mit bisher sieben Auflagen und einer Gesamtzahl von 77000 Exemplaren der »Bestseller« der Reihe. Kurt Sontheimer (geboren 1928) ist Professor am Geschwister-Scholl-Institut für Politische Wissenschaft der Universität München. Im Jahre 1993 gab er eine völlig überarbeitete Neuausgabe seines – im Jahre 1971 in der Erstauflage erschienenen – bewährtesten und erfolgreichsten Buches heraus. Der Autor hat darin die Entwicklung Deutschlands seit der Einheit bis in die Gegenwart fortgeschrieben. Damit liegt eine Einführung in das politische System Deutschlands vor, die für die alten und die neuen Bundesländer gültig ist. Sontheimer untersucht darin, welche Perspektiven sich durch den Beitritt der früheren DDR für das vergrößerte Deutschland ergeben. Als weitere Veröffentlichungen sind unter anderem zu nennen: ein zweiter Titel in der Reihe »Piper Sozialwissenschaft«, »Das politische System Großbritanniens« (1972), »Handbuch des deutschen Parlamentarismus. Das Regierungssystem der Bundesrepublik in 270 Stichworten« gemeinsam mit Hans-Helmut Röhring (1970), »Die verunsicherte Republik. Die Bundesrepublik nach 30 Jahren« (1979) sowie »Deutschlands Politische Kultur« (1990).

In der »Serie Piper« kamen vierzehn Titel heraus, darunter Karl Jaspers' »Einführung in die Philosophie«, die bereits in der 46. Auflage ist und weithin als Lektüre an den Universitäten Eingang gefunden hat, wiewohl sie von Jaspers als Rundfunkmanuskript konzipiert war.

Von Werner Heisenberg, der im Vorjahr den Sigmund-Freud-Preis für wissenschaftliche Prosa der Deutschen Akademie für Sprache und Dichtung erhalten hatte, erschienen Reden und Aufsätze unter dem Titel »Schritte über Grenzen«.

Von dem französischen Physiologen Jacques Monod (1910–1976), Träger des Nobelpreises für Physiologie und Medizin von 1965, veröffentlichte der Verlag »Zufall und Notwendigkeit. Philosophische Fragen der modernen Biologie«. Die deutsche Ausgabe des mit »wissenschaftlicher Dramatik« geschriebenen Buches erreichte in der Übersetzung von Friedrich Griese in drei Jahren 71 000 Exemplare. Das Vorwort für die deutsche Ausgabe schrieb Manfred Eigen, deutscher Fachkollege von Monod. In dem Almanach des Jahres 1974 hieß es: »Die herausfordernden biologisch-philosophischen Thesen des französischen Molekularbiologen Jacques Monod in seinem Buch ›Zufall und Notwendigkeit‹ haben manchen Leser fast erschreckt.« (Almanach 1964–1974, S. 20)

1972

In diesem Jahr wurden die Reihe »piper paperback« und die »Reihe Roter Schnitt«, die im Jahre 1968 mit Alexander Kluges »Die Artisten in der Zirkuskuppel: ratlos – Die Ungläubige – Projekt Z – Sprüche der Leni Peickert« begonnen worden war und ab Band sieben diesen Serientitel erhielt, eingestellt. In der »Reihe Roter Schnitt« waren auch Veröffentlichungen des Werkkreises Literatur der

Arbeitswelt erschienen, so 1971 der Band »Lauter Arbeitgeber. Lohnabhängige sehen ihre Chefs«, herausgegeben von der Werkstatt Tübingen (Jürgen Alberts, Albert Scherer und Klaus Tscheliesnig).

Seit Mitte der 60er Jahre war der Verlag recht eigentlich der Verlag von Klaus Piper geworden. Das zeigte sich nicht nur am weiteren Ausbau der wissenschaftlichen Titel (Naturwissenschaft mit Schwerpunkt Verhaltensforschung, Philosophie und Psychologie) und der Sachbuchreihe (Gebiete Moderne Welt, Zeitgeschichte, Biographie und Autobiographie, Kulturgeschichte, Theater, Musik, Bildende Kunst), sondern auch in der Verpflichtung von Bestsellerautoren, wie zunächst Frederick Forsyth und in den darauffolgenden Jahren Lothar-Günther Buchheim und Hans Küng. Im Juli 1972 schilderte Klaus Piper, wie er die Bekanntschaft Forsyths beziehungsweise seines ersten Romans gemacht hatte:

»Buchmesse 1970 in Frankfurt. Wie zu Beginn jeder Messe herrschte jene besondere Stimmung der Erwartung. Gleich als erstes machte ich einen Rundgang zu den ausländischen Verlagen in der neuen riesigen Messehalle. Ich wollte ein wirklich spannendes Buch finden, das für einen großen Leserkreis attraktiv ist ... Bei Hutchinson & Co., einem der größten britischen Verlage, traf ich am Stand den stets freundlichen und informationsbereiten Editor Harold Harris. ›Ich glaube, ich habe etwas Besonderes‹, sagte Mr. Harris, ›hier ist das Exposé. Es dreht sich um die Geschichte eines Attentatsversuchs auf de Gaulle. Das ist hervorragend erzählt. Der Autor hat wirklich recherchiert.

Nehmen Sie das Exposé mit und lesen Sie es in Ruhe.‹ Ich las das Exposé – es war für sich ein kleines Meisterwerk. So dicht gefügt, so anschaulich, daß das ›dahinterstehende‹ Buch von wohl 400 Seiten oder mehr in diesen 7 oder 8 Seiten greifbar vor mir stand. Ich ging wieder herüber zu unserem Stand in der anderen Halle und drückte die Blätter, über denen als Titel THE DAY OF THE JACKAL stand, Walter Fritzsche in die Hand. Der Lektor stimmte zu: Wäre das Buch nur halb so spannend wie das Exposé – es wäre immer noch aufregend genug. Eine Reise nach London war fällig. Dort, am Sitz des Originalverlags, machte ich den Vertrag perfekt.« (SuB, S. 244)

So war 1972 vor allem das Jahr des »Schakal«. Sein Autor Frederick Forsyth (geboren 1938) stellte sich als Meister des Polit-Thrillers von einer in dieser Form noch nicht erlebten erzählerischen Stringenz vor. Zunächst war er als Journalist, dann als Auslandskorrespondent in Frankreich, der DDR, Tschechoslowakei und der Bundesrepublik tätig gewesen, später auch in Brüssel, Madrid, Budapest und Rom, ab 1965 arbeitete er als Fernsehreporter der BBC unter anderem in Westafrika. Forsyth lebt heute als freier Schriftsteller in London. In zwei Jahren wurden von der deutschen Original-Ausgabe seines »Schakal«, der ihn auf einen Schlag berühmt machte, fast 200 000 Exemplare in 8 Auflagen verkauft, dazu kamen hohe Lizenzabschlüsse. Bis heute hat dieser erste Roman des Erfolgsautors in der Übersetzung von Tom Knoth eine deutsche Gesamtauflage von über 1,7 Millionen Exemplaren erreicht. Ähnlich erfolgreich erwies sich auch

Forsyths zweiter Roman, »Die Akte ODESSA«, der schon im darauffolgenden Jahr bei Piper veröffentlicht wurde. Der Roman schildert die Geschichte der Jagd eines jungen deutschen Journalisten auf einen SS-Mörder (O.D.E.S.S.A. ist der Deckname für die Organisation Der Ehemaligen SS-Angehörigen, die nach dem Krieg versuchten, unterzutauchen und sich durch Empfehlungen gegenseitig wieder in bürgerliche Stellungen zu bringen). Forsyth selbst hatte dem Verleger gegenüber Zweifel geäußert, ob dieser Roman für eine deutsche Veröffentlichung geeignet sei, da der Inhalt wohl kaum die mittlere Lesergeneration ansprechen und interessieren könne. Klaus Piper erwiderte, daß er mit einer Startauflage von 100000 Exemplaren an die Öffentlichkeit treten wolle. So konnte er im Almanach des Jahres 1974 bereits über zwei Erfolge Forsyths innerhalb Deutschlands berichten: »›Der Schakal‹ und ›Die Akte ODESSA‹ zählen zu den größten Bucherfolgen des Piper Verlags. Forsyth hat mit beiden Büchern ›Welterfolge‹ geschrieben und die Gattung des Polit-Thrillers um eine besonders spannende und nahtlos in authentische Ereignisse eingebettete Spezies bereichert.« (Almanach 1964–1974, S. 9) Inzwischen liegen von Forsyth im Piper Verlag außerdem auf deutsch vor: »Die Hunde des Krieges« (1974), »Der Lotse« (1975), »Des Teufels Alternative« (1979), der Erzählungsband »In Irland gibt es keine Schlangen« (1982), der politisch brisant-aktuelle Roman »Das vierte Protokoll« (1984), »Der Unterhändler« (1989) sowie »McCreadys Doppelspiel« (1991). Sie alle wurden Weltbestseller und erreichten eine Gesamtauflage von über 30 Millionen Exemplaren. Forsyths deutsche Gesamtauflage lag im Jahre 1984 bei vier Millionen. Vier seiner Romane wurden bisher verfilmt.

Mit Hans Peter Thiel als Autor und Herausgeber betrat der Verlag ein ganz neues Gebiet: »Der Verleger soll auch heute nicht Sklave der Nachfrage sein. Aber er tut gut daran, die ›dankbaren‹ Märkte zu erkennen. Wir haben deshalb rasch und überzeugt zugegriffen, als uns Hans Peter Thiel, erfahrener Verlagsredakteur und Schulbuchmann, die Aufnahme einer neuen Reihe von Kindersachbüchern in unser Verlagsprogramm anbot.« (Almanach 1964–1974, S. 14) Als erster Band der in Text und Bild didaktisch-klar und erlebnismäßig konzipierten Bände, zugleich als Grundstein der Reihe erschien der Lexikonband »erklär mir die welt«, inzwischen im 118. Tausend und mit einem Umschlag von Hanns Polanetz, der auch heute noch als Herstellungsleiter im Verlag tätig ist. Der Autor Thiel schrieb dazu: »Die eigentliche Zielgruppe von ›erklär mir die welt‹ aber waren die Sechs- bis Zwölfjährigen. Ihnen sollte das Buch eine Hilfe sein, um unbewußt gespeichertes Erfahrungswissen in die richtigen Sinnzusammenhänge zu bringen. So enthalten die Lesetexte die vielen Kindern geläufigen Grundbegriffe in komprimierter Form.« (Almanach 1964–1974, S. 420) Ab der sechsten Auflage 1975 lautete der Titel »Erklär mir die Welt« (Piper Erklär mir Lexikon 1). Es folgten in dieser Reihe »Erklär mir das Meer« (1973), »Erklär mir die Erde« (1973), »Erklär mir die Tiere« (1974), »Erklär mir die Technik« (1975), »Erklär mir die Pferde« (1977), »Erklär mir die Pflanzen« (1978).

Klaus Piper hat sich – angeregt durch die »Bestseller«-Erfolge der späten 60er und frühen 70er Jahre – im Almanach zum 70jährigen Verlagsbestehen mit der Frage von Literatur für ein großes Lesepublikum auseinandergesetzt, das für »Publikumsverlage« lebenswichtig ist. Er stellte fest:

> »Man sollte... nicht mit volkserzieherisch erhobenem Zeigefinger tadeln, daß nun einmal viele Menschen einen spannenden Roman oder ein keine fachlichen Voraussetzungen forderndes Sachbuch lesen wollen... Es gibt heute keinen ambitionierten Buchverlag, der darauf verzichten könnte, in seinem Programm einen genügenden Anteil auflagenstarker Bücher zu führen. Und es sollte nicht übersehen werden, daß die öffentlichen Theater, die in unserem Lande Millionen-Subventionen der Steuerzahler erhalten, trotzdem nicht darauf verzichten, zwischen Aufführungen der Weltliteratur und Stücken des modernen Dramas unterhaltende Komödien zu bringen. Ein Buchverlag erhält, von bestimmten kostspieligen Spezialwerken wissenschaftlicher Provenienz abgesehen, keinen Pfennig öffentlicher Subvention. Er will diese nicht, weil ihm seine Unabhängigkeit lieb und teuer ist.« (Almanach 1964–1974, S. 25)

1973

Neben Konrad Lorenz (Nobelpreis für Medizin und Physiologie) wurde in diesem Jahr noch ein weiterer Piper-Autor ausgezeichnet: Werner Heisenberg erhielt den Romano-Guardini-Preis.

Die ersten Bände einer neuen Reihe, der »Piper Galerie«, erschienen 1973: »Damit haben wir begonnen, den künstlerischen Kernbestand der... ›Piper-Bücherei‹... neu zu präsentieren. In der ›Piper Galerie‹ werden weiterhin ausgewählte künstlerische Werk-Komplexe aus allen Epochen der Weltkunst erscheinen, auch kulturgeschichtliche und anthropologische Interessen mit einbeziehend.« (Almanach 1964–1974, S. 14) Die Titel der »ersten Stunde« waren Emil Noldes »Aquarelle«, Marc Chagalls »Arabische Nächte« und Lyonel Feiningers »Aquarelle«. Im nächsten Jahr folgten Ernst Barlach »35 Plastiken«, August Macke »Aquarelle«, Franz Marc »Botschaften an den Prinzen Jussuff«, Edvard Munch »Lebensfries«, »Pompeji« und Christian Rohlfs »Blätter aus Ascona«.

Ein herausragender Erfolg des Jahres 1973 war »Das Boot« von dem Maler, Kunstsammler und Verleger Lothar-Günther Buchheim (geboren 1918), ein »›Wirklichkeits-Roman‹ aus den Seeschlachten des Zweiten Weltkriegs,... der exemplarische Fall eines Buches, das geschrieben werden mußte, das viele Jahre Zeit brauchte und das, als es erschien, mit einem Schlag zum Ereignis wurde.« (Almanach 1964–1974, S. 7f.) Ein Jahr nach dem Erscheinen betrug die deutsche Auflage 150000 Exemplare, in nur drei Jahren erlebte das Buch 8 Auflagen, die Weltauflage beträgt inzwischen über 3 Millionen, und es liegen Übersetzungen in vierzehn Sprachen vor. Kein deutsches Erzählwerk aus dem Erleben des Zweiten Weltkrieges hat bisher eine vergleichbare Wirkung gefunden. Zudem wurde der Roman auch in der Verfilmung ein Welterfolg, der nicht nur in den Kinos, sondern später in einer erweiterten Fassung auch im Fernsehen Millionen

35 *Klaus und Elisabeth Piper, Hansjochen Autrum, Konrad Lorenz und Lothar-Günther Buchheim bei einer Feier im Verlag zur Verleihung des Nobelpreises für Physiologie und Medizin an Lorenz, 1973*

von Zuschauern fesselte. Ein Brief Klaus Pipers an Buchheim vom Dezember 1972 gibt einen Einblick in die Diskussion um den Titel des Romans, dessen Bedeutung vor allem bei einem Bestseller nicht zu unterschätzen ist:

»... wir haben soeben im Verlag ... die wichtigsten Titel des Herbstprogramms 73 durchdiskutiert ... Darf ich Ihnen, noch mitten aus dem lebhaften Hin und Her der Gesichtspunkte, wiedergeben, was zu Ihrem Titel bemerkt wurde ... Der Titel ›Herrlich, herrlich wird es einmal sein‹ verlangt zwingend nach einem Untertitel. Denn jedes Buch muß sich ja durch sich selbst… zu erkennen geben. Der Zusatz müßte also so lauten (so wäre er aber sicher noch zu simpel): Herrlich, herrlich wird es einmal sein – Meine U-Boot-Story (oder ähnlich, wie gesagt). Zweite generelle Überlegung: Alle großen, alle erfolgreichen Bücher haben im Grunde einprägsame, schlagende, eindeutige Titel – eindeutig in der Aussage. Die Titel dieser Bücher… lassen den Leser nicht im Unklaren. Mindestens drücken sie im Titel in sehr präziser Weise einen dramatischen oder geheimnisvollen Hintergrund des Buchs aus … Bei der Überlegung anderer Möglichkeiten fiel der interessante, mindestens in der lapidaren Art bestechende Vorschlag: Das Boot.« (SuB, S. 249f.)

Der »Boot«-Autor Lothar-Günther Buchheim hatte Kindheit und Jugend in Chemnitz verbracht. Bereits mit vierzehn Jahren arbeitete er als zeichnendes und malendes »Wunderkind« an Zeitungen und Zeitschriften mit und nahm an Kollektivausstellungen teil. Er absolvierte ein Kunststudium an der Akademie in Dresden, danach war er Meisterschüler in München. Mehrere Jahre war er bei der Marine verpflichtet und hatte Einsätze auf Minenräumbooten, Zerstörern und U-Booten. Nach dem Krieg führte er eine Kunsthandwerkliche Werkstätte und Kunstgalerie, 1951 gründete er einen Kunstbuchverlag in Frankfurt, der heute in Feldafing ansässig ist. In den fünfziger Jahren entstand seine bedeutende Sammlung von Gemälden des deutschen Expressionismus. Im Jahre 1976 komponierte Buchheim in Anknüpfung an den Erfolg des »Bootes« aus den Fotos, die er als Kriegsberichterstatter gemacht hatte, einen mit über 200 Bildern ausgestatteten Bild-Text-Band: »U-Boot-Krieg«. Auch von diesem Werk liegen erfolgreiche Auslandsausgaben vor.

Mit dem »Großen Karl Valentin Buch« von 1973 hat der Verlag »einen neuen Buchtyp des umfassenden literarisch-illustrativen Œuvre-Querschnitts kreiert« (Almanach 1964–1974, S. 11), das sogenannte Piper-Hausbuch.

In München starb im Alter von 90 Jahren Emil Preetorius. Seine Sammlung asiatischer Kunst, aus der auch zwei Bände für die Piper-Bücherei entstanden waren, erhielt der bayerische Staat.

1974

Mit 96 Neuerscheinungen erreichte das Programm erneut einen Höhepunkt in der Titelzahl.

Im »Piper-Almanach zum 70. Jahr«, herausgegeben wieder von Klaus Piper (redaktionelle Mitarbeit Hans Dollinger), formulierte der Verleger noch einmal die durch ihn herbeigeführte Akzentverschiebung im Programm und die von ihm seither betriebene Verlagspolitik:

> »Kunst, Literatur und Philosophie waren die Hauptgebiete der Arbeit des ›alten‹ Piper Verlags. Diese ›Grundfigur‹ hat sich mit dem Neubeginn der Verlagsarbeit, unter den politisch wieder freien Verhältnissen nach 1945, in verschiedene Richtungen gewandelt und erweitert. Organisatorisch ist unsere heutige Arbeit in die drei Programmgruppen Belletristik, Sachbuch und

Wissenschaft gegliedert ... Jedoch muß Kontinuität ein Arbeitsgesetz für jeden Verlag sein... Auf die Problematik dieser Situation hat der Piper Verlag auf zweierlei Weise geantwortet: Erstens betreiben wir ... eine bewußte Programmpolitik der ›Diversifikation‹ ... Zweitens nehmen wir in unser belletristisches Programm neben den genuin literarischen Werken unterhaltende Titel auf, deren Originalität und erzählerische Intelligenz – auch im Genre Roman – sie für ein großes Leserpublikum attraktiv machen. Drittens sind wir bestrebt, die Anziehungskraft des wissenschaftlichen und Sachbuch-Programms zu steigern, indem wir Einzelwerke bedeutender Autoren aus Wissenschaft und Publizistik, die in die öffentliche Diskussion einzugreifen berufen sind, bewußt als auflagenstarke ›Publikumsbücher‹ neben die Veröffentlichungen unserer fachwissenschaftlichen Reihen stellen. Mit den Reihen hat der Verlag auf Teilgebieten seines wissenschaftlichen Programms den Schritt vom ›Autorenverlag‹ zum ›Gebieteverlag‹ getan ... Der Piper Verlag hat in den letzten beiden Jahrzehnten eine breite Aktivität auf dem Gebiet von wissenschaftlicher Literatur entfaltet, die sich im Begriff der Humanwissenschaft bindet. Ich bemerkte schon, daß die persönliche Neigung des Verlegers – für kritische Wahrheitssuche einzutreten – bei dieser Entwicklung Pate stand. Ein zweites inneres Antriebsmoment war und ist: die Erfahrung des Freiheitsverlustes in der Korrumpierung der Gesellschaft durch die nationalsozialistische Diktatur; sie bewirkte das Engagement für grundlegende und aktuelle geistige Fragestellungen überhaupt, im besonderen für politisches

Denken und seine notwendigen, zeitgemäßen Voraussetzungen.« (Almanach 1964–1974, S. 4ff.)

Das verlegerische Ereignis dieses Jahres war »Christ sein« von dem katholischen Theologen Hans Küng (geboren 1928) – ein Markstein in der mit Heinz Zahrnt eröffneten Linie von Büchern zur zentralen Frage des Glaubens und der christlichen Existenz. »Christ sein« erreichte inzwischen eine Gesamtauflage von über 190000 Exemplaren. Hans Küng studierte von 1948 bis 1955 Philosophie und Theologie an der päpstlichen Universität Gregoriana in Rom. 1955, ein Jahr nach seiner Ordination, nahm er sein Studium an der Sorbonne und am Institut Catholique in Paris auf. 1957 erhielt er das Doktorat der Theologie, in den darauffolgenden zwei Jahren war er in der praktischen Seelsorge an der Hofkirche in Luzern tätig. 1960 wurde Küng an die Universität Tübingen als ordentlicher Professor für Fundamentaltheologie berufen, 1962 ernannte ihn Papst Johannes XXIII. zum offiziellen theologischen Konzilsberater. Seit 1963 ist Hans Küng Professor der dogmatischen und ökumenischen Theologie und Direktor des Instituts für ökumenische Forschung, seit 1980 fakultätsunabhängiger Professor für ökumenische Theologie und Direktor des Instituts für ökumenische Forschung an der Universität Tübingen. In einer Kritik über die Schriften des Theologen hieß es einmal im »Deutschen Allgemeinen Sonntagsblatt«: »... der Schweizer Theologe versteht es wie kein anderer katholischer und nur wenige evangelische Theologen, den überkommenen Glauben in der Sprache der Gegenwart für Menschen unterschiedlicher Herkunft zu formulieren.« Nach »Christ sein« sind als wichtigste Veröffentlichungen zu nennen: »24 Thesen zur Gottesfrage« (1979), »Ewiges Leben?« (1982), »Christentum und Weltreligionen« (1984) mit Josef van Ess, Heinrich von Stietencron und Heinz Bechert, »Theologie im Aufbruch« (1987), »Unfehlbar? Eine unerledigte Anfrage« (1989), »Projekt Weltethos« (1990), »Das Judentum« (1991), »Credo« (1992) sowie das neueste Werk »Die großen Theologen« (1994). Zu seinem zukunftsweisenden »Projekt Weltethos« hat »Die Zeit« geschrieben: »Will die Menschenfamilie überleben, dann brauchen wir keine Einheitsreligion, wohl aber glaubwürdige Anstöße und Beispiele für verbindende Normen, Ideale und Ziele von allen Religionen. Dazu ist Hans Küngs ›Projekt Weltethos‹ ein anregender Beitrag, ein Appell an die Vernunft.« Und eine Stimme der »Neuen Zürcher Zeitung«: »Das knappe, dichte Buch ist eine gewaltige Rede, nicht fern prophetischer Gebärde.«

Von Leonie Ossowski (geboren 1925), Autorin seit 1967 mit ihrem Buch »Wer fürchtet sich vorm schwarzen Mann«, die heute in Berlin lebt und zahlreiche Romane, Erzählungen und Fernsehspiele verfaßt hat, erschienen die »Mannheimer Erzählungen«. Sie veröffentlichte bei Piper unter anderem »Zur Bewährung ausgesetzt« (1972), »Blumen für Magritte« (1978), »Liebe ist kein Argument« (1981) sowie den ersten Band einer Romantrilogie mit autobiographischem Hintergrund, »Weichselkirschen« (1976). Mit den »Weichselkirschen« hat Leonie Ossowski einen wichtigen Beitrag zu einem neuen und besseren Verständnis zwischen Deutschen und Polen geleistet und den Weg zu einer Aussöhnung zwischen diesen in der Geschichte so schicksalhaft verstrickten Nationen gewiesen.

Neue Autoren waren im 70. Jahr des Piper Verlages auch die beiden Turiner Carlo Fruttero und Franco Lucentini mit »Die Sonntagsfrau«, deutsch von Herbert Schlüter – dem »italienischen Society-Thriller von literarischer Kultur« (Almanach 1964–1974, S. 9) und wohl damals einem der erfolgreichsten italienischen Bücher in Deutschland. Seither hat der Piper Verlag alle wichtigen Romane dieses Autorenduos übersetzt, das in Deutschland eine riesige Lesergemeinde hat. Carlo Fruttero (geboren 1926) lebt als Lektor, Journalist, Übersetzer und freier Schriftsteller in Turin, ebenso Franco Lucentini (geboren 1920). Berühmt geworden sind beide Autoren vor allem durch ihre gemeinsam verfaßten Romane, die Kriminalistik, Romanze und Satire verbinden. Im Piper Verlag liegen neben der »Sonntagsfrau« die Romane »Wie weit ist die Nacht« (1981), »Der Palio der toten Reiter« (1986), »Der Liebhaber ohne festen Wohnsitz« (1988) – er brachte den großen Durchbruch, erreichte bisher 8 Auflagen und wurde über 100000mal verkauft –, »Die Wahrheit über den Fall D.« (1991) sowie die Erzählungen »Du bist so blaß« (1987), »Die Farbe des Schicksals« (1991) und der Essayband »Ein Hoch auf die Dummheit. Porträts, Pamphlete, Parodien« (1992) vor. In dem letzteren Titel sind die ironisch-bissigen Glossen des Autorenduos aus der Turiner Tageszeitung »La Stampa« gesammelt, die jahrelang eine Institution für Zeitung und Leser waren. Die beiden Italiener dazu:

»Jede italienische Zeitung bringt täglich zu den unterschiedlichsten Themen einen feuilletonistischen Beitrag, der sich ›elzeviro‹ oder, einfacher, ›Artikel auf der

36 *Klaus Piper mit den Autoren Carlo Fruttero (links) und Franco Lucentini (links neben Klaus Piper) bei der Präsentation des Buches »Die Sonntagsfrau«, 1974*

dritten‹ nennt, denn er steht im allgemeinen in den ersten zwei, drei Spalten der Seite drei. Um diese Hundertschaft Kolumnen pro Jahr vollzukriegen, gehen die Zeitungen bei praktisch jedermann hausieren und bitten um praktisch jede Art von Text. So geschah es vor vielen Jahren, daß die Turiner Tageszeitung ›La Stampa‹ einen Vertrag mit uns über die Lieferung zweier Beiträge pro Monat bei absoluter Freiheit unsererseits hinsichtlich der Themen schloß. Und so geschah ferner, daß wir fünfzehn Jahre später mit exakt 360 Artikeln auf insgesamt etwa 1500 Seiten dasaßen. Was macht man damit?«

Das größte Geheimnis wird immer bleiben, wie es Fruttero und Lucentini gelingt, vierhändig zu schreiben. »Dabei ist es so einfach. Erst sprechen wir sehr ausführlich über die einzelnen Szenen und Charaktere, dann macht sich jeder an die Arbeit. Und anschließend nehmen wir uns gegenseitig auseinander! Zum Schluß ist es dann allerdings auch für uns ein Mysterium, wer was geschrieben hat...« Zu ihrem neuesten Roman »Das Geheimnis der Pineta« (1993) einige Pressestimmen: »Ein grandioses Puzzle!« (Die Zeit), »Wer sich einläßt auf dieses unerhört farbige, liebevoll-augenzwinkernd und detailbesessen gefügte Gruppenbild aus der Toskana von heute, kommt auf subtil verschlungenen Erzählwegen durch diesen umfangreichen Detektiv- und Gesellschaftsroman zu einem großen Lesevergnügen.« (Welt am Sonntag) und schließlich »Leicht und farbig wie italienische Freskenmalerei.« (Blick, Zürich)

Die Gruppe der großen italienischen Lyriker der klassischen Moderne, Eugenio Montale und Salvatore Quasimodo, wurde in diesem Jahr durch Giuseppe Ungaretti (1888–1970) erweitert, der einen Band »Die späten Gedichte« veröffentlichte (Übersetzung von Michael Marschall von Bieberstein). Mit den Publikationen von Ungaretti und Fruttero & Lucentini reagierte Klaus Piper anders als viele andere Verlage, die in der Zeit der »Flaute« (Johannes Hösle) der 60er und frühen 70er Jahre ihr Engagement für die italienische Kultur aufgaben.

37 *Hans Küng und Heinz Zahrnt beim Evangelischen Kirchentag in Frankfurt, Juni 1975*

1975

George Halban schrieb auf Grundlage seiner Erlebnisse als amerikanischer Oberst in der Türkei den erfolgreichen Roman »Malik der Wolf« (Gesamtauflage 450000). Ihm folgten »Unternehmen Alaska-Pipeline« (1978) und »Operation Fuchsjagd« (1980).

Hans Küng faßte die Grundelemente seines großen Buches »Christ sein« im 100. Band der »Serie Piper« zusammen: »20 Thesen zum Christsein«.

Als Verleger von Heisenberg war Klaus Piper auf den Chemiker und Physiker Manfred Eigen (Nobelpreis für Chemie 1967) aufmerksam geworden. Eigen (geboren 1927) ist Direktor am Max-Planck-Institut für biophysikalische Chemie in Göttingen. Das von ihm und seiner Mitarbeiterin Ruthild Winkler gemeinsam verfaßte Buch »Das Spiel. Naturgesetze steuern den Zufall« (»Die Grundelemente des Spiels, Zufall und Gesetz, bestimmen jegliches Geschehen im Universum«) war ein vielbeachteter Erfolg und ist auch in einer Reihe von Übersetzungen erschienen. Als weitere Schriften Eigens sind »Stufen zum Leben. Die frühe Evolution im Visier der Molekularbiologie« (1987) sowie »Jenseits von Ideologien und Wunschdenken« (1991) zu erwähnen. In dem im Jahre 1991 veröffentlichten Titel nimmt Manfred Eigen in kritischer Weise Stellung zur Diskussion um Möglichkeiten, Risiken und Grenzen der Naturwissenschaft. »Die Zeit« meinte zu diesem Werk: »Ein Nobelpreisträger bürstet wider den Strich. Wer eine Menge naturwissenschaftlicher Fakten lernen möchte und willens ist, mit diesem Wissen die Probleme unserer Gesellschaft neu zu überdenken, wird viel Anregung erhalten, auch dann, wenn er nicht mit allem einverstanden ist.«

Der Physiologe und Nobelpreisträger John C. Eccles (Nobelpreis für Physiologie und Medizin 1963) hatte Vorlesungen über die funktionellen Grundlagen des Denkens gehalten. Die deutsche Ausgabe des daraus entstandenen Buches erschien, übersetzt von Angela Hartung, unter dem Titel »Das Gehirn des Menschen. Sechs Vorlesungen für Hörer aller Fakultäten«. Sir John C. Eccles (geboren 1903) war Professor für Physiologie und Biophysik in Otago, Canberra und Buffalo. Bei Piper erschienen von ihm unter anderem »Das Wunder des Menschseins – Gehirn und Geist« mit Daniel N. Robinson (1985), »Gehirn und Seele« (1987), »Das Rätsel Mensch« (1989), »Die Psyche des Menschen« (1990) und zuletzt »Die Evolution des Gehirns – die Erschaffung des Selbst« (1990). In diesem Werk, einem detailreichen Gesamtbild, wie es bis dahin noch niemand in Angriff genommen hatte, legt der Gehirnforscher Eccles den konsequentesten und überzeugendsten seiner Versuche vor, Erkenntnisse aus Naturwissenschaft, Philosophie und Religion, die teilweise unversöhnliche Gegensätze aufzuweisen scheinen, zu verbinden. Er spannt den Bogen von der Evolution des menschlichen Gehirns bis zur allmählichen Entstehung des Selbst-Bewußtseins. Karl Popper hat über »Die Evolution des Gehirns« geurteilt: »Ich finde dieses Buch einzigartig. Seit Darwins ›Descent of Man‹ ist die Frage nach der Abstammung des Menschen intensiv erörtert worden, aber nie zuvor hat ein Hirnforscher das gesamte Tatsachenmaterial im Hinblick auf das bedeutendste all der großen Probleme – die Evolution des menschlichen Gehirns und des menschlichen Geistes – zusammengetragen.«

Franz Winzingers 1952 begonnene Gesamtausgabe des Werkes von Albrecht Altdorfer wurde mit den Gemälden abgeschlossen. Dabei handelte es sich zusammen mit seiner umfangreichen Monographie »Wolf Huber – Das Gesamtwerk« (1979) – dem anderen bekannten Meister der Donau-Schule – um die letzte große Kunstpublikation des Verlages. Der Kunsthistoriker Winzinger (geboren 1910) hatte bereits 1952 die Zeichnungen und 1963 die Graphik Altdorfers in Gesamtausgaben vorgelegt.

1976

Der Kommunikationsforscher und Psychotherapeut Paul Watzlawick (geboren 1921) untersuchte die Frage »Wie wirklich ist die Wirklichkeit?« Watzlawick hatte Philosophie und Sprachen studiert und im Jahre 1949 promoviert, im Anschluß daran absolvierte er noch eine Ausbildung als Psychotherapeut. Von 1957 bis 1960 war er Professor in El Salvador, seit 1960 ist er Forschungsbeauftragter am Mental Research Institute in Palo Alto, Kalifornien. Bei Piper veröffentlichte er unter anderem »Anleitung zum Unglücklichsein« (1983). Auf diesen unvergleichlichen »Publikumsrenner« (Gesamtauflage fast eine Million Exemplare) folgten »Vom Schlechten des Guten« (1986), »Die Unsicherheit unserer Wirklichkeit« (1988) zusammen mit Franz Kreuzer und »Münchhausens Zopf oder Psychotherapie und ›Wirklichkeit‹« (1992). Watzlawick ist unter anderem Herausgeber von »Die erfundene Wirklichkeit. Wie wissen wir, was wir zu wissen glauben?« (1981).

Ein bedeutendes Ereignis in der neueren Geschichte des Piper Verlags, das weitreichende Folgen haben sollte und den Beginn eines großen Musikprogrammes darstellte, war das Erscheinen des ersten Bandes der 100 Jahre lang unter Verschluß gehaltenen Tagebücher von Richard Wagners Frau Cosima; der zweite Band des vollständigen Textes der in der Richard-Wagner-Gedenkstätte aufbewahrten Niederschrift, herausgegeben von der Stadt Bayreuth, erschien 1977. Herausgeber waren Martin Gregor-Dellin und Dietrich Mack. Der Piper Verlag hatte unter einer großen Zahl von Bewerbern (28 deutsche Verlage) den Zuschlag für die Veröffentlichung von der Inhaberin der Urheberrechte, der Stadt Bayreuth, erhalten. Der Stadtrat beschloß am 28. 5. 1975:

»Die Stadt Bayreuth darf als Eigentümerin der Tagebücher Cosima Wagners nach den testamentarischen Bestimmungen von Frau Eva Chamberlain in diese Tagebücher innerhalb der Richard-Wagner-Gedenkstätte Berufenen, nach jeder Richtung vertrauenswürdigen Fortsetzern Einblick gewähren und sie in Zukunft der Forschung zugänglich machen. Die Stadt Bayreuth hat sich entschieden, diesem Willen von Frau Eva Chamberlain dadurch zu entsprechen, daß sie eine wissenschaftliche Gesamtausgabe der Tagebücher herausgibt. Zu vertrauenswürdigen Forschern im Sinne des Testaments bestimmt sie die Herren Martin Gregor-Dellin und Dr. Dietrich Mack. Für die Herausgabe der Gesamtausgabe und die Verwaltung und Ausübung der Nebenrechte an ihr bedient sie sich des Verlages R. Piper & Co., München.«

Inzwischen sind die Cosima-Tagebücher, ein nicht nur für das 19. Jahrhundert einzigartiges autobiographisches Dokument, mit großer Resonanz in Amerika, England und Frankreich erschienen. Martin Gregor-Dellin (1926–1988), der zu dieser Zeit an einer umfassenden Biographie über Richard Wagner arbeitete – ein Standardwerk, mit dem er sich unter die großen Biographen unseres Jahrhunderts reihte –, war Präsident des PEN-Zentrums der Bundesrepublik Deutschland, Mitglied der Deutschen Akademie für Sprache und Dichtung sowie

38 *Klaus Piper mit Lothar-Günther Buchheim im Verlag bei der Auswahl von Fotos für den Band »Mein Paris«, 1976*

der Bayerischen Akademie der Schönen Künste. Zu seinem Buch »Richard Wagner. Sein Leben – sein Werk – sein Jahrhundert« (1980) einige Pressestimmen:

> »Wagner, sein Leben in seinem Werk und in seinem Jahrhundert, ist noch nie in dieser Haltung gelassener Gerechtigkeit behandelt worden, der es an Liebe sowenig fehlt wie an Strenge, an Verständnis sowenig wie an der Fähigkeit zum Erschrecken.« (Peter Wapnewski, Der Spiegel)

»... auf höchstem schriftstellerischen Niveau so etwas wie das ›Volksbuch von Richard Wagner‹ für die gebildeten Stände der deutschen Nation. Seit Richard Friedenthals ›Goethe‹ ist jedenfalls keinem Künstler in deutscher Sprache eine ähnlich fesselnde wie unterrichtende (und unterrichtete) Biographie gewidmet worden.« (Klaus Geitel, Die Welt)

»Das Buch von Gregor-Dellin macht wieder einmal deutlich, daß man – wie Nietzsche, wie Thomas Mann, wie Bloch und Adorno – ein Schriftsteller von Rang sein muß, um das, was über Wagner zu sagen ist, überhaupt ausdrücken zu können... Insgesamt stellt das Wagner-Buch Gregor-Dellins – dem man ohne Risiko prophezeien kann, daß es für lange Zeit ›das‹ populäre, und zwar zu Recht populäre Wagner-Buch sein wird – den seltenen Glücksfall einer Komponisten-Biographie dar, die wissenschaftlich unanfechtbar ist und zugleich für ein größeres Publikum... eine in jedem Augenblick fesselnde Lektüre bietet.« (Carl Dahlhaus, Die Zeit)

Rechtzeitig zum »Europäischen Jahr der Musik 1985« legte Gregor-Dellin auch eine Biographie über einen anderen großen deutschen Komponisten und seine Epoche vor: »Heinrich Schütz«. Gregor-Dellin war einer der Hauptanreger des großen Musikprogrammes bei Piper. Denn der Verleger hatte es lange Zeit nicht gewagt, seine private Leidenschaft Musik, die sich vor allem auch aktiv im eigenen Klavierspiel ausdrückte, zum Programmbestandteil zu machen. Joachim Kaiser (geboren 1928), Kritiker und Feuilletonredakteur bei der »Süddeutschen Zeitung« und seit 1977 Professor für Theorie des Theaters an der Stuttgarter Hochschule für Musik und darstellende Kunst, mit dem der Verleger immer wieder gemeinsam musizierte, äußerte sich anläßlich des 70jährigen Geburtstages seines Co-Pianisten einmal zu dessen tiefem Interesse und ausgeprägter Neigung zu Musik:

> »Piper ist wirklich, und von innen her, und auf enthusiastische Weise, ›musikalisch‹. Er nähert sich der Musik nicht wie ein Lektor, der gefälligst ganz genau jede einzelne Zeile lesen und bei Undeutlichkeiten festhaken und nichts überspringen soll, sondern er nähert sich der Musik, wie ein (sagen wir) Dirigent einen Klavierauszug überfliegt. Es geht ihm ums Wesentliche, ums Kräftige, ums Organische. Und, wenn wir diese Unterscheidung ins Literarische übertragen dürfen: Piper liest Musik eben nicht wie ein Lektor – sondern wie ein Verleger. Dem Verleger kommt es ja auch nicht auf irgendwelche korrigierbaren Einzelheiten an, sondern darauf, wie ein ganzes Werk sich ausnimmt. Dieses Talent, zum Kern der Sache vorzustoßen, sich nicht ablenken zu lassen, nicht ›heraus‹zukommen, zeichnet die Musik-Aktivität von Klaus Piper aus. Es ist ein seltenes Talent. Man kann es sich nicht aneignen. Man muß wirklich, und in einem höheren Sinne, ›verstanden‹ haben, um es zu besitzen.« (J. Kaiser, «Klaus Piper als Pianist«, in: Für Klaus Piper zum 70. Geburtstag, S. 173–175, hier S. 174)

1976 erschienen in diesem Zusammenhang außerdem noch autobiographische Werke von der Tänzerin Margot

Fonteyn, »Die zertanzten Schuhe« und dem Geiger Yehudi Menuhin, »Unvollendete Reise«. Menuhin (geboren 1916) erhielt 1979 den Friedenspreis des Deutschen Buchhandels und 1984 den Ernst-von-Siemens-Preis. Sein lebenslanges Engagement als Pädagoge und Humanist, für die Nachwuchsförderung, die Völkerverständigung und den Weltfrieden wurde in den letzten Jahren durch zahlreiche Auszeichnungen gewürdigt, so 1986 durch den Moses-Mendelsohn-Preis. In Erinnerung an ein erstes Konzert, das Klaus Piper von dem berühmten Geiger um das Jahr 1930 gehört hatte, schrieb der Verleger Jahrzehnte später in seinem Aufsatz »Für Yehudi Menuhin. Gruß seines deutschen Verlegers«:

> »Ich hatte die Empfindung einer vollkommenen inneren Identität mit dieser einen Stimme der Geige. Eine Offenbarung von Kunstwahrheit in Tönen ... Yehudi Menuhin, dessen Spiel damals solche Empfindungen in mir auslöste, hat viele Jahre später sein Buch ›Unvollendete Reise‹ geschrieben, dessen deutsche Ausgabe ich verlegen durfte. Es ragt aus den vielen Erinnerungsbüchern von Musikern heraus durch seine Ernsthaftigkeit und Menschlichkeit. Menuhin wollte nie nur Virtuose und Interpret sein. Er hat seine Kunst mit Überzeugung auch als Medium der friedlichen Verständigung unter den Völkern eingesetzt ... Wir alle im Piper Verlag empfinden es als eine Aufgabe, die uns auszeichnet, für Menuhins Bücher eintreten zu können. Fast alle seine Bücher sind bei uns in deutscher Ausgabe erschienen. In ihnen ist er oft weit über die Fragen der Musik und des Musizierens hinausgegangen. Aus dem Schatz seiner

Erfahrungen hat er immer wieder auch zu gesellschaftlichen und allgemein menschlichen Fragen unserer Zeit Stellung bezogen.« (SuB, S. 146ff.)

Es gibt wohl kaum einen Künstler, bei dem sich – ohne Rücksicht auf politische und ideologische Konflikte – Humanismus und Kunst so glücklich verbinden wie bei Yehudi Menuhin. Auf seine im Jahre 1976 veröffentlichten Lebenserinnerungen folgten »Variationen. Betrachtungen zu Musik und Zeit« (1979), »Ich bin fasziniert von allem Menschlichen« (1982), »Kunst als Hoffnung für die Menschheit« (1986) und »Lebensschule« (1987), das die Summe seiner Erfahrungen als Geiger, Dirigent und Pädagoge wiedergibt.

Elsa Morantes (geboren 1918) »La storia«, ein Buch, das in Italien mit 600000 Exemplaren im Erscheinungsjahr einen riesigen Erfolg gehabt hatte, erschien in der deutschen Fassung. Es reflektiert die faschistische Waffenbrüderschaft und hat einen wichtigen Stellenwert für einen wirklichen geistigen Austausch zwischen Deutschland und Italien, stieß aber auf dessen enge Grenzen. Trotz einer ausgesprochenen Bestsellerwerbung wurden nur 16000 Exemplare verkauft, wobei das erste Hindernis, auf das der Verlag stieß, schon ein Teil der deutschen Buchhändlerschaft war, der sich nicht für ein Buch einsetzen wollte, in dem gleich zu Beginn ein deutscher Soldat einer Italienerin Gewalt antut.

Klaus Piper, der in diesem Jahr seinen 65. Geburtstag in der Stuckvilla feierte, erhielt vom Münchner Oberbürgermeister die Medaille »München leuchtet den Freunden Münchens«, vom Bayerischen Buchhändlerverband erhielt er den Ehrenteller.

39 *Leszek Kolakowski, Träger des Friedenspreises des Deutschen Buchhandels, mit Verlagsleiter Ferdinand Ranft und Rolf Keller, dem Vorsteher des Börsenvereins des Deutschen Buchhandels, auf der Frankfurter Buchmesse 1977*

1977

Gleichzeitig mit Verleihung des Friedenspreises des Deutschen Buchhandels erschien Kolakowskis erster Band seines dreibändigen Werkes »Die Hauptströmungen des Marxismus« und das von Leonhard Reinisch herausgegebene Lesebuch »Leszek Kolakowski. Leben trotz Geschichte«.

Die Werke Dostojewskis kamen in einer zehnbändigen Sonderausgabe zur Veröffentlichung, gemäß dem 1984 im Rückblick noch einmal formulierten Vorsatz des Verlegers: »Immer wieder greifen wir auf die Tradition, auf Autoren und Künstler aus den Anfangsjahren des Verlags zurück.« (Piper Almanach zum 80. Jahr, S. 7) Elias Canetti schrieb einmal über den großen russischen Schriftsteller: »Ich lag einige Wochen zu Bett und las den ganzen Dostojewski, alle roten Piper-Bände von Anfang zu Ende... Kannst du dir eine bessere Art denken, einen Menschen kennenzulernen, als wenn man alles mit ihm bespricht, was in Dostojewski vorkommt?« Die Werke Dostojewskis liegen sowohl im Hardcoverprogramm als auch in der »Serie Piper« in Gesamt- und Einzelausgaben vor.

Ein schmales Buch zur Musik erlebte innerhalb von zwei Jahren vier Auflagen und liegt heute im 56. Tausend vor: Der Pianist Alfred Brendel (geboren 1931), den Joachim Kaiser den »spirituellsten und philosophischsten Pianisten der siebziger und achtziger Jahre« nannte, berichtete über seine künstlerischen Erfahrungen in »Nachdenken über Musik«. In einer Kritik der FAZ hieß es über den Künstler und sein Buch: »Er provoziert zu dem, was er tut: Nachdenken über Musik... Brendel ist ein hervorragender Pianist. Was für ein phänomenaler Musikkritiker wäre er geworden, hätte er seine Zeit nicht mit Klavierspielen verbracht!« Brendel entstammt einer österreichisch-deutsch-italienisch-slawischen Familie und studierte Klavier, Komposition und Dirigieren in Za-

40 *Klaus Piper mit Alfred Brendel bei der Präsentation des Buches »Nachdenken über Musik« in München, 1977*

greb und Graz. Trotz starker Neigung zu Literatur und Malerei hatte er sich für die Laufbahn eines Pianisten entschieden, seine praktische Ausbildung erhielt er unter anderem bei Edwin Fischer und Eduard Steuermann. 1949 errang er den Preis beim Busoni-Wettbewerb, seither konzertiert er in aller Welt. Er ist regelmäßiger Gast zahlreicher Musikfestivals und hat in Wien und London Meisterkurse gehalten. Seit 1970 lebt er in London. 1992 erschien sein Band »Musik beim Wort genommen«, in dem er zu Fragen Stellung nimmt, die mit den Schwerpunkten seines pianistischen Repertoires zu tun haben. Ursprünglich zunächst auf Englisch erschienen, wurde es vom Autor für die deutsche Ausgabe neu geschrieben und erweitert.

Der Belgier Ilya Prigogine (geboren 1917), dessen Buch »Vom Sein zum Werden. Zeit und Komplexität in den Naturwissenschaften« im Jahre 1979 bei Piper veröffentlicht werden sollte, erhielt den Nobelpreis für Chemie.

Klaus Piper wurde der Bayerische Verdienstorden verliehen.

1978

Ein bedeutungsvolles Unternehmen in diesem Jahr war die von Christine Koschel, Inge von Weidenbaum und Clemens Münster herausgegebene vierbändige Ausgabe der Werke Ingeborg Bachmanns: »Erster Band: Gedichte – Hörspiele – Libretti – Übersetzungen«, »Zweiter Band: Erzählungen«, »Dritter Band: Todesarten: Malina und unvollendete Romane«, «Vierter Band: Essays – Reden – Vermischte Schriften – Anhang«. Die Edition, die 1993 auch als Taschenbuchkassette erschien, machte die Öffentlichkeit erstmals mit den nachgelassenen Texten der 1973 in Rom an den Folgen eines Unfalls gestorbenen Dichterin bekannt. Ingeborg Bachmanns Werk, das sich hier präsentiert, reicht von der früh zur Meisterschaft gereiften Lyrik bis zur hochartifiziellen Prosakunst ihrer späten Jahre und gehört zum gültigen Bestand der literarischen klassischen Moderne. In einer Kritik der «Neuen Zürcher Zeitung« heißt es dazu: «Die Herausgeber...

haben mit der vierbändigen Ausgabe der Werke Ingeborg Bachmanns Großes geleistet. Es ist eine handliche Edition entstanden, die wissenschaftlichen Ansprüchen genügt, ohne jenen Leser, der nicht mit einer Arbeit über die Klagenfurter Dichterin promoviert hat, durch einen aufgeschwollenen Apparat und eine sibyllinische Orgie von Siglen zu verstören.« Horst Bienek hat über die große Dichterin unseres Jahrhunderts gesagt: »Ihre Fragen und Zweifel gingen tiefer als die Fragen und die Zweifel der anderen und ihr gelang etwas, was ... in unserer Literatur vergessen war: das Gegenwärtige mit dem Mythos zu verbinden, alltägliche Situationen in Bereiche des Dämonischen zu steigern.«

Hans Küng handelte in seinem neuen Buch die Frage »Existiert Gott?« auf dem Hintergrund der europäischen Geistesgeschichte der letzten vier Jahrhunderte ab; das Buch erschien mit einer Startauflage von 100000 Exemplaren. Weiter erschienen die Reden von Bundespräsident Walter Scheel und Hans Küng zur 500-Jahr-Feier der Universität Tübingen, eine von Walter Jens herausgegebene Dokumentation über die Auseinandersetzungen zwischen Küng und der Deutschen Bischofskonferenz, »Um nichts als die Wahrheit«, sowie die Einführung »Hans Küng – Weg und Werk«, herausgegeben von Hermann Häring und Karl-Josef Kuschel.

Mit Paul Watzlawicks »Gebrauchsanweisung für Amerika« begann eine neue Reihe im Piper Verlag. In der Serie »Gebrauchsanweisungen« liegen heute über ein Dutzend Bände vor. Mit liebevoller Freude am Detail, mit viel Witz und Ironie schildern die Bände Tag- und Nachtseiten des (Wahl-) Heimatlandes des jeweiligen Autors. Die

Bücher bieten Wissenswertes, geben dem Reisenden praktische Hinweise, und ihre Tips verraten, was den Besucher erwartet und was von ihm erwartet wird. Sie haben den Anspruch, an die Mentalität des Gastlandes heranzuführen.

1979

Der Verlag beging das Jubiläum seines 75jährigen Bestehens, ein Ereignis, das weithin Aufmerksamkeit in der Öffentlichkeit fand. Zahlreiche Würdigungen erschienen in der Presse und in den Medien.

Aus gegebenem Anlaß veröffentlichte der Verlag das »Jubiläumsbuch« »75 Jahre Piper. Bibliographie und Verlagsgeschichte 1904–1979«, herausgegeben von Klaus Piper (Redaktion: Uwe Steffen, Georg Ramseger, Ernst Reinhard Piper und Ingo F. Walther), ein Band, der mit seiner sowohl chronologisch wie auch alphabetisch geordneten Bibliographie ein Informations- und Nachschlagewerk für Buchhändler, Bibliothekare, Wissenschaftler, Journalisten und alle verlagsgeschichtlich interessierten Bücherfreunde darstellt.

Außerdem erschien eine bibliophile Faksimile-Ausgabe des ersten von Reinhard Piper verlegten Buches: Arno Holz' »Dafnis« und eine vierbändige künstlerisch gestaltete Geschenkkassette: »Christian Morgenstern: Jubiläumsausgabe«.

Im Herbst wurde zu Ehren des Verlagsgründers anläßlich dessen 100. Geburtstages am 31. Oktober 1979 ein ausgewählter illustrierter Verleger-Briefwechsel Rein-

41 *Piper-Verlagsgebäude in der Georgenstraße 4, Verlagssitz seit 1937*

hard Pipers mit seinen Autoren von Ulrike Buergel-Goodwin und Wolfram Göbel herausgegeben. Zudem veröffentlichte der dtv eine auf die Verlagsgeschichte konzentrierte Taschenbuch-Ausgabe der Erinnerungen Reinhard Pipers unter dem Titel »Reinhard Piper: Bücherwelt – Erinnerungen eines Verlegers«, ausgewählt und eingeleitet von Klaus Piper.

Zu beiden Piper-Jubiläen waren auch besondere Veranstaltungen geplant. Am 20. Mai fand in den Münchner Kammerspielen ein offizieller Festakt statt, zu dem sich rund 700 Gäste, Autoren, Freunde sowie Kollegen aus Verlag und Buchhandel einfanden. Den Festvortrag zum

Thema »Ein Verlag und seine Verpflichtung gegenüber der Wissenschaft« gestaltete Pipers populärster Wissenschaftsautor Konrad Lorenz zu einer Laudatio auf den Verlag und seinen Verleger. Von Karla Duday-Braun und Ernst Reinhard Piper wurde darüber hinaus eine Ausstellung im Münchner Stadtmuseum vorbereitet, die im Frühjahr des folgenden Jahres eröffnet wurde und die in Büchern, Bildern und Dokumenten die Geschichte des Verlages vorstellte. In einer Rezension Jürgen Kolbes, des damaligen Kulturreferenten der Landeshauptstadt München, in der FAZ hieß es: »Wie kaum ein Verlagshaus in der Bundesrepublik hat es der Piper Verlag verstanden, Wissenschaften zu vermitteln, und zwar just durch die, die sie am besten repräsentieren ... Ein Verlagsprogramm als Bewußtseinsschule der Nation – diese Charakteristik wäre nicht einmal zu hoch gegriffen.« Und Albrecht Roeseler, letzter von 1965 bis 1972 und heute Feuilletonredakteur der »Süddeutschen Zeitung«, schrieb:

> »Trotz vieler Helfer, die Klaus Piper in all den Jahren begleiteten (von denen manche selber Verleger geworden sind oder wenigstens Professoren, Politiker oder Publizisten), ist das Haus in der Münchner Georgenstraße die Zentrale eines individuellen Verleger-Temperaments geblieben, eines wißbegierigen, toleranten Unternehmers, der die feine Firma des Vaters fein und unabhängig in unserer oft vom reinen Umsatzwahn befallenen Zeit gesteuert hat. Kein großer Konzernbruder wacht über ihm, keine Buchgemeinschaft, Großdruckerei oder Zeitungsfirma spielt oder redet

drohend herein: ein Glücksfall, der selten in dieser Branche geworden ist und den es zu feiern gilt.«

Das Börsenblatt gab am 11. Mai des Jahres unter dem Titel »Mehr als eine Summe von Kalkül und Zufall« statt einer kurzgefaßten Geschichte des Verlages und der Wertung seines Wirkens Porträts von den Personen, die sein Programm zu dieser Zeit gestalteten: »... in der Beschreibung dessen, was diese Personen machen, wird die originäre verlegerische Arbeit beschrieben – das Programm-Machen. Es ist die Beschreibung des Istzustandes dieses Verlages, der sich über die Jahrzehnte, auch bei Beibehaltung der großen Leitlinien, als lebendiger Organismus ständig verändert hat.«

Dem Doppeljubiläum R. Piper & Co. Verlag und Reinhard Piper schloß sich ein weiteres an: Die Lagerhaltung und Auslieferungstätigkeit für den R. Piper & Co. Verlag wird durch das Haus Koch, Neff & Oetinger & Co. in Stuttgart durchgeführt. Dessen Stammfirma F. Volckmar, Leipzig, hatte schon im Gründungsjahr einen Teil der Auslieferungsarbeit für den Verlag übernommen, so daß 1979 auch das 75jährige Jubiläum der Zusammenarbeit mit dem Hauptauslieferer begangen werden konnte.

1905 »bestand der Verlag bereits aus einem ganzen Zimmer«, wie Reinhard Piper in seinen Erinnerungen vermerkte und nach 75 Jahren hatte er über 40 Mitarbeiter und brachte pro Jahr etwa 100 Neuerscheinungen heraus. »Von seinem Erstling, Arno Holz' ›Dafnis‹, bis zum Frühjahr 1979 hat der R. Piper & Co. Verlag insgesamt 2613 Neuerscheinungen und Neuausgaben veröffentlicht, davon 1764 seit 1946. Dazu sind vom Gründungs-

42 *Klaus Piper mit Yehudi Menuhin, Träger des Friedenspreises des Deutschen Buchhandels, am Piper-Stand auf der Frankfurter Buchmesse 1979*

jahr bis heute 2110 Neuauflagen erschienen.« (75 Jahre Piper, S. 7) Rund 900 Titel waren zu diesem Zeitpunkt lieferbar, jährlich kamen rund 100 Neuerscheinungen auf den Markt. Das ungewöhnlich vielseitige Spektrum, mit dem sich im Jahre 1979 der Verlag der Öffentlichkeit präsentierte – es gibt kaum einen anderen Verlag, der sich über so viele Wissens-, Unterhaltungs- und Wissenschaftsgebiete ausbreitet –, umfaßte Literatur und Unterhaltung, Gesamt- und Werkausgaben, Biographien und Autobiographien, Kunst, Theater, Musik, Sachbücher von Länder-Panoramen bis zu den Piper-Erklär-mir-Büchern für Kinder, dazu wissenschaftliche Werke mit

Themen von allgemeiner Bedeutung. Klaus Piper stellt fest:

> »Der Verlag ist seinem inneren Gesetz treu geblieben: Er sieht heute wie einst seine Aufgabe in der Vermittlung künstlerischer Erfahrungen und wissenschaftlicher Erkenntnisse, die ›Vorhänge öffnen‹. Die Vielseitigkeit des Programms ist für das Gesicht des Verlags charakteristisch geworden.« (75 Jahre Piper, S. 7f.)

Klaus Piper wurde in diesem Jahr das Große Bundesverdienstkreuz verliehen. Bei der Feier des Verlagsjubiläums in den Kammerspielen am 20. Mai 1979 überreichte der Vorsteher des Börsenvereins des Deutschen Buchhandels, Rolf Keller, Klaus Piper die Plakette »Dem Förderer des deutschen Buches«.

Erstmals trat mit den Vorbereitungen zur Jubiläumsfeier des Verlages auch Ernst Reinhard Piper, der Sohn Klaus Pipers, in Erscheinung. Ernst Reinhard Piper hat von 1972 bis 1981 Geschichte, Geschichtliche Hilfswissenschaften, Philosophie und Germanistik in München und Berlin studiert (Promotion 1981). Nach Hospitanzen bei den Firmen Suhrkamp (Frankfurt), Welsermühl (Wels), Hutchinson (London) und W. W. Norton (New York) trat er 1982 in den Piper Verlag ein. Heute ist er geschäftsführender Gesellschafter. Von 1978 bis 1980 war er Mitglied des Vorstandes des Verbandes deutscher Schriftsteller/Landesverband Berlin und von 1984 bis 1986 Vorsitzender der Arbeitsgemeinschaft Literarische und Sachbuchverlage im Börsenverein des Deutschen Buchhandels, deren Vorstand er bis 1988 angehörte.

43 *Frederick Forsyth (vierter von links) zwischen Charles Clark (links) und Harold Harris (rechts) auf der Frankfurter Buchmesse 1979, ganz links Klaus Piper*

Der amerikanische Physiker Steven Weinberg (geboren 1933), der mit »Die ersten drei Minuten. Der Ursprung des Universums« im Jahre 1977 Piper-Autor geworden war – »Die kosmologische Revolution führt Weinberg geradezu exemplarisch vor Augen, indem er sie faszinierend leichthändig und pädagogisch brillant beschreibt.« (Der Spiegel) –, erhielt in diesem Jahr der Jubiläen und Auszeichnungen den Nobelpreis für Physik.

1980

Der Verlag zeigte im Frühjahr im Münchner Stadtmuseum eine Ausstellung zu seiner Geschichte – »gleichsam die dreidimensionale Version der pünktlich im Druck erschienenen Jubiläumschronik« (Die Welt) – mit fast 600 nach Themen geordneten Exponaten – Büchern, Mappenwerken, Briefen, Fotos und Dokumenten. Dazu erschien ein Ausstellungskatalog »75 Jahre Piper. R. Piper & Co. Verlag 1904–1979«. Im Vorwort von Klaus Piper hieß es:

»Mit der Ausstellung ›75 Jahre Piper‹ haben wir uns die Aufgabe gesetzt, gleichsam in einem Extrakt – in markanten Beispielen nach dem Prinzip pars pro toto, denn eine nur halbwegs angestrebte Vollständigkeit würde eine Monsterschau ergeben – einiges Wesentliche von dem sichtbar zu machen, ... von dem der Verlagsgründer, mein Vater Reinhard Piper, vor allem in seiner Autobiograhie ›Mein Leben als Verleger‹ berichtet hat ... München hat sich sein Klima geistiger Toleranz (kleinere und große Rückschläge haben es nie dauernd verdunkeln können) und wacher Neugierde auf das, was der andere macht, seine Haltung musischer Bereitschaft, die zum Beispiel 1912 den ›Blauen Reiter‹ um den Pol Münchens herum entstehen ließ, bis heute zu bewahren gewußt. Unsere Ausstellung möchte die Kräfte ermutigen, die dafür wirken wollen, daß die Münchener Liberalität und Weltoffenheit lebendig bleibt.«

Die Verlagsschau, die »sowohl ein Stück Stadtgeschichte als auch ein Stück europäischer Kulturgeschichte präsentiert« (Industrie und Handel), wurde später auch in Berlin, Offenbach und Ludwigshafen gezeigt. In seiner Rede zur Eröffnung am 28. Februar im Münchner Stadtmuseum sagte Albrecht Roeseler:

»Vom Umsatz wird gewiß heute häufiger und intensiver, ja besorgter als vor etwa 50 Jahren geredet, und doch glaube ich, daß der Piper-Verlag überhaupt seine Individualität bewahrte, weil er noch an Autoren als lebendige Individuen glaubt, so wie auch das Buch selbst noch immer ein Einzelwesen geblieben ist. Die Welt, in der wir lesen, ist noch immer unser eigener Besitz. Auch als Massenware wird das Buch (liest man es überhaupt) als Einzelwesen konsumiert, und diese persönliche Lesewelt, in der unser Bedürfnis nach Wissen und die Sehnsucht nach Phantasie um die Wette eifern, sie bleibt unser persönliches Eigentum ... Wirklichkeit zu ergründen und dieser Wirklichkeit zu entfliehen – diese beiden Pole markieren die Welt, in der wir lesen. Dieser Lesewelt ist der Verlag R. Piper & Co in unserem Jahrhundert 76 Jahre dienstbar gewesen, die beiden Verleger samt ihren vielen unbekannten und bekannten Helfern.«

Karl Ude resümierte in der »Süddeutschen Zeitung« das Ereignis:

»Bei der Eröffnung sagte Kulturreferent Jürgen Kolbe mit Recht, die Schätze der Pipers seien ›ein Stück Geschichte auch unserer Stadt‹, und Bürgermeister Winfried Zehetmeier rühmte das ›Wägen und Wagen‹, das die Entwicklung des Verlages geprägt habe. Im Festvortrag umriß Albrecht Roeseler... aus intimer Kenntnis die Position der beiden Piper-Generationen in der deutschen Verlagslandschaft; er unterstrich ihre besonnene Leidenschaft, ihren skeptischen Enthusiasmus fürs Büchermachen und ihren Sinn für Pluralität, der die Koexistenz verschiedener Stile und Wahrheiten unter dem gleichen Dach ermöglicht habe: immer noch ein individuell geführter Verlag ohne Anschluß oder gar Abhängigkeit von Konzernen, Buchklubs oder eigener Druckerei.«

Eine weitere große Ausstellung in München, zu der der Verlag Bedeutendes beitragen konnte: »Wittelsbach und Bayern«, die in Einzelabteilungen in der Residenz und im Völkerkundemuseum (sowie auf der Burg Trausnitz in Landshut) zu besichtigen war und zu der Hubert Glaser den sechsbändigen Katalog bei Piper in Zusammenarbeit mit dem Hirmer Verlag herausbrachte: »Die Zeit der frühen Herzöge. Von Otto I. zu Ludwig dem Bayern«, »Um Glauben und Reich. Kurfürst Maximilian I.« und »Krone und Verfassung. König Max I. Joseph und der neue Staat«. Es war vor allem dem Engagement Matthias Pfliegers zu danken gewesen, daß die Verlage Piper und Hirmer den Zuschlag für die große Katalog-Edition erhalten hatten.

Im März feierte Klaus Piper mit seinen Mitarbeitern sein 50jähriges Berufsjubiläum.

1981

Der Verlag konnte bereits den nächsten Geburtstag feiern, Klaus Piper wurde am 27. März 1981 siebzig Jahre alt. Wiederum erschienen zahlreiche Berichte in Zeitungen und Zeitschriften. Bei dem festlichen Empfang in der Bayerischen Akademie der Schönen Künste hielten Martin Gregor-Dellin, Staatsintendant Prof. August Everding und der Verleger Hans-Dieter Beck die Festreden. In der Ansprache des Letztgenannten hieß es:

»Warum Sie sich einen Verleger Beck als Begrüßungssprecher ausgesucht haben, obwohl es wahrhaft spektakulärere Namen gibt, kann ich nur ahnen. Wahrscheinlich ist es die jahrzehntelange Verbundenheit aufgrund der Nachbarschaft in Schwabing – zwischen der Georgen- und der Ainmillerstraße liegt ja nur noch die Franz-Joseph-Straße, und als Ihr Vater Reinhard Piper 1904 den Verlag gründete, war unser Haus, das mein Großvater aus Nördlingen hierher übergeführt hatte, schon etwa ein Jahrzehnt in der Wilhelmstraße ansässig. In freundschaftlichem Wettbewerb traten sich beide Häuser gegenüber. Mancher Autor, der eigentlich zu Beck wollte und sich in der Straße geirrt hatte, ist bei Piper festgehalten und integriert worden ... Autoren brauchen ganz besonders das Gespräch und den Antrieb durch einen unbelasteten Anreger, der bei seinen Fragen (und Wissenswünschen) zugleich das Publikum verkörpert. Wenn der am Schalthebel sitzende Verleger selbst der Frager und Bohrer ist, so ist es natürlich am allerförderlichsten. Diese Eigenart unseres Berufes

> bringt es mit sich, daß der 70. Geburtstag einem Verleger keinerlei Schrecken einjagen muß. Das ständige Forschen und die vielen Gespräche mit den Autoren halten einen Verleger ungemein jung.«

Ernst Reinhard Piper gab zusammen mit Matthias Pflieger eine Festschrift »Für Klaus Piper zum 70. Geburtstag« heraus, mit Beiträgen von über 100 befreundeten Autoren, Übersetzern, Kollegen und ehemaligen Mitarbeitern des Hauses. In einer Kritik mit dem Titel »Wegweiser in einer ›rätselhaften, widerspruchsvollen Welt‹. Wie 113 Autoren einen Verleger wie Klaus Piper ehren und dabei sensationelle Weltbilder zutage fördern« wurde die Edition bezeichnet als »ein wahres Feuerwerk mehr oder minder origineller Reflexionen von Eigentümlichkeiten unserer Gegenwart..., ein Spektrum mobilen Denkens von 113 Leuten, die mit dem Wachsen und den Widersprüchen dieser Republik eng verbunden sind ... Es ist ein Sammelband überraschender Thesen, witziger Charakterisierungen und anregender Bonmots geworden.« (Ulrich Greiwe) Stellvertretend sei hier der Verlegerfreund Hans Egon Holthusen zitiert, der schon beim 50jährigen Verlagsjubiläum eine Festrede gehalten hatte:

> »Vor zwei Jahren haben wir unter lebhafter Anteilnahme der Behörden und weiter Kreise der Bevölkerung, darunter zahlreiche Autoren, Verleger, Kritiker, Medienbosse, Buchhändler und Bücherleser, das 75jährige Jubiläum des Hauses Piper gefeiert, erst in den Kammerspielen an der Maximilianstraße, dann ein paar Monate lang im Münchner Stadtmuseum, schließ-

lich wurde selbst das ferne Berlin von der waldbrandartig um sich greifenden Piper-Euphorie ergriffen, indem daß die stolze Retrospektive vom St.-Jakobs-Platz von der dortigen Akademie der Künste respektvoll übernommen wurde ... Aber damit nun auch genug über die Jubelaffäre vor zwei Jahren. Wir haben ja noch alles halbwegs im Ohr, alle diese Huldigungen von amtlicher, freundschaftlicher und kollegialer Seite; der P. R.-Apparat lief auf hohen Touren, ein leibhaftiger Nobelpreisträger hielt die Festrede, und ein Großes Verdienstkreuz fiel vom Himmel. Der Verleger, sieben Jahre jünger als sein Verlag, hat nun heute auch seinerseits das biblische Alter erreicht. Vor uns steht ein Siebzigjähriger, dessen landbriefträgerhafte Stabilität es glaubhaft erscheinen läßt, daß das Altwerden für ihn eben erst begonnen hat oder recht eigentlich noch vor ihm liegt. (Den Landbriefträger übernehme ich von Frau Elisabeth.)« (H. E. Holthusen, »Zur Feier des Tages. Festrede mit Zitaten für Klaus Piper«, in: Für Klaus Piper zum 70. Geburtstag, S. 161–168, hier S. 161 f.)

In diesem Jahr hat der Piper Verlag die damals in Berlin publizierte Zeitschrift »Litfass – Berliner Zeitschrift für Literatur« erworben, gegründet von Assen Assenov und K. P. Herbach. »Damit hat der Verlag ein bis dahin geltendes Prinzip durchbrochen: Niemals vorher gab es bei Piper eine Zeitschrift. Als Forum für junge und bereits eingeführte Autoren will ›Litfass‹, seit Ende 1983 von Rainer Weiss herausgegeben, vor allem jetzt entstehende Literatur vorstellen.« (Piper Almanach zum 80. Jahr, S. 6) Ziel dieses Mediums sollte es sein, dem bisherigen belletristischen Programm eine Unterstützung zu bieten. Mit dem »beweglichen Forum ›Litfass‹« wollte der Verlag unter anderem neue Autoren fördern, um eine ausgewogene Mischung zwischen bereits etablierten und jungen Autoren aus Ost und West zu erreichen. Die Zeitschrift erschien viermal jährlich und wurde ausschließlich im Buchhandel vertrieben.

»Lust am Denken« – der Titel des 1981 in der »Serie Piper« erschienenen Lesebuchs war in seinem Sinn repräsentativ für das Programm des Verlages. Mit dieser Anthologie von Texten aus seinem Wissenschaftsprogramm – Philosophie, Natur- und Humanwissenschaften – stellte der Herausgeber, Klaus Piper, ein Lesebuch vor, in dem Beiträge von substantieller Eigenständigkeit und geistiger Originalität vereinigt sind. Es bot nicht nur einen repräsentativen Querschnitt durch die »Piper-Wissenschaft« und reflektierte dabei zugleich wie in einem Spiegel die großen fruchtbaren Denkströmungen unserer Zeit, sondern lieferte geradezu ein Resümee der gesamten Verlagsarbeit nach dem Krieg. »Die verbindende Qualität der Autoren und Werke auf diesem Feld ist: wissenschaftliche Kompetenz, interdisziplinäres Denken – Wissenschaft nicht neutral-akademisch, sondern ›charismatisch‹-erhellend –, Wissenschaft, die Vorhänge wegzieht vom noch Unbekannten, aber Erkennbaren.« (Piper Almanach zum 80. Jahr, S. 7f.)

1981 war auch das Jahr der Geschenkkassetten des Piper Verlages: Von Heinrich Spoerl erschien unter dem Titel »Das Schönste von Heinrich Spoerl« eine vierbändige Ausgabe mit »Die Feuerzangenbowle – Der Gasmann«, »Die Hochzeitsreise – Der Maulkorb«, »Wenn wir alle

Engel wären – Man kann ruhig darüber sprechen – Ich vergaß zu sagen« sowie »Das andere Ich«. In ähnlicher Form wurden auch die Arbeiten Karl Valentins präsentiert, einer weiteren »Säule« des Piperschen Verlagsprogrammes. Die »Gesammelten Werke« enthalten »Monologe und Dialoge« sowie verschiedene Szenen und Stücke.

Das Taschenbuch in der »Serie Piper« Die Jahre 1982 bis 1994

»Als ›Publikumsverlag‹ ist Piper – wie er es schon immer war – ausgesprochen ein Autoren-Verlag. Im künftigen Programm werden Werke, die wir initiieren und in Auftrag geben, Handbücher, Nachschlagewerke, im Programm einen größeren Raum einnehmen. Wir werden Chancen aus der sich vollziehenden Demokratisierung der Kultur, die unseren Interessen und Möglichkeiten angemessen sind, nutzen. Dazu gehört der Ausbau der in den letzten Jahrzehnten entwikkelten und bewährten Buchreihen.« (75 Jahre Piper, S. 8f.)

So hatte Klaus Piper 1979 die Arbeit des Verlages für die kommenden Jahre formuliert. Zwei Jahre später griff er in seinem Beitrag zu dem Band »20 Jahre Deutscher Taschenbuch Verlag« den Begriff »Demokratisierung der Kultur« noch einmal auf, diesmal an einem ganz konkreten Beispiel: »Taschenbücher sind – darin liegt ihre besondere Legitimation – ein aktiver Beitrag zur Demokratisierung der Kultur. Taschenbücher werden leicht und rasch verbreitet und kommen darin den modernen Lebensgewohnheiten entgegen.« Klaus Piper hatte 1960 den dtv mitbegründet und war insofern ein legitimer Mitwirkender bei einer solchen Veröffentlichung. Nur 15 Monate später trennten sich die Wege beider Häuser. Am 1. Januar

1983 schied der Piper Verlag aus dem Kreis der dtv-Gesellschafter aus. Grund war die »Serie Piper«: Nach langen konzeptionellen Debatten entschlossen sich die Piper-Verleger, die Reihe konsequent zur Taschenbuchabteilung des Verlages auszubauen. Das entscheidende Motiv dabei war die Chance, durch den eigenen Taschenbuchverlag die Programmsubstanz des Hauses zusätzlich zu verwerten und überhaupt neue Programmsegmente zu pflegen. Ein eigenes Taschenbuchprogramm war mit der Satzung des dtv nicht vereinbar; sie verbot den Gesellschaftern eigene Taschenbuchaktivitäten. Heute ist das Taschenbuch aus dem Erscheinungsbild des Piper Verlages ebensowenig wegzudenken wie aus dem des Buchhandels insgesamt. Hatte es in den 60er Jahren noch den Ruf eines Mediums, das lediglich der Letztverwertung diente, so verfügt es heute nicht nur über einen erheblichen Anteil an Originalausgaben, sondern hat sich auch alle Themenbereiche der Buchproduktion erobert und ist im weitesten Sinne salonfähig geworden.

Die »alte« Serie Piper, die erste Taschenbuchreihe des Verlages, war im Jahre 1970 gegründet worden. Obwohl sie sich bald Rang und Ansehen erworben hatte, blieb sie vom wirtschaftlichen Volumen her ein begrenztes Unternehmen. In den ersten zehn Jahren erschienen 200 Titel, deren Durchschnittsauflage bei 8000 Exemplaren lag. Meist waren es Erstveröffentlichungen. Daneben wurde das Werk wichtiger Hausautoren, wie Hannah Arendt, Ingeborg Bachmann, Karl Jaspers, Leszek Kolakowski, Alexander Mitscherlich, in Einzelausgaben zugänglich gemacht. Zudem hatte die Reihe auch manches aufgenommen, was sich nicht ins allgemeine Verlagsprogramm integrieren ließ. Es stellte sich jedoch heraus, daß dabei die Verkäuflichkeit nicht in allen Fällen ausreichend gesichert war.

Im Jahr 1982 schließlich wurde der konzeptionelle Durchbruch sichtbar. Als erste Pilotprojekte der »neuen« Serie Piper erschienen die Tagebücher von Cosima Wagner in vier Bänden und die berühmte Goethe-Biographie von Richard Friedenthal, die früher bei dtv gewesen war. Vom »Goethe« wurden in rascher Folge mehrere zehntausend Exemplare verkauft. Der erfolgreichste Band der Serie war – bis zu Anna Wimschneiders »Herbstmilch« – »Frieden ist möglich« von Franz Alt, erschienen im März 1983. Das Buch wurde bis Ende Dezember fast 750000mal verkauft. (Der erfolgreichste Band der »alten« Serie Piper waren Konrad Lorenz' »Die acht Todsünden der zivilisierten Menschheit« gewesen, die 1973 erschienen und von denen innerhalb von zehn Jahren 390000 Exemplare verkauft wurden.) Die Werbung für die neu gestaltete Serie stand anfangs unter dem Motto »Lust am Denken – Lust am Lesen«. Für die Ausstattung zeichnete und zeichnet auch heute Federico Luci, der frühere Assistent von Willy Fleckhaus in Wuppertal, verantwortlich. Als das erste neue Programm vorgestellt wurde, schrieb Hartmut Panskus über Lucis Arbeit: »Seine Entwürfe, läßt sich konstatieren, sind ein Wurf – ein Sieg der Buchkunst über die Gebrauchsgraphik«. Auch die Nachauflagen der älteren Titel erhielten innerhalb kurzer Zeit neue Umschläge, so daß schon bald die gesamte Reihe in einer einheitlichen Ausstattung im Buchhandel präsent war. Im ersten Jahr erschienen in der Serie Piper 47 Neuerscheinungen und 60 Nachauflagen, 1984 waren es rund 60

Neuerscheinungen, inzwischen hat sich die Zahl bei etwa 200 eingependelt.

Mit zunehmender Verbreiterung des Programms stellte sich für die Serie Piper das Problem der Gruppenbildung. Eine deutlich abgesetzte Gruppe waren die inzwischen eingestellten »Panoramen der modernen Welt«. Eine weitere Gruppe von Bänden, die bis heute eine wichtige Rolle spielen, wurde mit dem Buch von Franz Alt eröffnet, das das Signum »aktuell« trug. Bei diesen Titeln handelt es sich um engagierte und pointierte Beiträge zu aktuellen Diskussionen. Diese meist knapp gehaltenen Streitschriften haben zudem der in Deutschland so unterentwickelten Tradition des politischen Essays neue Impulse gegeben und die Serie Piper zu einem Forum aktueller Kontroversen gemacht. Heute werden in der allgemeinen Reihe die Themengebiete klassische und zeitgenössische Literatur, Unterhaltung, Lyrik, Biographien und Lebensberichte, Gesellschaft, Politik und Geschichte, Philosophie, Religion, Naturwissenschaft, Pädagogik, Psychologie und Lebenshilfe gepflegt. Als deutlich abgegrenzte Gruppen erscheinen inzwischen die Reihen Serie Piper Frauen, Serie Piper Materialien, Serie Piper Abenteuer, Serie Piper Spannung, Serie Musik Piper Schott und schließlich Serie Gesundheit Piper/C&H.

Durch den Ausbau der Serie Piper zu einem regulären Taschenbuchverlag ist heute eine Größenordnung erreicht worden, die mittlerweile mehr als 50 Prozent des gesamten Umsatzes des Verlages ausmacht. Weitaus der wichtigste graphische Betrieb ist deshalb heute die Firma Clausen & Bosse (Leck), die nicht nur die gesamte Ta-

44 *Klaus Piper mit Martin Gregor-Dellin bei der Präsentation von »Richard Wagner. Eine Biographie in Bildern«, 1982*

schenbuchproduktion, sondern auch viele Hardcover für Piper herstellt.

Im Jahre 1982, gleichzeitig mit Gründung der »neuen« Serie Piper, trat Ernst Reinhard Piper in den väterlichen Verlag ein, seit 1984 ist er mit Klaus Piper in der Verlagsleitung als geschäftsführender Gesellschafter tätig.

Gleichzeitig wurde auch dem Programmbereich der deutschsprachigen Literatur wieder ein deutlich verstärktes Interesse zugewendet. Mit Jürg Amann und Birgitta Arens wurden 1982 erstmals zwei Piper-Autoren beim

Ingeborg Bachmann-Wettbewerb in Klagenfurt ausgezeichnet. Sten Nadolny, Hanns-Josef Ortheil, Edgar Hilsenrath, Gert Heidenreich, Monika Helfer, Ludwig Fels, Michael Köhlmeier, Dante Andrea Franzetti und andere kamen zu Piper.

1982

1982 also war der Beginn der »neuen« Serie Piper: »Das Konzept der ›Serie‹ ist es, im eigenen Haus die Substanzen des Verlagsprogramms in seiner Breite durch das zeitgemäße Vehikel des Taschenbuchs auf dem Buchmarkt, nach dessen vollen Möglichkeiten und mit Dauerwirkung, durchzusetzen.« (Piper Almanach zum 80. Jahr, S. 10)

Jürg Amann, der den Ingeborg Bachmann-Preis erhalten hatte, veröffentlichte »Die Baumschule«; Birgitta Arens, Trägerin des Preises der Klagenfurter Jury, trat mit ihrem Roman »Katzengold« an die Öffentlichkeit. Jürg Amann wurde 1947 in Winterthur geboren und lebt heute als freier Schriftsteller in Zürich. Auf »Die Baumschule« folgten unter anderem die Titel »Nachgerufen« (1983), »Franz Kafka« (1983), »Patagonien« (1985), »Robert Walser« (1985), »Fort« (1987) und »Tod Weidigs« (1989).

John C. Eccles und Karl R. Popper brachten zusammen »Das Ich und sein Gehirn« heraus, das seither acht Auflagen erlebte. Der Philosoph Karl R. Popper (geboren 1902) war Professor an der Universität London. Einen interessanten Einblick in sein Lebenswerk vermittelt der auf mehreren Gesprächen basierende, 1986 veröffentlichte Band »Offene Gesellschaft – offenes Universum« (herausgegeben zusammen mit dem Publizisten Franz Kreuzer). Politik und Gesellschaftskritik, so beispielsweise am Marxismus und Historizismus, sowie Erkenntnis- und Wissenschaftstheorie sind durchgehende Elemente der

45 *Karl R. Popper und Konrad Lorenz in der Lorenz-Villa in Altenberg bei Wien am 21. Februar 1983*

Popperschen Philosophie. Unter Einbeziehung der Evolutionstheorie (vor allem auch der evolutionären Erkenntnistheorie) zeigt Popper einen Kosmos, in dem es keine Bestätigung von Wahrheiten, sondern nur Widerlegung von Irrtümern gibt. Als weitere wichtige Veröffentlichungen sind zu nennen: »Auf der Suche nach einer besseren Welt« (1984) und, zusammen mit Konrad Lorenz, »Die Zukunft ist offen« (1985).

Ein schmales Bändchen erinnerte in diesem Jahr wieder an die ersten Anfänge des Verlages, Franz Marcs »Briefe aus dem Feld«, die ein beeindruckendes Zeugnis der Zeit liefern. In einer von Klaus Lankheit, dem Biographen Marcs, und Uwe Steffen vorgenommenen Neubearbeitung liegt dieses lange vergriffene Dokument des Künstlers seither im originalen Wortlaut vor. Franz Marcs Briefe, gerichtet an seine Frau Maria, erzählen von täglichen Sorgen und Ängsten, von den Grundlagen seiner Kunst, von der »Sehnsucht... nach meiner Arbeit«, aber auch von der tiefen Wandlung, die der Krieg in ihm bewirkte, dessen Opfer er schließlich im Frühjahr 1916 vor Verdun wurde.

1983

In diesem Jahr erschien eines der erfolgreichsten Bücher des Piper Verlages, »Frieden ist möglich« von Franz Alt, das bis heute insgesamt 26 Auflagen erreicht hat: »Aktuelle Piper-Bücher zu politischen Lebensfragen, vor denen die Welt steht, haben außerordentliche Resonanz erfahren ... Franz Alts leidenschaftlich diskutiertes kleines Buch ›Frieden ist möglich‹ hat innerhalb eines Jahres eine Auflage von 750000 Exemplaren erreicht.« (Piper Almanach zum 80. Jahr, S. 9) Franz Alt (geboren 1938) war seit 1968 Redakteur und Reporter beim Südwestfunk in Baden-Baden, von 1972 bis 1991 Leiter und Moderator des politischen Fernsehmagazins »Report«. Seit 1992 ist er zusammen mit Wilhelm von Sternburg Leiter und Moderator der ARD-Zukunftsreihe »Zeitsprung«. Bekannt geworden ist Franz Alt vor allem als couragierter Moderator und Autor engagierter Bücher zu Fragen der Zeit. Seine Veröffentlichungen bei Piper sind neben seinem 1983er Bestseller »Liebe ist möglich« (1985), »Jesus – der erste neue Mann« (1989) und »Schilfgras statt Atom. Neue Energie für eine friedliche Welt« (1992). »Frieden ist möglich«, das in der »Serie Piper« unter der Gruppe »aktuell« erschien, »ist ein mutiges Buch. Wenn ein konservativer Publizist Schluß macht mit der Spaltung zwischen Politik und Bergpredigt, Verantwortungs- und Gesinnungsethik, dann ist dies ein Ereignis.« (Erhard Eppler) Die Botschaft der Bergpredigt, die das Buch zu vermitteln sucht, steht in ihrer gewaltfreien und phantasievollen Ausrichtung der atomaren Bedrohung gegenüber: »Zum Lesen dieses Buches werden Sie etwa vier Stunden brauchen. Während dieser vier Stunden werden in der Welt etwa 500 Millionen Mark für Rüstung ausgegeben, zugleich jedoch 7000 Kinder verhungern. Wenn die Entwicklung so weitergeht wie in den letzten 20 Jahren, werden sich diese Zahlen bis zum Jahr 2000 verdoppeln. Die Welt ist heute ein atomares Pulverfaß. Für jeden Menschen liegen mehrere Tonnen Sprengstoff bereit. Es gibt pro Kopf mehr Sprengstoff als Nahrungsmittel. Das kann tödlich enden.« Franz Alt stellt jedoch nicht nur die Situation des »5 vor 12« vor Augen, sondern beschreibt auch konkrete Schritte und mittelfristige Ziele auf dem Weg in Richtung Frieden. Zu seinem »Jesus«, ebenfalls einem fulminanten Publikumserfolg, sagt der Autor: »Jesus ist ein Mann von hinreißender Konsequenz und Eindeutigkeit.

Er hat nicht gesagt: ›Ich mache die Kirche oder die Religion neu.‹ Er hat vielmehr gesagt: ›Ich mache alles neu.‹ Mit Jesus begann eine neue Zeitrechung, aber noch keine neue Zeit. Unsere Zeit ist reif für Jesus, den ersten neuen Mann. Meine persönliche Erfahrung ist: Im Angesicht

46 Piper-Salon am 2. November 1983 für Salman Rushdies Roman »Mitternachtskinder«. Von links nach rechts: Anna Leube, Salman Rushdie, Klaus Piper

der atomaren und ökologischen Bedrohungen und der politischen Gefährdungen, mit denen wir heute leben, gibt es keine wichtigere Botschaft, kein überzeugenderes Leben und kein größeres Vorbild als Jesus von Nazareth.«

Das ausländische Literaturprogramm erhielt durch den Roman »Mitternachtskinder« des in London lebenden Inders Salman Rushdie einen entscheidenden Akzent, von dem auch »Scham und Schande« (1985) sowie »Das Lächeln des Jaguars« (1987) erschien.

Sten Nadolny veröffentlichte 1983 seinen Roman »Die Entdeckung der Langsamkeit«, der bei Piper bisher eine Auflage von etwa 800000 Exemplaren erreicht hat. Nadolny (geboren 1942), dessen erstes Werk »Netzkarte« im Jahre 1981 erschienen war, studierte Geschichte und war danach als Taxifahrer, vor allem aber beim Film tätig. Seit 1967 lebt er in Berlin, seit einigen Jahren auch in München. 1980 hatte Nadolny für zwei Kapitel der »Entdekkung der Langsamkeit« den Ingeborg Bachmann-Preis erhalten. Der Roman gehörte zu den erfolgreichsten deutschen Romanen der 80er Jahre. Einige Stimmen seien im folgenden kurz zitiert: »Sten Nadolny ist endlich das gelungen, was die frühen Bücher Handkes versprachen. Er hat die Langsamkeit aus ihrem Gegenwartsmuff befreit, er hat ihr eine notwendige, historisch weit gespannte Dimension gegeben.« (Hanns-Josef Ortheil, Der Spiegel) »Die Langsamkeit dieses Buches, das dennoch auch ein Abenteuerroman ist, macht es einem schwer, ins Leben zurückzufinden. Man sehnt sich so nach dieser Ruhe.« (Die Presse, Wien) Und: »Der Autor Sten Nadolny ist uns nötig, damit wir sehen lernen.« (Tagesspiegel) Sein nächster Roman, »Selim oder die Gabe der Rede«, folgte im Jahre 1989. Zum literarischen Wurf wurde dieses Werk durch den fremden Blick auf scheinbar Bekanntes. Während der Autor in der »Entdeckung der Langsamkeit« den Lebensbogen eines einzigen Menschen beschrieb, entstand hier das facettenreiche und eindringliche Bild einer Generation, ein Panorama ihrer individuellen und gesellschaftlichen Entwicklung. Nadolny führt darin ihre Chancen und Nöte, Anmaßung und Verzweiflung, auch ihre Wünsche und Illusionen vor. »So unterschiedlich die Hauptdarsteller in seinen Büchern auch sind, eines verbindet sie: der besondere Blick, auf das kleine Abenteuer und das große Erleben... Das Staunenkönnen zeichnet Sten Nadolnys Helden wie ihn selber aus, und er lehrt es seine Leser neu.« (FAZ-Magazin) Im Jahre 1990 schließlich veröffentlichte Nadolny den Band »Das Erzählen und die guten Absichten. Münchener Poetik-Vorlesungen«. In den im Sommer des Jahres gehaltenen Vorträgen hatte der Autor das nicht immer glückliche Mitwirken politischer, moralischer und anderer »guter Absichten« am Erzählen und Schreiben untersucht.

Paul Watzlawick, Piper-Autor seit sieben Jahren, veröffentlichte 1983 sein überaus erfolgreiches Buch »Anleitung zum Unglücklichsein«, ein weiterer »Riesenbestseller« der neueren Verlagsgeschichte. Er führt darin den Lesern vor Augen, mit welchen Mitteln man seinen Alltag unerträglich gestalten kann. Klaus Piper schrieb im November 1981 dazu an Watzlawick:

> »... das ganze Haus Piper fände es großartig, wenn Sie recht bald Zeit hätten, Ihr Projekt ›Anleitung zum Unglücklichsein (Wie kann man seine Probleme vermehren?)‹ zu verwirklichen. Dies so ›glücklich‹ formulierte Thema trifft ins Schwarze. Es wäre ein Buch – nicht übertrieben – für Millionen heute. Es würde sich, wenn ich es recht sehe, gar nicht mal um ein umfangreiches Buch handeln. Wollen Sie es im nächsten Jahr schreiben? Ich würde Ihnen gern zur Ermunterung der

Schreiblust eine Flasche hochkarätigen Champagner schicken. Was ist Ihre Lieblingsmarke?« (SuB, S. 273)

Der Verleger erhielt sein Buch, und der von ihm prognostizierte Erfolg für den 132 Seiten »starken« Band folgte auf dem Fuß: Noch im Erscheinungsjahr erreichte der Titel bereits neun Auflagen von insgesamt 220000 Exemplaren, heute befindet er sich in der 35. Auflage und im 867. Tausend.

Die zahlreichen Einzelausgaben von Ludwig Thomas Werken hatten bis 1983 ebenso auf den früheren Ausgaben bei Albert Langen gefußt wie die »Gesammelten Werke«, die Hans Mollier, der in der Weimarer Zeit einige Jahre im Piper Verlag gearbeitet hatte und nach 1945 den Kulturteil der »Süddeutschen Zeitung« leitete, unter seinem Schriftsteller-Pseudonym Johann Lachner 1956 in acht Bänden herausgegeben hatte. Der Verlag hatte sich zunächst auch weiterhin darauf beschränkt, das Bewährte nachzudrukken. Diesem Zustand machte erst das umfassende Engagement von Bernhard Gajek (geboren 1929), seit 1971 Professor für Neuere deutsche Literaturwissenschaft an der Universität Regensburg, ein Ende, der seit 1983 neun Neueditionen mit Werken Thomas herausgab und als Gesamtherausgeber auch die weiteren Thoma-Editionen verantwortet. Diese Ausgaben basieren auf einem gründlichen Studium der in der Monacensia verwahrten Handschriften, sind im Text vollständig revidiert und enthalten ebenso gründliche wie kundige Nachworte. Mit Bernhard Gajek ist Ludwig Thoma nach langen Jahren der Herausgeber erwachsen, der sich mit der notwendigen Kompetenz, Sorgfalt und Ausdauer seines Werkes angenommen hat.

1984

Der Piper Verlag feierte sein 80jähriges Bestehen. Ernst Reinhard Piper wurde zum Mitinhaber des Verlages. Der »Piper Almanach zum 80. Jahr«, herausgegeben von Klaus und Ernst Reinhard Piper charakterisierte die programmatischen Aktivitäten:

> »In den Jahren seit dem Ende des Zweiten Weltkriegs... veränderte und verbreiterte sich das Programm: Zeitgenössische Literatur deutscher und ausländischer Autoren kam hinzu; Musik und Theater, philosophisches und naturwissenschaftliches Denken, grundlegende und aktuelle Bücher zur Politik, Soziologie, Psychologie sowie praktische Medizin und Länderkunde wurden die Felder unserer Arbeit ... Mit Erfolg haben wir uns in den letzten Jahren bemüht, neue deutschsprachige Autoren zu gewinnen ... Bücher zur Musik gab es schon in den Anfängen des Verlags. In den letzten Jahren haben sie neue Bedeutung gewonnen ... In kontrapunktischem Bezug zu den Büchern, die naturwissenschaftliches Denken unserer Zeit vorstellen, stehen im Piper-Programm die Veröffentlichungen aus den Bereichen Philosophie, Theologie und Psychologie. Unser verlegerischer Ehrgeiz ist es, auch auf diesem Feld Beiträge zu einer zukunftweisenden Anthropologie zu liefern. Die Themen spannen einen weiten Bogen von Fragen menschlicher Existenz in der heutigen Welt«,

denn:

> »philosophisches und politisches Denken ist aufeinander angewiesen.« (Piper Almanach zum 80. Jahr, S. 5 ff.)

Anna Wimschneiders Lebenserinnerungen, ihr Band »Herbstmilch«, der in diesem Jahr veröffentlicht wurde, gehört zu den sensationellsten deutschen Bucherfolgen der letzten Jahre und ist inzwischen auch zum erfolgreichsten Titel der Verlagsgeschichte geworden. Anna Wimschneider (1919–1993) lebte als Bäuerin in der Nähe von Pfarrkirchen in Niederbayern. Sie erzählt in »Herbstmilch« von ihrem Leben auf dem Lande, vor allem von ihrer Jugend, die durch große Not und harte Arbeit charakterisiert war. Das Buch ist zu einem Dokument ganz eigener Art geworden und liefert Anschauungsmaterial, wie das Leben in Deutschland vor wenigen Jahrzehnten noch sein konnte. »Nur auf den ersten Blick scheint Anna Wimschneiders Autobiographie im aktuellen Heimattrend mitzuschwimmen. Diese Lebenserinnerungen einer Bäuerin verklären nicht, im Gegenteil. Ihr Fazit: ›Wenn ich noch einmal zur Welt käme, eine Bäuerin würde ich nicht mehr werden‹, ist deutlich genug. Empfohlen seien sie darum auch denjenigen, die aus falschverstandener Romantik das ›einfache Leben‹ auf dem Lande verklären.« (Hessischer Rundfunk) Inzwischen wurden von »Herbstmilch« über zwei Millionen Exemplare verkauft. Die Verfilmung von Joseph Vilsmaier mit Dana Vavrova in der Hauptrolle, die 1989 Premiere hatte, wurde zu einem der erfolgreichsten deutschen Kinofilme der letzten Jahre.

Als neue Piper-Autoren sind in diesem Jahr vor allem

47 *Bei der Präsentation der »Gesammelten Werke« von Werner Heisenberg, München 1984. Von links nach rechts: Helmut Rechenberg, Hendrik B. G. Casimir, Hans-Peter Dürr, Friedrich Hund, Karl Wirtz, Heinz W. Koppe, Heinz Götze, Walter Blum, Elisabeth Heisenberg, Klaus Piper, Carl Friedrich von Weizsäcker*

Ludwig Fels und Michael Köhlmeier zu nennen. Ludwig Fels (geboren 1946) veröffentlichte 1984 Gedichte unter dem Titel »Der Anfang der Vergangenheit«. Der Schriftsteller und Lyriker, der heute in Wien lebt, debütierte 1973 mit dem Gedichtband »Anläufe«, 1975 erschien sein erster Roman »Die Sünden der Armut«. Seither veröffentlichte er mehrere Romane sowie Prosa- und Gedichtbände, Theaterstücke und Hörspiele. Er erhielt zahlreiche Auszeichnungen, wie den Leonce-und-Lena-Preis für Lyrik 1979, den Preis des Literaturmagazins des Südwestfunks 1979, den Hans-Fallada-Preis 1983, den Preis des Stadtschreibers von Bergen-Enkheim 1985, den Förderpreis zum Schiller-Preis des Landes Baden-Württemberg 1989 und 1991 den Premio Ondas. Auf den 1984 veröffentlichten Titel folgten bei Piper unter anderem die Bände »Die Eroberung der Liebe. Heimatbilder« (1985), der Roman »Rosen für Afrika« (1987) und »Bleeding Heart« (1993). Für sein 1990 veröffentlichtes Buch »Der Himmel war eine große Gegenwart. Ein Abschied«, einen schmalen Band, in dem Ludwig Fels das Leben und Sterben seiner Mutter beschreibt, erhielt er 1992 den Kranichsteiner Literaturpreis.

Michael Köhlmeier debütierte in diesem Jahr mit »Moderne Zeiten« und »Der Peverl Toni und seine abenteuerliche Reise durch meinen Kopf«. Köhlmeier (geboren 1949), der heute als freier Schriftsteller in Hohenems/Vorarlberg lebt, verfaßte zahlreiche Drehbücher, Hörspiele und Theaterstücke, darunter die Rockoper »Love and Glory«. 1988 erhielt er für seinen Roman »Spielplatz der Helden« den Johann-Peter-Hebel-Preis des Landes Baden-Württemberg. Auf die beiden Veröffentlichungen des Jahres 1984 folgten die Romane »Die Figur. Die Geschichte von Gaetano Bresci, Königsmörder« (1986), »Spielplatz der Helden« (1988), »Die Musterschüler« (1989), die Fabel »Wie das Schwein zu Tanze ging« (1991) mit Illustrationen von Reinhard Michl und »Bleib über Nacht« (1993).

Walter Blum, Hans Peter Dürr und Helmut Rechenberg begannen in diesem Jahr mit der Herausgabe der »Allgemeinverständlichen Schriften« Werner Heisenbergs in fünf Bänden. (Die physikalischen Facharbeiten erschienen gleichzeitig bei Springer.) In diesem Jahr erschienen Band 1 und 2: »Physik und Erkenntnis 1927–1955« sowie »Physik und Erkenntnis 1956–1968«.

48 *»Literarisches Café« am 6. Oktober 1984 auf der Frankfurter Buchmesse. Von links nach rechts: Ernst Reinhard Piper, Ludwig Fels, Monika Helfer, Michael Köhlmeier und Lektor Rainer Weiss*

1985 und 1986 folgten der dritte (»Physik und Erkenntnis 1969–1976«) und der vierte Band (»Biographisches und Kernphysik«). Im Jahre 1989 wurde die Ausgabe mit dem fünften Band (»Wissenschaft und Politik«) abgeschlossen. Die große Edition der Werke Werner Heisenbergs zeigt den bedeutendsten deutschen Physiker als wissenschaftlich-politischen Publizisten, dem infolge seines überragenden Ranges in der Gesellschaft die Rolle eines Repräsentanten der Wissenschaft schlechthin zufiel. Pointiert, human und weise nahm er jahrzehntelang Stellung zu Fragen der Ethik, Lehre und Forschung. Im Jahre 1980 veröffentlichte seine Witwe, Elisabeth Heisenberg (geboren

1914), »Das politische Leben eines Unpolitischen. Erinnerungen an Werner Heisenberg«.

Für den Aufbau der Taschenbuchreihe »Serie Piper« wurde Ernst Reinhard Piper 1984 mit dem Preis »Das streitbare Wort« ausgezeichnet.

1985

Der Franzose Claude Simon erhielt in diesem Jahr den Nobelpreis für Literatur. Drei seiner Romane erschienen als Neuauflagen: »Der Palast«, »Die Straße in Flandern« und »Der Wind«.

Die im Vorjahr mit »Der Lügner unter Bürgern« und »Sonne und Mond« begonnene Ausgabe der Werke Albert Paris Güterslohs in der »Serie Piper« wurde mit »Die Fabel von der Freundschaft« und »Eine sagenhafte Figur« fortgeführt.

Antonio Skármeta wurde Autor des Verlages mit dem Roman »Mit brennender Geduld«. Der chilenische Schriftsteller und Filmemacher Skármeta (geboren 1940) lebt heute, nach langen Jahren des Exils in Berlin (von 1973 bis 1989), wieder in Chile. Bei Piper erschienen unter anderem »Der Radfahrer vom San Cristóbal« (1986), der Roman »Der Aufstand« (1987), »Sophies Matchball« (1992) und zuletzt die Erzählung »Aus der Ferne sehe ich dieses Land. Ein Chilene in Berlin« (1993). Obwohl vor über fünfzehn Jahren geschrieben, ist dieses Buch, das auch verfilmt wurde, in einer Zeit wachsender Fremdenfeindlichkeit von großer Aktualität.

Das von Dieter Nohlen herausgegebene Werk »Pipers

Wörterbuch zur Politik« startete in diesem Jahr mit dem Band »Politikwissenschaft. Theorien – Methoden – Begriffe«. Diese Einführung bot das Werkzeug der Politologie für Lehre, Studium und Forschung, für politisch Handelnde und politisch Interessierte. In über 800 Stichworten war »ein Werk entstanden, das die gegenwärtige Politikwissenschaft in ihren Inhalten und vor allem in

49 *Präsentation von Joachim Kaisers »Sarastro« im Verlag, 1985. Von links nach rechts: Sabine Peters, Joachim Kaiser, Franz Kerschensteiner, Lektor Klaus Stadler*

ihren Fachvertretern zusammenführt.« (Thomas Ellwein, FAZ) Im nächsten Jahr folgte »Sozialistische Systeme. Politik – Wirtschaft – Gesellschaft«, herausgegeben von Klaus Ziemer.

Gleichzeitig begann der Verlag mit »Pipers Handbuch der politischen Ideen«, herausgegeben von Iring Fetscher und Herfried Münkler, einem Projekt, das auf dem deutschen Büchermarkt ohne Konkurrenz ist. Iring Fetscher (geboren 1922) war von 1963 bis 1990 Professor für Politikwissenschaft an der Universität Frankfurt/Main und hat sich vor allem als Herausgeber großer Studienwerke zum Marxismus einen Namen gemacht. Herfried Münkler (geboren 1951) hat seit 1992 den Lehrstuhl für Theorie der Politik an der Humboldt-Universität in Berlin inne. Der erste Band, der in der Reihe »Pipers Handbuch der politischen Ideen« erschien, war »Neuzeit: Von den Konfessionskriegen bis zur Aufklärung«. Insgesamt hat das Handbuch fünf Bände. Der letzte erschien 1993.

1986

1986 war das Jahr eines in der Geschichte des Piper Verlages einzigartigen Projektes, das auch weltweit keinen Vergleich hat, »Pipers Enzyklopädie des Musiktheaters«: »Als sechsbändiges Nachschlagewerk mit Beiträgen von über 200 wissenschaftlichen Mitarbeitern über den gesamten Bereich des musikalischen Theaters – Oper, Operette, Musical, Ballett – konzipiert, wird dieses Handbuch eine ›Weltnovität‹ sein.« (Piper Almanach zum 80. Jahr,

S. 7) Herausgeber sind das Forschungsinstitut für Musiktheater der Universität Bayreuth unter der Leitung von Sieghart Döhring (geboren 1939) und Carl Dahlhaus (1928–1989). Inzwischen liegen vier Bände vor: »Die Enzyklopädie läßt nach dem ersten Band schier ein Jahrhundertwerk erwarten, eine Zentralkartei des Musiktheaters. Der Gegenstand ist ständig in Bewegung, doch dürfte das ausladende Lexikon den Wechselfällen der nächsten Jahrzehnte standhalten. Es hilft dem Laien und macht sich dem Fachmann unentbehrlich. Und es schmeichelt nicht zuletzt dem Bibliophilen.« (Prof. Karl Schumann, Süddeutsche Zeitung) »Carl Dahlhaus und seinen Mitstreitern ist mit ihrem Handbuch eine neuartige Erfindung gelungen, indem sie dafür ein eigenes Thema entdeckt haben: das Musiktheater als Ganzheit... Erst Melodrama, Ballett, Operette, Zarzuela, Musical und die Oper zusammengenommen bilden so etwas wie eine eigene Obergattung in der Bühnenkunst – eine ebenso einfache wie schlagende Idee.« (Prof. Hans Joachim Kreuzer, FAZ) »Mit diesem Corpus hat der Buchhändler ein Angebot von besonderer Attraktivität. Er darf dabei durchaus auch an die Musiksnobs denken, die Bayreuth-, Salzburg- und Festwochen-Pendler... Zwei Festspielbilletts für Bayreuth in A 3 (Parkettmitte) kostet der Band ... Dafür erhält der Käufer die Werkdarstellung von gut und gern 500 Gegenständen des Musiktheaters. Nie im Leben wird er je erleben, was er sich hier erlesen kann, und zwar erlesen erlesen.« (Georg Ramseger, Börsenblatt)

In diesem Jahr startete in der »Serie Piper« die neue Reihe »Spannung«, die sich eindrucksvoll in schwarzen Bänden mit roten Lettern präsentiert. Zu ihren Autoren gehören unter anderem Frederick Forsyth, Ivan Ruff, Barbara Paul, Jan Guillou, Juan Madrid, Linda Grant, Lawrence Block, Iain Pears, Julian Rathbone, Michael Innes und Richard Hey. Als erfolgreichste Schriftstellerin im Bereich des Kriminalromans dürfte jedoch Sara Paretsky gelten, die 1986 die »Serie Piper Spannung« mit »Schadenersatz« eröffnete. Sara Paretsky (geboren 1947) arbeitete neun Jahre lang als Verkaufsmanagerin einer Versicherung. Seit 1986 ist sie hauptberuflich als Schriftstellerin tätig und hat bisher sieben Romane mit ihrer Heldin, der Privatdetektivin V. I. Warshawski, veröffentlicht. Sara Paretsky gehört zu den Gründungsmitgliedern der Organisation von Kriminalautorinnen »Sisters in Crime«, die inzwischen über 1000 Mitglieder in Amerika, Europa und Japan zählt und deren erste Präsidentin sie war. Seit 1968 lebt sie in Chicago. Ihr neuester Kriminalroman »Eine für alle« wurde 1993 in der Übersetzung von Dietlind Kaiser bei Piper herausgebracht. An diesem siebenten Abenteuer mit der Heldin Warshawski rühmte die »New York Times« unter anderem, daß hier der Privatdetektiv (als Privatdetektivin) seine klassische Rolle wiedergewonnen habe: »... als Rebell, als Existentialist, als Provokateur und als Kritiker der herrschenden Verhältnisse.« »buch aktuell« äußerte sich zu der Erfolgsautorin, Amerikas »Queen of crime«, die sich nach ihrem »Blood Shot« auch in Deutschland als die Spitzenautorin des neuen »Frauenkrimis« durchgesetzt hat: »Bei Sara Paretsky mutiert der Krimi vom Zeittotschläger zur Literatur, von der platten Männerdomäne zum differenzierten weiblichen Widerstandstraum.«

Unter dem Titel »Lust an der Erkenntnis« wurde eine

neue Reihe innerhalb der »Serie Piper« gestartet, die Lesewerke zu den wichtigsten Studienfächern bietet. Zu diesen erschienen »Die Philosophie des 20. Jahrhunderts«, herausgegeben und mit Einführungen versehen von Volker Spierling, und »Die Theologie des 20. Jahrhunderts«, herausgegeben und eingeleitet von Karl-Josef Kuschel. Dieser Band zeigt die Entwicklungen der modernen Theologie und eröffnet einen Zugang zum christlichen Denken unserer Zeit. Er enthält Texte unter anderem von Karl Barth, Paul Tillich, Dietrich Bonhoeffer, Helmut Gollwitzer, Eberhard Jüngel, Karl Rahner, Hans Küng, Rudolf Bultmann, Dorothee Sölle und Carl Gustav Jung. Karl-Josef Kuschel (geboren 1948), Schüler von Hans Küng, ist Privatdozent für Ökumenische Theologie und theologische Ästhetik an der Katholisch-Theologischen Fakultät der Universität Tübingen und stellvertretender Direktor des Instituts für Ökumenische Forschung. Volker Spierling (geboren 1947), der im Jahre 1978 das »Seminar für Philosophie« gründete, seitdem in der Erwachsenenbildung tätig ist und Herausgeber der »Philosophie des 20. Jahrhunderts« war, brachte in Erweiterung dazu später auch die »Kleine Geschichte der Philosophie« (1992) mit ihren fünfzig bedeutendsten Vertretern von der Antike bis zur Gegenwart heraus. Zu diesem Werk äußerte sich Albert von Schirnding von der »Süddeutschen Zeitung«: »In dieser Philosophiegeschichte ist nichts aus zweiter Hand. Volker Spierling entwickelt seine Porträts aus den originalen Texten, und er will die Neugier des von speziellen Vorkenntnissen unverdorbenen Lesers auf das authentische philosophische Wort lenken. Er vergleicht im Vorwort sein Buch mit einer

Bühne, auf der sich die einzelnen Philosophen selbst vorstellen. Sie kommen alle aufs Stichwort, das Urteil bleibt dem Leser überlassen.« Zudem gab er als Spezialist für Schopenhauer das vierbändige Werk »Arthur Schopenhauer: Philosophische Vorlesungen« (1984, 1985 und 1986) sowie »Schopenhauer im Denken der Gegenwart« (1987) heraus. In der Reihe »Lust an der Erkenntnis« erschienen inzwischen unter anderem auch »Jüdische Theologie im 20. Jahrhundert« (1988), »Die klassische deutsche Philosophie« (1989), »Die Psychologie des 20. Jahrhunderts« (1989), »Triumph und Krise der Mechanik« (1990), »Politisches Denken im 20. Jahrhundert« (1990), »Esoterik« (1991), »Moderne Mathematik« (1991) und »Die Pädagogik der Moderne« (1992).

Im Laufe der 80er Jahre stellte der Piper Verlag sein Engagement für die italienische Literatur auf eine noch breitere Basis. Zum einen wurden nun auch moderne Klassiker ins Programm genommen wie Federigo Tozzi (1883–1920), der bis dahin in Deutschland praktisch unbekannt gewesen war, zum anderen wurde das erzählerische Werk Giovanni Vergas (1840–1922) in einem bis dato unerreichten Umfang vorgestellt, darüber hinaus auch Umberto Saba (1883–1957), von dem es zuvor nur einige Gedichte auf Deutsch gegeben hatte. Und schließlich hat der Verlag auch Autoren der jüngsten Generation aufgenommen, wie Stefano Benni, Marta Morazzoni, Paola Capriolo und Alfredo Antonaros. 1986 erschien zum ersten Mal die Zeitschrift »Zibaldone«, die einzige deutsche Zeitschrift für italienische Kultur der Gegenwart, die mit den Schwerpunktheften »Italo Calvino« und »Emigration« begann. Sie ist dem modernen, gegenwärtigen Italien gewidmet, aus dem Wunsch heraus, die Kluft, die zwischen der akademischen und der allgemeinen Kultur besteht, zu überbrücken. Die einzelnen Ausgaben der Zeitschrift haben stets einen thematischen Schwerpunkt und bieten neben einer Reihe weiterer Artikel zu aktuellen Themen einige literarische Beiträge, die erstmals auf deutsch erscheinen. Helene Harth, Professorin für Romanistik an der Universität Potsdam, beschreibt die Anfänge des deutschen »Zibaldone« im Rückblick:

> »Wir hatten damals eben wegen des Italienbooms auch viele Verlage befragt, und wir waren dann bei verschiedenen ganz modernen und schick ausgerüsteten Verlagen, die uns aber eigentlich wenig gefallen haben, und ich muß sagen, ich war sehr froh, als Herr Piper sagte, daß er diese Zeitschrift machen würde, eigentlich mehr, um sein Italienprogramm etwas zu unterstützen, dem noch so ein bißchen Beiwerk hinzuzufügen. Und er hat sich selbst auch keinen großen Erfolg davon versprochen, was ich sehr nett von ihm fand, daß er sagte, wir wollen daran nichts verdienen, sondern wir machen diese Zeitschrift. Wenn sie sich einigermaßen selbst trägt, dann soll uns das recht sein. Und wir waren dann selber völlig erstaunt, was wiederum zeigt, wie unberechenbar die Wege der Bücher sind, daß die erste Nummer, die wir dann Calvino gewidmet haben, weil er kurz nach Erscheinen dieser Nummer auch gestorben ist, daß diese Nummer eine enorm hohe Auflage erreicht hat und es sich plötzlich herausstellte, daß sie von ganz verschiedenen Leuten gelesen wurde ... Darunter waren Geschäftsleute, die Kontakte mit Mailand haben,

ebenso wie Burgschauspieler aus Wien oder Studenten aus Hamburg..., die einfach auch ein wenig mehr an Informationen über die Kultur Italiens haben wollten.«

1989 wurde die Zeitschrift mit dem »Premio Montecchio« ausgezeichnet.

50 *»Literarisches Café« am 4. Oktober 1986 auf der Frankfurter Buchmesse. Von links nach rechts: Lektor Uwe Heldt, Antonio Skármeta, Gert Heidenreich, Ernst Reinhard Piper*

Gert Heidenreich wurde in diesem Jahr Autor des Verlages mit »Die Gnade der späten Geburt«. Heidenreich (geboren 1944), der heute als freier Schriftsteller in Inning am Ammersee lebt, ist seit 1991 Präsident des PEN-Zentrums der Bundesrepublik Deutschland. Seine Aufgabe als Autor hat er immer als eine öffentliche aufgefaßt – seit seinen literarischen Anfängen zu Beginn der siebziger Jahre begleitet eine stetige publizistische Arbeit seine Romane, Erzählungen, Gedichte und Theaterstücke. Gert Heidenreich erhielt unter anderem den Adolf-Grimme-Preis für Fernsehspiel 1986 und den Literaturpreis der Stadt München 1989. Auf die im Jahre 1986 erschienenen Erzählungen folgten Gedichte in dem Band »Eisenväter« (1987), das Schauspiel »Füchse Jagen« (1988), der Roman »Belial oder Die Stille« (1990) und »Magda/Der Wechsler« (1993). Das Stück »Magda« wurde im März 1993 an den Städtischen Theatern Chemnitz uraufgeführt.

Alexander Solschenizyns »Das rote Rad«, eine »Erzählung«, die in bestimmten Zeitausschnitten den Verlauf der Russischen Revolution global wie auch individuell beschreibt, begann in diesem Jahr zu erscheinen. Klaus Piper äußerte sich im Almanach 1984 dazu: »Eine bedeutende Aufgabe für das nächste Jahrzehnt ist die deutsche Veröffentlichung des großen Romanzyklus von Alexander Solschenizyn, ›Das rote Rad‹. Das Ziel dieses schriftstellerischen Unternehmens ist kein geringeres als eine ›Wiederherstellung‹ der russischen Geschichte des 20. Jahrhunderts in ›Knoten‹.« (Piper Almanach zum 80. Jahr, S. 6) Der russische Schriftsteller Alexander Solschenizyn (geboren 1918) hatte von 1941 bis 1945 Militärdienst geleistet und war im Jahre 1945 zu Straflager verurteilt worden. 1956 wurde er rehabilitiert. In der Sowjetunion wurde 1962 »Ein Tag im Leben des Iwan Denissowitsch« publiziert. Nur im Ausland konnten 1968 die Romane »Der erste Kreis der Hölle« und »Krebsstation« herausgebracht werden, ebenso wie alle späteren Werke. 1970 erhielt er den Nobelpreis für Literatur, vier Jahre später wurde der Autor aus der Sowjetunion abgeschoben, seit 1976 lebt er in Vermont/USA. Erst seit 1989 werden seine Werke, darunter vor allem »Der Archipel GULAG«, in der Sowjetunion veröffentlicht. Von Solschenizyns Hauptwerk, dem 1986 eröffneten Revolutionsepos »Das Rote Rad« folgten im Piper Verlag die weiteren Bände »Erster Knoten: August vierzehn« (1987) und in bisher zwei Teilen »Dritter Knoten: März siebzehn« (1989 und 1990). Zu »August siebzehn« schrieb Klaus Piper in einer Hausnotiz im Februar 1987:

»S. rechnet schonungslos ab, nicht nur mit den konfusen Liberalen, die sich endlosen Redeströmen hingaben –, mit den Aristokraten, die nicht vorhatten, um einen Zoll breit während der nächsten Jahrhunderte von ihren Positionen und Privilegien abzurücken –, mit tatterigen Staatsräten und auch natürlich mit dem hilflosen Zaren Nikolaus II. und der deutschen Zarin Alexandra. ›Abrechnen‹ heißt bei Solschenizyn natürlich nicht, von einem überlegenen Standpunkt des heutigen historischen Wissens aus einfach abzuurteilen. Der große Menschendarsteller zeigt die Figuren in der Verstrickung ihrer sozialen Situationen, ihrer – oft so erbärmlich-mittelmäßigen – wissensmäßig-psychisch-moralischen Ausstattung. Der Autor erweckt in uns nicht nur Gefühle des Entsetzens über alle diese Hilflosigkeiten und Fehlleistungen, die zum Krieg und damit zum Untergang des zaristischen Rußlands führten, sondern auch Verstehen, Mitleiden. Ein großes Werk: Das epische Riesenunternehmen DAS ROTE RAD trägt gerade in diesen neuen Teilen von AUGUST VIERZEHN Züge großer, historischer, tragischer Weltliteratur.« (SuB, S. 278)

Elisabeth Piper (geboren 1924), die seit 1950 mit Klaus Piper verheiratet gewesen war, verstarb im Februar des Jahres. In ihren letzten Lebensjahren hatte sie sich, obwohl selbst nicht bei guter Gesundheit, in großem Umfang für an Multipler Sklerose Erkrankte engagiert.

Klaus Piper erhielt die Ehrendoktorwürde der George Washington University in St. Louis.

1987

Als »aktuell«-Band erschien in der »Serie Piper« der »Historikerstreit«, die Dokumentation der Kontroverse um die Einzigartigkeit der nationalsozialistischen Judenvernichtung, der tiefgreifendsten Auseinandersetzung deutscher Historiker seit 1945, die vor allem in der Tages- und Wochenpresse geführt wurde und in der Öffentlichkeit großes Aufsehen erregte. Das Buch enthält unter anderem Texte von Rudolf Augstein, Karl Dietrich Bracher, Joachim Fest, Jürgen Habermas, Andreas Hillgruber, Eberhard Jäckel, Jürgen Kocka, Christian Meier, Horst Möller, Hans und Wolfgang J. Mommsen, Ernst Nolte, Kurt Sontheimer und Michael Stürmer. Bereits im Erscheinungsjahr erlebte es fünf Auflagen. Inzwischen liegen davon acht Auflagen und Übersetzungen ins Italienische, Englische, Französische und Japanische vor.

Hanns-Josef Ortheil veröffentlichte seinen erfolgreichen, heftig diskutierten Gegenwartsroman »Schwerenöter«, in dem er eine satirisch-humoristische Version der bundesdeutschen Nachkriegsgeschichte entwarf, die breites Interesse beim Publikum hervorrief. Ortheil (geboren 1951) lebt heute in Stuttgart. Für seinen Debütroman »Fermer« hatte er 1979 den ersten »Aspekte-Literaturpreis« erhalten, 1989 den Literaturpreis der Stadt Stuttgart und 1991 bekam er ein Villa-Massimo-Stipendium. Der Piper Verlag publizierte von ihm in den folgenden Jahren unter anderem die Romane »Agenten« (1989) und »Abschied von den Kriegsteilnehmern« (1992). In dem letztgenannten Titel unternimmt Ortheil den Versuch, das Jahr 1989 im Horizont deutscher Nachkriegsgeschichte zu schildern. Er synchronisiert darin die Deutung einer Vater-Sohn-Geschichte mit der Interpretation der deutschen Vergangenheit. Er habe seinen Vater als lebenden Zeitzeugen und als Relikt einer mörderischen Vergangenheit gehaßt, bekennt hier der Sohn nach dessen Tod. »Denn ich hatte mir meinen Vater als tapferen Menschen und, wenn es die Judenverfolgung betraf, sogar als Helden vorstellen wollen.« Der Vater aber habe sich damals um das Schicksal der Juden nicht gekümmert, sein Wissen über Auschwitz später geleugnet, auf Fragen des Sohnes ausweichend geantwortet und sich selbst als Opfer des Krieges begriffen. Die kreative Kraft der Phantasie und des Schreibens helfen dem Sohn dabei, die vom Vater geprägten Erinnerungsbilder an die Heimat in eigene zu verwandeln. Die Geschichte ist der Versuch

51 *Feier zur Verleihung der Ehrendoktorwürde an Klaus Piper, Ludwig Maximilians-Universität München, 1987. Von links nach rechts: Rektor Wulf Steinmann, Laudator Robert Spaemann, Klaus Piper. Dahinter Christa Spangenberg, Hans Rössner, Maja Beckmann*

des Autors, sich von der eigenen Erinnerung freizuschreiben und läßt sich damit zugleich als die Geschichte über Ursprung und Ausformung des eigenen Schreibens lesen. Der Roman, der an Ortheils autobiographische Erzählung »Hecke« von 1983 anknüpft, in der der Sohn die Lebensgeschichte seiner Mutter rekonstruiert, gehört an prominenter Stelle in die Reihe der bundesdeutschen autobiographischen »Väterliteratur«: »Hanns-Josef Ortheil ist ein zeit- und gesellschaftskritischer Autor, der Lebensgeschichte und politische Zeitgeschichte miteinander verbindet und dabei das allgemeine Lebensgefühl seiner Generation in Bilder und Begriffe faßt ... Mit ›Abschied von den Kriegsteilnehmern‹ erklärt die Nachkriegsgeneration, daß sie erwachsen geworden ist.« (Westdeutscher Rundfunk)

Der brasilianische Schriftsteller Rubem Fonseca veröffentlichte seinen Roman »Bufo & Spallanzani«: »Die Lektüre dieses literarisch-wissenschaftlich-kriminalistisch-erotischen Abenteuerbuches ist ein Abenteuer sui generis. Was hier auf den Leser einstürmt, ist so abgründig, so tiefsinnig frivol, so geistreich, so unterhaltend, so sehr mit Ironie gewürzt, so vielschichtig kritisch und ketzerisch-sarkastisch, daß man sich beinahe eines Synonymenlexikons bedienen müßte, um zutreffende Charakterisierungen zu finden. Mit anderen Worten: ein Meisterwerk.« (Die Welt) Rubem Fonseca (geboren 1925), der heute in Rio de Janeiro lebt, war als Hochschulprofessor, Journalist und Filmkritiker tätig. Mit 38 Jahren begann er, Kurzgeschichten, Drehbücher und Romane zu schreiben und widmet sich seitdem ganz der Literatur. Er erhielt mehrere brasilianische Literaturpreise, 1985 den Goethe-Literaturpreis. Das Jahr 1986 verbrachte Rubem Fonseca als DAAD-Stipendiat in Berlin. Bei Piper erschienen später Erzählungen unter den Titeln »Das vierte Siegel« (1989) und »Der Abkassierer« (1989) sowie der Roman »Grenzenlose Gefühle, unvollendete Gedanken« (1991).

Klaus Piper erhielt die Ehrendoktorwürde der Ludwig-Maximilians-Universität München.

52 Heinz Friedrich und Klaus Piper bei den Festlichkeiten zur Verleihung der Ehrendoktorwürde an Klaus Piper, 1987. Im Hintergrund von links nach rechts: Hans Piper, Maxie Piper, Hersteller Klaus Koop, Reinhard Bauer

1988

Jehuda Amichais Gedichte erschienen in einem ersten deutschen Auswahlband unter dem Titel »Wie schön sind deine Zelte, Jakob«, aus dem Hebräischen übertragen von Alisa Stadler. Amichai (geboren 1924) emigrierte 1935 mit seiner Familie nach Palästina und lebt seit 1937 in Jerusalem. Zunächst war er dort Lehrer, später Hochschullehrer für hebräische Literatur. Er veröffentlichte zahlreiche Gedichtbände, einen Roman, Erzählungen, Schauspiele und Hörspiele. Seine literarischen Werke wurden vielfach ausgezeichnet, neben vielen anderen erhielt er 1982 den

Israel-Preis, die wichtigste Literaturauszeichnung des Landes. Nur selten hat ein Dichter bereits zu Lebzeiten eine so große internationale Anhängerschaft gefunden wie Jehuda Amichai, er ist heute bekannt als Klassiker der hebräischen Moderne und gilt vielen als bedeutendster lebender Dichter Israels. Amichai, der während des Zweiten Weltkrieges zwei Jahre in Ägypten stationiert war, begegnete dort erstmals in einer Truppenbücherei moderner englischer Lyrik. »Ich glaube, danach begann ich ernsthaft daran zu denken, Gedichte zu schreiben«, sagte er einmal in einem Interview. In den frühen 50er Jahren begann er tatsächlich damit, und 1955 erschien sein erster Band. In erhaben einfacher Sprache kreisen seine Gedichte um die existentiellen Fragen des Lebens, um Werden und Vergehen, um Liebe und Tod. Aber auch die Stadt Jerusalem, der Krieg, die jüdische Diaspora und religiöse Motive stehen im Mittelpunkt seiner Lyrik. Indem er die Sprache der Bibel profaniert, Pathos, jede jüdische und nationale Emphase vermeidet, gelingt ihm der »Auszug aus dem Tempel in Snackbar, Militärcamp, Atomstation« – und damit der Einzug der Moderne in die israelische Dichtung. Günter Kunert schrieb: »Selten findet man hierzulande und heutzutage Gedichte, in denen individuelle Erfahrungen und Geschichte derart unauflöslich verbunden sind, grundiert von melancholischer Weisheit, und deren Tonart fast spielerisch klingt. Und gerade dieser Eindruck des wie beiläufig Gesagten, in einer klaren, unprätentiösen Sprache, durchsetzt mit blitzlichtartig erhellenden Metaphern und Wendungen, erhöht die Intensität.« 1990 erschien der Erzählungsband »Die Nacht der schrecklichen Tänze«. Wie in den Gedich-

53 *Klaus Piper mit den Autoren des Jahrgangs 1928 anläßlich einer gemeinsamen Geburtstagsfeier im Verlag, 1988. Obere Reihe von links nach rechts: Hellmuth Mehnert, Friedrich Prinz, August Everding, Hans Küng, Kurt Sontheimer. Untere Reihe von links nach rechts: Martin Greiffenhagen, Klaus Piper, Irenäus Eibl-Eibesfeldt*

ten entfaltet sich auch in den Erzählungen eine subjektive und dennoch von historischer Realität erfüllte Sicht auf das Leben in Israel. Amichai erzählt vom Alltäglichen. Doch wie er erzählt, macht das Gewöhnliche zum Außergewöhnlichen. Er verzichtet häufig auf streng gebundene Handlung, bricht aus ins Episodenhafte, Elliptische, das getragen wird von seiner bildmächtigen Sprache und von den allegorisierenden Reflexionen des in verschiedenen Gestalten wiederkehrenden Erzähler-Ich. 1992 schließlich folgte der einzige Roman Amichais, der nach seiner ersten Deutschlandreise 1958, der ersten Wiederbegegnung mit der Heimat nach der Emigration, entstand: »Nicht von jetzt, nicht von hier«. Im Zentrum steht die Suche nach Spuren der Jugendfreundin Ruth, die von den Nazis deportiert und in einem KZ getötet wurde. »Eines der eindrucksvollsten Werke der hebräischen Literatur der letzten Jahrzehnte«, so urteilte das »New York Times Magazin« enthusiastisch über den in Israel bereits 1963 erschienenen und jetzt erstmals auf deutsch vorgestellten Roman.

Uwe Saeger (geboren 1948) trat mit zwei Novellen, seiner ersten Publikation in der Bundesrepublik, »Das Überschreiten einer Grenze bei Nacht / Aus einem Herbst jagdbaren Wildes« bei Piper an die Öffentlichkeit. Für die zweite der beiden hatte er in Klagenfurt den Ingeborg Bachmann-Preis erhalten.

In diesem Jahr startete der Piper Verlag gemeinsam mit dem Schott Verlag eine neue Reihe in der Taschenbuchabteilung, die »Serie Musik Piper Schott« unter dem Motto »Wer nicht nur hören will, kann lesen«, die in beiden Verlagen erscheint. Als erste Titel erschienen Oscar Bies »Die Oper«, Volkmar Braunbehrens' »Mozart in Wien«, Harald Goertz' »Mozarts Dichter Lorenzo Da Ponte« und Hans-Günter Ottenbergs »Carl Philipp Emanuel Bach«. Um wenigstens einen kleinen Überblick über das vielseitige Programm zu geben, seien die folgenden Titel genannt: Ernest Ansermet »Die Grundlagen der Musik im menschlichen Bewußtsein«, Roberto Braccini »Praktisches Wörterbuch der Musik«, Volkmar Braunbehrens »Salieri«, Alfred Brendel »Nachdenken über Musik«,

54 *Klaus Piper am Klavier: Veranstaltung anläßlich der Präsentation von »Pipers Enzyklopädie des Musiktheaters« im Nationaltheater, München, 1988*

Glenn Gould »Schriften zur Musik«, Martin Gregor-Dellin »Richard Wagner«, Joachim Kaiser »Große Pianisten in unserer Zeit« und »Mein Name ist Sarastro«, »Lexikon Orchestermusik Barock«, Norman Lebrecht »Gustav Mahler«, das »Lexikon Orchestermusik Klassik«, Yehudi Menuhin »Ich bin fasziniert von allem Menschlichen«, Eric Nisenson »Miles Davis. Round about Midnight«, der Opernführer »Opern der Welt«, Reinhard Raffalt »Musica Eterna« und Wolfram Schwinger »Gershwin«.

Eine neue Autorin des Verlages wurde Ruth Elias mit ihrem Lebensbericht »Die Hoffnung erhielt mich am Leben. Mein Weg von Theresienstadt und Auschwitz nach Israel«. Ruth Elias wurde 1922 in Mährisch-Ostrau geboren, 1942 nach Theresienstadt, 1943/44 ins KZ Auschwitz deportiert und schließlich zu Arbeitslager in Taucha bei

Leipzig verurteilt. Es gibt nur wenige Berichte, die die grausame Welt der Konzentrations- und Vernichtungslager so eindringlich schildern. Ruth Elias, die Theresienstadt und Auschwitz überlebt und dieses Buch ursprünglich für ihre Enkel geschrieben hatte, ist dies durch ihre einfache und unverstellte Sprache gelungen. Die FAZ urteilte über das Buch: »Die Geschichte der Ruth Elias gehört künftig zu dem, was man über den Holocaust wissen muß.« Und Eberhard Jäckel äußerte sich dazu: »Ebenso erschütternd wie gut geschrieben... ein menschliches Dokument von ungewöhnlicher Eindringlichkeit.« Seit 1949 lebt Ruth Elias in Betz Jitzchak/Israel.

Der Piper Verlag und die Fachschaft Geschichte der Universität München trugen 1988 mit einer gemeinsamen Veranstaltung zum Gedenken an den 50. Jahrestag der sogenannten Reichskristallnacht bei. An der öffentlichen Podiumsdiskussion zur Frage »Ewige Schuld?« beteiligten sich unter der Gesprächsleitung von Ernst Reinhard Piper die Professoren Hans Maier, ehemaliger Kultusminister und Vorsitzender des Katholischen Kirchentages, der Münchner Theologe Trutz Rendtorff, Peter Steinbach von der Universität Passau und Michael Wolffsohn, Historiker an der Bundeswehrhochschule, der für sein im Piper Verlag erschienenes Buch »Ewige Schuld?« kurz zuvor mit dem Bundesverdienstkreuz ausgezeichnet worden war.

Klaus Piper heiratete in diesem Jahr Ellen Quittenbaum, geborene Debüser.

1989

Zum 85jährigen Bestehen des Verlages gab Uwe Steffen die »Piper Bibliographie 1979–1989« heraus.

Camilo José Cela erhielt in diesem Jahr den Nobelpreis für Literatur. Der Piper Verlag veröffentlichte in der »Serie Piper« seinen Roman »Mrs. Caldwell spricht mit ihrem Sohn«. Ein Jahr zuvor bereits war »Der Bienenkorb«, neben »Pascual Duartes Familie« sein berühmtester Roman, erschienen, der bis Ende des Jahres 1989 vier Auflagen zählte und in wenigen Monaten über 60000mal verkauft worden war. »Der Bienenkorb« ist eines der bedeutendsten Bücher des großen Erneuerers der spanischen Literatur, das 1990 in einer Sonderausgabe erschien. Die FAZ zu diesem Klassiker: »In Celas Roman spricht der Mensch selbst und – nahezu – er allein. Dieser Erzähler ist ein Meister der Tonfälle, er versteht es virtuos, sein dreihundertköpfiges Personal zum Reden zu bringen.« 1990 erweiterte der Verlag sein Programm mit Celas Reisetagebüchern, herausgegeben und ausgewählt von Ricardo Bada und von Piper unter dem deutschen Titel »Ein Vagabund im Dienste Spaniens« veröffentlicht. 1991 schließlich folgte noch »Mazurka für zwei Tote«, ein Roman, dem die spanische Kritik Ähnlichkeiten zum lateinamerikanischen magischen Realismus nachgesagt hat und der einen Höhepunkt im erzählerischen Werk Celas markiert. Mit großer Meisterschaft gestaltet er darin durch die Kunstmittel der Collage und der Alltagssprache das Trauma des Bürgerkriegs und die obsessiven Bilder von Körperlichkeit und Zerfall. Außerdem liegen von Cela die Titel »Geschichten ohne Liebe« (1990) vor, mit

55 *Abraham B. Jehoschua bei der Präsentation von »Die fünf Jahreszeiten des Molcho« in der Literaturhandlung, München, 1989. Rechts neben Jehoschua Lektorin Patricia Reimann, am Aufnahmegerät Richard Chaim Schneider*

farbigen Kreidezeichnungen von Pablo Picasso, die mit ihrer an archaische Formen erinnernden Bilderwelt die ironischen wie melancholischen Variationen Celas von Mythos und Legende zu einer harmonischen Einheit aus Schriftsteller und Maler, Text und Illustrationen ergänzen, und »Pascual Duartes Familie« (1990), mit einem Nachwort von Hans-Jörg Neuschäfer. Der brutale Realismus dieses Werkes machte den Roman 1942 zu einer literarischen Sensation und nach »Don Quixote« zum meistgelesenen Buch Spaniens: »Dieser Roman einer zügellosen Familie ist an dämonischer Kraft höchstens mit Lorcas ›Bluthochzeit‹ vergleichbar.« (Albert Camus)

Abraham B. Jehoschua schildert in seinem Roman »Die fünf Jahreszeiten des Molcho«, aus dem Hebräischen übertragen von Ruth Achlama, die ersten amourösen

Gehversuche eines Mannes, der stets im Schatten seiner intellektuell brillanten Ehefrau stand: »Wenn erotische Eskapaden so irrwitzig enden, Charaktere so liebevoll-sarkastisch beschrieben sind, dann wird Lesen wieder spannend« urteilte die Kritik. Jehoschua (geboren 1936) lebt als Schriftsteller und Professor für Komparatistik in Haifa. Inzwischen hat der Verlag auch die früheren Werke Jehoschuas ins Programm genommen. Zuletzt erschien 1993 »Die Manis«. Dieser Titel ist in Israel ein Bestseller, wurde in zahlreiche Sprachen übersetzt und von der internationalen Presse als das Meisterwerk des Autors gefeiert, der neben Amos Oz der populärste Schriftsteller Israels ist. Mit den »Manis« hat er ein episches Meisterwerk von großer stilistischer Modernität geschaffen. In fünf Etappen schildert Jehoschua in dieser Familiengeschichte das Schicksal des jüdischen Volkes, die Diaspora der sephardischen Juden und ihre Suche nach der eigenen Identität. Und auch mit dem »Liebhaber« hat der »hebräische Klassiker« einen »Roman von Rang verfaßt, der sich mit großen Werken der Weltliteratur messen kann.« (Stuttgarter Zeitung)

Edgar Hilsenrath schrieb das »Märchen vom letzten Gedanken«. Der Roman erzählt die Geschichte des armenischen Volkes und seiner Ausrottung durch die Türken im ersten Holocaust des 20. Jahrhunderts. Hilsenrath erhielt für diesen historischen Roman den Alfred-Döblin-Preis 1989. In ihrer Rede zur Verleihung sagte Sibylle Cramer: »Hilsenraths Märchenerzähler streichelt mit seiner Stimme den, der ihm zuhört... Er wird in ein Gespräch gezogen, das zwischen Frage und aufklärender Antwort seinen märchenhaften Glanz entfaltet und das

Bedürfnis nach der Bewältigung, ja nach Disziplinierung und Humanisierung des Grauens befriedigt.« Edgar Hilsenrath (geboren 1926) floh 1938 vor den Nazis von Leipzig nach Rumänien, wurde dort 1941 in das Ghetto Mogiljow-Podolski deportiert, 1945 emigrierte er nach

56 »Historikerstreit. Dokumentation einer deutschen Kontroverse«, Sonderstand des Piper Verlages auf der Buchmesse in Jerusalem, 14. März 1989. Von links nach rechts: Messedirektor Zev Birger, Staatspräsident Chaim Herzog, Ernst Reinhard Piper, Ruth Elias

Palästina und wanderte sechs Jahre später in die USA aus. Seine auf Deutsch geschriebenen Romane »Nacht« und »Der Nazi & der Friseur« erschienen zunächst in amerikanischen Verlagen und wurden zu Welterfolgen. Erst gegen Ende der siebziger Jahre wurden sie in Deutschland veröffentlicht. »Nacht« ist der erste Roman Edgar Hilsenraths, der in erschütternder Form den Überlebenskampf zweier junger Menschen in einem rumänischen Ghetto schildert: »In Dantes Inferno geht es nicht höllischer zu.

57 *Ernst Reinhard Piper mit Edgar Hilsenrath und Toni Kienlechner auf der Frankfurter Buchmesse 1989, rechts der Antiquar Knut Ahnert*

Zum Wolf gewordene Menschen schlagen sich für eine verfaulte Kartoffel, kämpfen brutal und gerissen um einen elenden Schlafplatz.« (Der Spiegel) »Der Nazi & der Friseur« erzählt die Geschichte eines SS-Mannes und Massenmörders, der als angesehener israelischer Bürger einen Friseursalon in Tel Aviv führt. Darin ist dem Romancier scheinbar Unmögliches gelungen – »eine Satire über Juden und SS. Ein meisterliches Vexierspiel über Schuld und Sühne – Mörder und Gemordete werden identisch, es gibt keine Lösung.« (Der Spiegel) Seit 1975 lebt Edgar Hilsenrath in Berlin, wo seine Bücher »Gib acht, Genosse Mandelbaum«, »Bronskys Geständnis« und »Zibulsky oder Antenne im Bauch« entstanden. Inzwischen liegt Hilsenraths Gesamtwerk im Piper Verlag vor. Wie man den großen Armenien-Roman »Das Märchen vom letzten Gedanken« als eine Totenklage um alle in den Völkermorden unseres Jahrhunderts untergegangenen Nationen und Kulturen lesen konnte, so sollte man »Jossel Wassermanns Heimkehr« (1993), das die jüdische Erinnerung widerspiegelt, verstehen als das Totenlied auf die reiche Kultur des osteuropäischen Judentums. Auch hier wird die Kunst des Erzählens zur Kunst des Überlebens: »Hilsenrath ist ein Erzähler, wie ich seit Thomas Mann und dem Günter Grass der Blechtrommel keinen mehr kennengelernt habe.« (Südwestfunk) Der polnische Autor Andrzej Szczypiorski, der mit seinem Roman »Die schöne Frau Seidenman« bekannt wurde, schrieb über »Jossel Wassermanns Heimkehr« in einem Brief »Unsere Zeit braucht Tränen« an den Schriftsteller Hilsenrath:

> »Sie... haben das gewöhnlichste Buch in der Welt geschrieben, ohne jeden philosophischen Anspruch, dafür mit Punkten und Beistrichen, ohne den Wunsch, irgend jemanden zu belehren, wie klug und talentiert Sie doch sind; dafür voll Demut angesichts jener weiten, bezaubernden Landschaften der Welt, die einst den Menschen zum Erleben und Erinnern gegeben wurden.

Sie haben ein ganz gewöhnliches Buch geschrieben, ein Buch, wie es früher Turgenjew, Fontane, Balzac oder Joseph Roth schrieben. Doch das wichtigste ist, daß Sie eine ermordete Welt beschrieben, die andere vor Ihnen nicht beschrieben haben, weil diese in der Zeit vor dem großen Morden lebten und schufen ... manche Menschen werden weinen, wenn sie Ihr Buch lesen. Und das ist gut so, denn unsere Zeit braucht Tränen, um nicht zu vergessen, was wir unwiederbringlich verloren haben.« (Der Spiegel)

1993 wurde Hilsenrath mit dem Galinski-Preis ausgezeichnet.

Reinhold Messner nahm sich »Die Freiheit, aufzubrechen, wohin ich will«. Erstmals erzählte der weltberühmte Bergsteiger, der 1944 in Villnöß / Südtirol geboren wurde, in diesem Buch seine Lebensgeschichte und ließ mit der Schilderung seiner größten Bergabenteuer zugleich ein Bild von seiner Persönlichkeit entstehen. Messner, der als erster Mensch alle 14 Achttausender bestieg, darunter erstmals den Mount Everest ohne Sauerstoffgerät, ist nicht nur Abenteurer, der nach immer neuen Extremen sucht, er ist auch ein politisch und ökologisch bewußter Publizist. Seiner vielfältig bedrohten Bergheimat Südtirol gilt seine besondere Aufmerksamkeit. Wie wenige andere Bergsteiger reflektiert Messner sein Handeln, stellt es immer wieder in Frage und idealisiert nicht ausschließlich Begriffe, wie Leistung und Abenteuer. In seinem Wechselspiel zwischen bergsteigerischer Leistung und privater Selbsterfahrung ist sein Werk sicher einmalig unter der Fülle der alpinen Literatur. Ein Abenteuer ganz anderer Art schildert Messner in »Antarktis – Himmel und Hölle zugleich« (1990). Das Sachbuch »Rund um Südtirol« (1992), ein Text-Bildband, ist eine faszinierende Mischung aus Tourenbericht, Landschaftsbeschreibung, kritischer Auseinandersetzung und Vision. Reinhold

58 *Ernst Reinhard Piper, Anna und Albert Wimschneider auf einer Feier zum 70. Geburtstag Anna Wimschneiders im Verlag, 15. Juni 1989. Im Hintergrund Katrin Meschkowski-Piper*

Messner beschrieb einmal selbst seine Suche nach Abenteuer und extremen Grenzgängen: »Noch bin ich zu jung, um ein Stubenhocker zu werden, so sehr ich die bürgerliche Sicherheit auch zu schätzen weiß, sie kann mich nicht halten. Vielleicht habe ich später einmal die Kraft und die Ausdauer, daheimzubleiben und darüber nachzudenken, was ich erfahren habe in meinem Leben. Was weiß ich schon über das Leben als das, was sich in den Gesichtern der Berge, der Eiswüsten widerspiegelt, wenn ein Gewitter oder ein Blizzard über sie und mich hinweggeht. Die Tage und Wochen, die ich in der Wildnis bei

59 *Ernst Reinhard Piper (Mitte) mit (von links nach rechts) Wilfried Böhringer, Jesús Díaz, Rubem Fonseca und Wolfgang Eitel am Wannsee während der Tagung »La linea colorada« im Literarischen Colloquium Berlin, Oktober 1989*

Kälte und Hunger zugebracht habe, sind es, die mich geprägt haben. Nach ihnen sehne ich mich, wie sehr ich mich auch vor ihnen fürchte.«

Ralf-Peter Märtin wurde zum Geschäftsführer bestellt.

Er hatte 1982 in Berlin promoviert und war 1984 in den Verlag eingetreten. Zunächst war er Leiter des Sachbuch-Lektorats, später Programmleiter gewesen. Er wurde auch als Autor und Herausgeber für den Verlag tätig.

Ernst Reinhard Piper heiratete die Drehbuchautorin Martina Petrik; aus dieser Ehe stammt der Sohn Paul David (geboren 1989).

1990

Jesús Díaz, »die Stimme aus dem Inneren Kubas« (El País), stellte der Piper Verlag mit seinem Roman »Die Initialen der Erde« vor. Díaz (geboren 1941) ist heute vielleicht der bedeutendste Vertreter der kubanischen Gegenwartsliteratur. In den Jahren 1959/60 gehörte er bereits zu den maßgeblichen Akteuren der studentischen Linken, war Begründer und bis 1968 Direktor der kubanischen Kulturzeitschrift »El caimán barbudo« und Mitherausgeber der kulturkritischen Zeitschrift »Pensamiento critico« bis zu deren Einstellung 1971. Bis zum Jahre 1972 war er zudem als Philosophieprofessor an der Universität von Havanna tätig. Er schrieb Aufsätze, Essays, Filmdrehbücher, Erzählungen, Reportagen und Romane. Díaz lebt zur Zeit als Filmemacher (seine Dokumentar- und Spielfilme wurden mehrfach preisgekrönt) und Schriftsteller in Berlin, wo er an der Deutschen Film- und Fernsehakademie lehrt. In den »Initialen der Erde«, die inzwischen in zahlreiche Sprachen übersetzt worden sind, gelingt es dem kubanischen Autor meisterhaft, die Spannung eines Landes zwischen Voodookult und sozialistischer Fortschrittsideologie in den inneren Widersprüchen seines Romanhelden zu spiegeln. Das Schicksal dieses leidenschaftlichen Helden und gleichzeitig Antihelden, sein Leben, das vor dem Panorama kubanischer Zeitgeschichte von den 50er bis in die 70er Jahre spielt, ist beispielhaft für

60 *Sten Nadolny am Piper-Stand auf der Frankfurter Buchmesse 1990*

unsere Gegenwart und eine sich ständig verändernde Welt: »›Die Initialen der Erde‹ ist ein Feuerwerk von Leidenschaften, ein Trommelfeuer an Blasphemien, eine rasende Abfolge gröbster Zärtlichkeiten.« (Die Zeit) Auch Díaz' zweiter großer Roman, »Die verlorenen Worte« (1993), handelt vom Schicksal der kubanischen Revolution: »Niemandem vor Díaz war es gelungen, die karibische Musik, Klang und Bewegung dreier Kontinente derart unverfälscht ins geschriebene Wort zu überführen.« (Erich Hackl, Die Zeit) Übersetzer des kubanischen Autors ist Wilfried Böhringer.

Jean Zieglers »Die Schweiz wäscht weißer« berichtete über die »Finanzdrehscheibe des internationalen Verbrechens«. Ziegler (geboren 1936) ist Professor für Soziologie an der Universität Genf und am dortigen Institut für Entwicklungsstudien, zugleich Professeur associé an der Universität Paris I / Sorbonne sowie Nationalrat im Parlament der Eidgenossenschaft. Er ist Autor zahlreicher Bücher, vor allem über die Dritte Welt. Seine heftige Anklage gegen das Schweizer Banksystem wurde in der Öffentlichkeit lebhaft diskutiert und gab sogar den Anstoß für gesetzgeberische Reformen. Der Autor selbst äußerte sich über seinen 1990 erschienenen Bericht, der sich ebenfalls monatelang auf der Bestsellerliste befand und bereits 1991 seine 6. Auflage mit insgesamt 121 000 Exemplaren erlebte: »Die Schweiz war für Generationen das Symbol der Hygiene, der Gesundheit, der Sauberkeit. Heute ist sie ein Ansteckungsherd. Die multinationalen Organisationen der Drogen und des Verbrechens, mit Geschäftsführern, Finanziers und Anwälten von bewundernswerter Amoralität ausgestattet, stellen für die demokratischen Gesellschaften Feinde dar, die praktisch unbesiegbar sind ... Im Schweizer Imperium geht – wie im Reich Karls des Fünften – die Sonne niemals unter. Seine Macht beruht darauf, daß es Fluchtkapital hehlt, aber auch und vor allem darauf, daß es Drogengeld wäscht. Dieses Geld korrumpiert die Menschen und ruiniert ihre Institutionen. Dieses Buch beschreibt, wie das organisierte Verbrechen eine jahrhundertealte Demokratie infiltriert. Es zeigt auf, wie groß die Gefahr ist, und macht Vorschläge zu ihrer Bekämpfung.« 1992 setzte er seine kritischen Schriften, zusammen mit Uriel da Costa – Pseudonym eines jungen Philosophen aus dem Umkreis von Michel Rocard –, mit »Marx, wir brauchen Dich« fort. In seinem neuesten Buch »Wie herrlich, Schweizer zu sein« (1993) schließlich erzählt Jean Ziegler die entscheidenden Situationen seines bisherigen Lebens, das für Hilfe für die Dritte Welt, Gerechtigkeit und Frieden nicht nur in Europa steht. Er schildert darin nochmals seinen Kampf gegen die Schweizer Hochfinanz, der ihn berühmt gemacht und gleichzeitig in eine kaum mehr zu übersehende Fülle von Prozessen verwikkelt hat.

In diesem Jahr erschien auch die erste umfassende Biographie »Konrad Lorenz. Leben und Werk eines großen Naturforschers« von Franz M. Wuketits (geboren 1955), Dozent für Wissenschaftstheorie und Philosophie der Biologie in Wien und Graz. Wuketits war mit Lorenz persönlich bekannt, als Mitglied des »Altenberger Kreises« hatte er seine Gedankenwelt kennengelernt. 1990 wurde er zum geschäftsführenden Leiter des Konrad-Lorenz-Instituts für Evolution und Kognition in Altenberg bei Wien berufen.

1991

1991 gab es im Piper Taschenbuch zwei wichtige neue Reihen – »Serie Piper Frauen« und »Serie Piper Abenteuer«.

»Die Zukunft ist weiblich, oder es gibt sie nicht mehr«. Mit diesen Worten hatte Margarete Mitscherlich seinerzeit einen längst überfälligen Wertewandel gefordert. Soll die Menschheit eine Zukunft haben, so müsse sie traditionell männliche Eigenschaften, wie Konkurrenz und Machtstreben, überwinden und sich an weiblichen Haltungen, wie Einfühlsamkeit und Fürsorglichkeit, orientieren. Diesen Wertewandel möchte die »Serie Piper Frauen« mit vollziehen helfen. Sie knüpft an Bucherfolge, wie Elisabeth Badinters »Die Mutterliebe« oder Carol Gilligans »Die andere Stimme«, an. Sie richtet sich an die Frauen von heute, die mit einem neuen Selbstbewußtsein in die neunziger Jahre gegangen sind. In der Reihe erscheinen Romane, Sachbücher und Ratgeber, die zu aktiver Auseinandersetzung der Frauen mit sich und ihrer Situation anregen wollen. Sie startete im ersten Jahr mit neun Titeln: Elisabeth Badinter »Die Mutterliebe«, Michèle Fitoussi »Zum Teufel mit der Superfrau«, Iris Galey »Ich weinte nicht, als Vater starb«, Monika Helfer »Ich lieb Dich überhaupt nicht mehr«, Jane Lazarre »Der Mutterschaftswahn«, Sibylle Mulot »Einen Mann für sich allein«, Sibylle Plogstedt »Niemandstochter«, Franziska Stalmann »Die Schule macht die Mädchen dumm« und Barbara Yurtdaş »Muttermord in Ephesos«. Heute sind in der »Serie Piper Frauen« annähernd vierzig Titel lieferbar.

Unter dem Schlagwort »Aufbrechen, wohin ich will«

61 *Feier anläßlich Klaus Pipers 80. Geburtstag in der Münchner Residenz, 27. März 1991. Ellen und Klaus Piper, Ulrike von Puttkamer, Ernst Reinhard und Martina Piper, Bürgermeister Christian Ude*

62 *Klaus Pipers 80. Geburtstag. Von links nach rechts: Festredner Paul Watzlawick, Hilde Domin, Gustava Everding, Festredner August Everding, Ruth Piper*

63 *Franz Alt zaubert anläßlich des 80. Geburtstages von Klaus Piper. Im Vordergrund Klaus und Ellen Piper*

64 *Ralf-Peter Märtin (links), Reinhold Messner und Brigitte Hamann bei der Geburtstagsfeier Klaus Pipers in den Nibelungensälen der Münchner Residenz, 1991*

vereinigt die Reihe »Serie Piper Abenteuer« Autorinnen und Autoren, die Gefahr, Einsamkeit und Entbehrungen auf sich genommen haben, um die Träume von einem wahren und unmittelbaren Leben wirklich werden zu lassen. Die Reihe startete mit Bettina Selby »Ah Agala!«, Joe Simpson »Sturz ins Leere«, Herbert Rittlinger »Ich hatte Angst«, Lucy Irvine »Eva und Mister Robinson«, Wilfred Thesiger »Die Brunnen der Wüste«, Reinhold Messner »Die Freiheit, aufzubrechen, wohin ich will«, Jeana Yeager/Dick Rutan »Voyager« und Jean-Yves Domalain »Panjamon. Ich war ein Kopfjäger«. Heute umfaßt die »Serie Piper Abenteuer« rund zwanzig Titel.

65 *Ernst Reinhard Piper, Yehuda Amichai und Bürgermeister Georg Fuchs bei der Präsentation von »Nicht von jetzt, nicht von hier« im Würzburger Rathaus 1992.*

66 Geburtstagsfeier für Hildegard Hamm-Brücher, Stadtmuseum München, 15. Mai 1991. Von links nach rechts: Ernst Reinhard Piper, Oberbürgermeister Manfred Rommel, Hildegard Hamm-Brücher, Erwin Hamm, Herbert Riehl-Heyse, Florian Sattler, Paul Noack, dahinter Irene Niessen

Dacia Maraini gelang mit »Die stumme Herzogin« etwas wie ein weiblicher »Leopard«. Die Übersetzung besorgte Sabina Kienlechner. Von der Originalausgabe waren innerhalb weniger Monate 150000 Exemplare verkauft worden, und die Autorin erhielt für dieses Werk, das monatelang die italienischen Bestseller-Listen anführte, den Premio Campiello 1990. Dacia Maraini (geboren 1936) wuchs in Bagheria bei Palermo, dem Schauplatz ihres Romans, als Tochter eines Archäologen und einer sizilianischen Adeligen auf. Seit den frühen sechziger Jahren veröffentlichte sie zahlreiche Theaterstücke, Gedichtbände und Romane, die großenteils auch auf deutsch erschienen sind. Als herausragende Vertreterin des italienischen Feminismus, aber auch als langjährige Lebensgefährtin Alberto Moravias gehört sie zu den bekanntesten Persönlichkeiten der italienischen Öffentlichkeit. Die Autorin lebt heute in Rom. In dem 1991 bei Piper erschienenen Werk – das von der Kritik als ihr reifstes und bestes gefeiert wird – schildert sie ein ergreifendes Frauenschicksal im Sizilien des 18. Jahrhunderts. In seiner historisch genauen und farbenprächtigen Schilderung läßt der große Familienroman in seiner epischen Breite eine ganze Epoche vor den Augen des Lesers lebendig werden. Im »Corriere della Sera« hieß es dazu: »Mit der so lebendigen, so außergewöhnlichen Darstellung ihrer Heldin läßt uns Dacia Maraini erkennen, was hinter ihrer Geschichte steht, das, was bis in unsere Gegenwart gilt; jedoch, wie es nur die wahre Kunst vermag, verhüllt

67 Hanns-Josef Ortheil mit Ernst Reinhard Piper und Paul David Piper in Rom, Villa Massimo, Juni 1991

sie es raffiniert mit dem bunten Mantel der Phantasie, mit ihrem unendlichen Farben- und Detailreichtum.«

Klaus Piper, »weiterhin begabt mit der ›Gesundheit eines Landbriefträgers‹ (Hans Egon Holthusen), seinen Verlag am langen Zügel leitend, ihn beeinflussend, anregend, kritisierend wie eh und je« (SuB, S. 7) feierte seinen

68 *Präsentation von »Global Warming« im Internationalen Presseclub Bonn, 1991. Von links nach rechts: die niedersächsische Umweltministerin Monika Griefahn, Ralf-Peter Märtin, Wolfgang Lohbeck, Leiter des Atmosphärenbereichs, Greenpeace*

80. Geburtstag. Aus diesem Anlaß gaben Ernst Reinhard Piper und Ralf-Peter Märtin den Band »Klaus Piper. Schriften und Briefe« heraus, der den Verleger selbst einmal als Autor zu Wort kommen läßt. In diesem Buch, aus dem schon mehrfach zitiert wurde, finden sich gedruckte

wie ungedruckte Arbeiten, Artikel, Aufsätze und Betrachtungen sowie einige Beispiele aus der umfangreichen Autorenkorrespondenz Klaus Pipers.

1992

Gabriele Wohmann, deren erzählerisches Werk zu den bedeutendsten Leistungen der deutschen Gegenwartsliteratur zählt, wurde neue Autorin des Verlages mit den Ehegeschichten »Das Salz, bitte!«: »Ich kenne keinen deutschsprachigen Autor, der mit solcher Intensität und so hochdifferenzierter Sprache die Verhältnisse zwischen Mann und Frau analysiert.« (Otto F. Walter) Gabriele Wohmann (geboren 1932) hat seit 1958 eine Vielzahl von Erzählungen, Kurzgeschichten, Gedichten, Theaterstükken, Hörspielen, Fernsehspielen und Romanen veröffentlicht, unter denen besonders »Ernste Absicht«, »Paulinchen war allein zu Haus«, »Schönes Gehege«, »Ausflug mit der Mutter«, »Frühherbst in Badenweiler« und »Der Flötenton« hervorzuheben sind. Die Autorin erhielt unter anderem 1971 den Bremer Literaturpreis, 1980 das Bundesverdienstkreuz 1. Klasse, 1985 den Stadtschreiber-Literaturpreis des ZDF und der Stadt Mainz, den Hessischen Kulturpreis 1988 und schließlich den Konrad-Adenauer-Preis für Literatur 1992. Marcel Reich-Ranicki urteilte über sie: »Gabriele Wohmann gehört zu den besten Erzählern der in den dreißiger Jahren geborenen Generation. Und im Bereich der Kurzgeschichte gibt es im gesamten deutschen Sprachraum nur sehr wenige Schriftsteller, die diese Autorin übertreffen oder ihr auch nur gleichkom-

69 »Literarisches Café« auf der Frankfurter Buchmesse, 3. Oktober 1992. An den Tischen im Vordergrund von vorn nach hinten: Matthias Altenburg, Franziska Stalmann, Helmut Kiesel, Gabriele Wohmann, Hanns-Josef Ortheil, Ernst Reinhard Piper

men.« 1960 schon hatte Gabriele Wohmann bei Piper den Erzählungsband »Sieg über die Dämmerung« publiziert – in diesem Sinne war der Wechsel von 1992 auch eine Rückkehr zu ihren Anfängen als Autorin. In der »Serie Piper« hatte der Verlag bereits 1989 die Komödie »Plötzlich in Limburg« veröffentlicht, es folgten jetzt der Roman »Ernste Absicht« (1992) – »Dieser Roman«, schrieb Rolf Michaelis 1970 in der FAZ, »setzt einen Markstein« – und die Erzählungsbände »Habgier« (1993) und »Ein Mann zu Besuch« (1993) sowie der Roman »Schönes Gehege« (1993). Ihr neuester Roman »Bitte nicht sterben«

(1993) erzählt vom Alter, vom Altern anderer und von der eigenen Angst vor dem Älterwerden. Im Umgang mit ihrer Mutter und deren beiden Schwestern begegnet der Erzählerin die entspannte Heiterkeit des Alters ebenso wie das nicht auszutilgende Wissen darum, daß es der unwiderruflich letzte Abschnitt des Lebens ist. Die ihr eigene, unnachahmlich raffinierte Mischung aus Amüsiertheit und Ernst hat Gabriele Wohmann in diesem Buch zu einer neuen Qualität gebracht, indem sie ein ungeliebtes, verdrängtes Thema in einer Weise zur Sprache bringt, die den Leser erschüttert und befreit.

Mit der Reihe »Familienwelten« erschloß sich der Piper Verlag einen der größten Wachstumssektoren auf dem deutschsprachigen Buchmarkt, die sogenannte Lebenshilfe, der inzwischen über 7000 psychologische Ratgeber in ihrer Zielsetzung entsprechen. Schon in den vorangegangenen Jahren hatte sich der Verlag innerhalb des Sachbuchbereiches ein Programmfeld Psychologie aufgebaut, das völlig unterschiedliche Buchtypen umfaßte, wie beispielsweise Patientenberichte, Bücher von Angehörigen und für Angehörige, theoretische Studien sowie Monographien und Bücher über bestimmte Methoden. Deren jeweilige Autoren vertraten verschiedene Schulen, wie etwa den Konstruktivismus, Psychoanalyse, Gestalttherapie oder den systemischen Ansatz. Allen Büchern aber war gemeinsam, daß die Intentionen auf einen verantwortlichen Umgang mit den großen Möglichkeiten, aber auch den Grenzen der Psychologie gerichtet waren. Die Bände der Reihe »Familienwelten« nun untersuchen Anspruch und Wirklichkeit von Familie, fragen nach neuen Formen und Gestaltungschancen des Zusammenlebens von Menschen und richten sich an Betroffene, Patienten und Angehörige. Sie versuchen, bei dem verantwortlichen Umgang mit anderen und mit sich selbst zu helfen und die Potentiale autonomen Handelns für jeden einzelnen zu entwickeln, indem sie die Prozessualität von individuellem wie kollektivem Handeln herausarbeiten und Prägungen, Interdependenzen und Alternativen bieten. Die von Rosmarie Welter-Enderlin und Bruno Hildenbrand herausgegebene Reihe ist interdisziplinär. Den ersten Band »Liebe, Ehe, Elternschaft. Die Zukunft der Familie« (1992) haben die beiden Soziologen Günter Burkart (geboren 1950), seit 1986 Hochschulassistent am Institut für Soziologie an der FU Berlin, und Martin Kohli (geboren 1942), Professor für Soziologie an der FU Berlin, verfaßt. Burkart und Kohli leisten durch ihre Untersuchung des Wandels und der Wirkungsmacht von sozialen Mustern einen wichtigen Beitrag zu dem »Anliegen, Einsichten in neue Gestaltungsmöglichkeiten von Zusammenleben in Familien zu geben, ohne zu belehren« – wie es in der Präambel zu den »Familienwelten« heißt. Autorin des zweiten Bandes der Reihe, »Paare – Leidenschaft und Lange Weile. Frauen und Männer in Zeiten des Übergangs« (1992), ist die Initiatorin Rosmarie Welter-Enderlin (geboren 1935). Die Paar- und Familientherapeutin in eigener Praxis, Gründerin und Leiterin des Ausbildungsinstitutes für Systemische Therapie und Beratung, ist Lehrbeauftragte an der psychologischen Abteilung der Universität Zürich. Der dritte und neueste Band der Reihe heißt »Weiterleben lernen. Chronisch Kranke in der Familie« (1993), Autoren sind der Medizinsoziologe Anselm L. Strauss und die Krankenpflege-Dozentin Juliet

M. Corbin. Es geht darin um chronische Krankheiten und ihre Auswirkungen auf das familiäre System.

Der Piper Verlag veröffentlichte unter dem Motto »aktuell« in der »Serie Piper« »›Redefreiheit ist das Leben‹ – Briefe an Salman Rushdie«, herausgegeben von Thierry Chervel. Am 14. Februar 1992 hatte sich die Morddrohung gegen den indischen Autor von Seiten der iranisch-islamischen Geistlichkeit zum drittenmal gejährt. Aus diesem Anlaß griff die Berliner »Tageszeitung« die Idee des deutschen PEN-Klubs auf, Schriftsteller aus aller Welt um ihre ganz persönliche Solidaritätsbekundung zu bitten. Man forderte zu diesen »Briefen an Rushdie« vor allem auch die Autoren auf, die sich sonst oft bei solchen Kampagnen zurückhalten. Unter den Beiträgern finden sich Namen wie Nadine Gordimer, Mario Vargas Llosa, Andrzej Szczypiorski, Margaret Atwood, Martin Walser, F. C. Delius, Günter Grass, Norman Mailer, Ilse Aichinger, Ralph Giordano und andere. Der Piper Verlag unterstützte zudem mit einem Teil des Verkaufserlöses dieses Bandes das »International Committee for The Defense Of Salman Rushdie«.

Im September 1992 wurde nach den ausländerfeindlichen Gewalttaten von Rostock die Verlegerinitiative gegen Gewalt und Fremdenhaß gegründet, der inzwischen etwa 100 Verlage angehören. Der Piper Verlag, der sich von Anfang an daran beteiligte, hat für den von der Initiative im Januar 1993 herausgegebenen Sammelband »Schweigen ist Schuld«, von dem innerhalb eines Jahres etwa 75000 Exemplare verkauft wurden, die Vertriebs- und Pressearbeit übernommen.

1993

Im Oktober 1993 startete der Piper Verlag eine neue Reihe, die »Serie Gesundheit Piper / C & H« und führte damit die bereits drei Jahre zuvor gegründete »Serie Piper Gesundheit«, die »Hilfe zur Selbsthilfe« bieten soll, auf noch breiterer Basis fort. Ziel des Vorläufers, der sich durch in Weiß gebundene Ausgaben deutlich als eigene Kategorie von den übrigen Titeln der Taschenbuchreihe des Verlages abhebt, war es gewesen, das immer wichtiger werdende Thema Gesundheit und Selbsthilfe in einer Reihe medizinischer Ratgeber an die Leser weiterzugeben. Autoren waren ausschließlich erstrangige Mediziner, die schon über Jahrzehnte auf die von ihnen beschriebenen ärztlichen Probleme spezialisiert waren, denen es aber dennoch gelang, ihr Wissen so zu vermitteln, daß sich auch der nicht vorgebildete Laie den Bänden ohne Verständnisschwierigkeiten widmen konnte. Bewährte Titel wie »Ich bin eine Frau« (1990) von Dr. med. Lucienne Lanson oder »Der Mensch ist so jung wie seine Gelenke« (1991) von Prof. Dr. Horst Cotta fanden dort ebenso Eingang wie Originalausgaben zu aktuellen medizinischen Problemen. Die »Serie Piper Gesundheit« war für den aktiven, mündigen Patienten gedacht, der auf das Gespräch mit dem Arzt besser vorbereitet sein möchte. Genau hier setzt die neue »Serie Gesundheit Piper / C & H« ein, nämlich dort, wo in der Regel das Arzt-Patienten-Gespräch endet. Immer mehr Menschen werden mit Krankheiten konfrontiert, die über längere Zeit oder sogar dauerhaft ihr Leben grundlegend verändern. In den Bänden der neuen Reihe werden alle Fragen nach möglichen Therapien und der sinnvollen eigenen Lebensweise beantwortet. Der Patient soll dadurch seine eigene Situation besser einschätzen und die Entscheidungen des Arztes über seine Therapie aktiv mittragen lernen. Dieser neue Patienten-Ratgeber erschien im ersten Jahr mit Untersuchungen zu rund einem Dutzend medizinischer Probleme.

Der Piper Verlag, der Max Beckmanns Werk bereits in den zwanziger Jahren gepflegt und mittlerweile den größten Teil seines schriftlichen Nachlasses publiziert hat, legte 1993 erstmals die Briefe des Malers in einer kommentierten, auf drei Bände angelegten Ausgabe vor. Der erste Band enthält über 300 zumeist unveröffentlichte Briefe aus der Zeit von 1899 bis 1925. Als Herausgeber zeichnen Klaus Gallwitz, Direktor des Städelschen Kunstinstituts in Frankfurt/Main, Uwe M. Schneede, Direktor der Hamburger Kunsthalle und Stephan von Wiese, Leiter der modernen Abteilung am Kunstmuseum Düsseldorf, unter Mitarbeit der Münchner Kunsthistorikerin Barbara Golz. Der zweite und dritte Band sollen in Jahresabständen folgen.

Jean Rouauds Roman »Die Felder der Ehre«, aus dem Französischen übertragen von Carina von Enzensberg und Hartmut Zahn, erreichte bereits im Erscheinungsjahr bei Piper drei Auflagen mit 21 000 Exemplaren. Rouaud (geboren 1952) arbeitete nach seinem Literaturwissenschaftsstudium unter anderem als Zeitungsverkäufer in einem Pariser Kiosk, bis er mit seinem ersten Roman »Les champs d'honneur« einen geradezu überwältigenden Erfolg erzielte: Das Buch erhielt den Prix Goncourt 1990 und verkaufte sich in Frankreich über 600 000mal; es wurde in 15 Sprachen übersetzt. In seinem als literarische

Sensation gefeierten Debütroman erzählt der Autor auf sehr persönliche Weise von wichtigen Stationen dieses Jahrhunderts, indem er sich an die drei Generationen umfassende Geschichte seiner eigenen Familie erinnert. Patrick Kéchichian schrieb dazu in »Le Monde«: »Jean

70 *Ernst Reinhard Piper und Christian Ude im Münchner Presseclub. Pressekonferenz für den von Bürgermeister Ude herausgegebenen Band »Münchner Projekte«, 21. Juni 1993*

Rouauds eleganter und bedeutungsvoller Stil, der jedoch nie übertrieben wirkt, wird aufs wunderbarste eins mit dem Rhythmus seiner Erzählung, die so perfekt konstruiert ist: die Spannung steigert sich zunehmend, das Chaos der Erinnerung wird beinahe unmerklich geordnet und gestaltet... ›Die Felder der Ehre‹ ist mehr als ein gelungenes Buch... es ist eines jener äußerst seltenen Bücher, die ihren Lesern eine aufrichtige Überzeugung zu vermitteln vermögen... Jean Rouaud ist ein begnadeter Schriftsteller.« Und die »Neue Zürcher Zeitung« sprach von einem »Buch wie ein kleines Wunder«.

Die ersten Bände einer sechsbändigen Werkausgabe Arthur Machens (1863–1947) erscheinen in der »Serie Piper«. Übersetzer ist Joachim Kalka. Der Roman »Furcht und Schrecken« gilt als Hauptwerk des Großmeisters der englischen Phantastik und ist gleichzeitig der erste Band der Werkausgabe, die die wichtigsten seiner für die anglo-amerikanische Literatur stilbildenden phantastischen Romane und Erzählungen umfaßt und bis zum Jahre 1995 vollständig vorliegen wird. Der englische Schriftsteller und Publizist Machen, der seit 1881 als Autor und Übersetzer in London lebte, war neben seinem Zeitgenossen Bram Stoker mit seinem »Dracula« der letzte große Vertreter der viktorianischen Phantastik und ebenso ein für die Moderne stilbildender Visionär. Die im April in der »Serie Piper« begonnene Ausgabe wurde im August mit »Botschafter des Bösen« fortgeführt: »Der Leser wird nicht so leicht diese gut gearbeiteten Alpträume vergessen, die mit ein wenig Phantasie und Mißgeschick durch seine Nächte geistern könnten.« (Jorge Luis Borges) Im Dezember schließlich noch erschienen als Band drei die Erzählungen »Die weißen Gestalten«.

1993 war auch das Jahr eines engagierten Unternehmens des Verlages, der von Piper initiierten interdisziplinären Vortragsreihe »Der neue alte Rechtsradikalismus«, die im Sommersemester an der Ludwig-Maximilians-Universität stattfand. In insgesamt sechs Vorträgen wurden Geschichte und Gegenwart des Rechtsradikalismus in Deutschland, die Ursachen für das Scheitern der ersten deutschen Demokratie und die Gefährdungen, denen die Bundesrepublik ausgesetzt war und ist, diskutiert. In der Einleitung Ernst Reinhard Pipers zur ersten Veranstaltung am 6. 5. 1993 hieß es:

»Der Piper Verlag... hat sich seit 1946 in seinem Programm immer wieder mit dieser Thematik beschäftigt. Ich nenne stellvertretend für viele andere die Autoren Karl Jaspers, Hannah Arendt, Alexander Mitscherlich, Joachim Fest, Peter Hoffmann, die frühen Bücher Ernst Noltes und aus der Reihe der Vortragenden Julius Schoeps und Peter Longerich. 1964 schrieb Klaus Piper: ›Ich glaube, viele Angehörige meiner Generation haben nach den furchtbaren Jahren der deutschen Katastrophe wie ich empfunden: Man kann nicht weiterleben, ohne nach den Ursachen dieser Katastrophe zu suchen, nach den tieferliegenden Krankheitskeimen, die, im Zusammenwirken mit den offensichtlichen politischen und sozialen Faktoren, zur Verblendung von Millionen und zu Verbrechen unvorstellbarer Art führten.‹ Diese Überzeugung bestimmt auch heute unsere Verlagsarbeit. Wenn wir Deutsche der Vergangenheit jemals entkommen wollen, müssen wir uns erinnern an das, was gewesen ist. ›Das Geheimnis der Erlösung liegt in der Erinnerung‹ heißt es in der Holocaust-Gedenkstätte Yad Vashem. Deswegen haben wir uns seinerzeit der unendlich mühsamen Aufgabe unterzogen, den Historikerstreit zu dokumentieren. Deshalb haben wir 1979 zur dritten Verjährungsdebatte den Band ›Völkermord kann nicht verjährbar sein‹ herausgebracht, einen Auszug aus ›Wohin treibt die Bundesrepublik‹, jenem großen Essay, den Karl Jaspers 1965 anläßlich der ersten Verjährungsdebatte geschrieben hat und der damals ein weittragendes Echo gefunden hatte.«

71 *Jürgen Habermas, Ute Habermas und Ernst Reinhard Piper bei der Eröffnungsveranstaltung der Vortragsreihe »Der neue alte Rechtsradikalismus« in der Ludwig Maximilians-Universität München, 6. Mai 1993*

Die Vortragsreihe »Der neue alte Rechtsradikalismus« erschien im Herbst 1993 in der »Serie Piper« als Buch. Herausgeber ist Ulrich Wank, der für Geschichte und Politik zuständige Lektor im Piper Verlag. Der Band versammelt die Referate dieser Vortragsreihe, deren Themen vom

72 *Veranstaltung anläßlich der Buch-Präsentation »Der neue alte Rechtsradikalismus« in der Humboldt-Universität in Berlin, 10. November 1993. Von links nach rechts: Thomas Schmid, Otto Schily, Herfried Münkler, Julius H. Schoeps, Detlef Graf von Schwerin, Ernst Reinhard Piper*

Antisemitismus als Konstante deutscher Politik (Julius H. Schoeps), über die Anfänge des Nationalsozialismus (Ernst Reinhard Piper), das Ende der Weimarer Republik (Peter Longerich), über die erste Krise der bundesdeutschen Demokratie (Otto Schily), den aktuellen Rechtsradikalismus (Thomas Schmid) bis zur Frage »Ausländer – die Juden von heute?« (Bassam Tibi) reicht.

1994

Im Jahre 1979 hatte Klaus Piper anläßlich des 75jährigen Bestehens das Selbstverständnis des Verlages für die vergangenen und dessen Aufgaben für die kommenden Jahre folgendermaßen formuliert:

> »Der Piper Verlag hat sich immer als moderner, als zeitgenössischer Verlag verstanden. Für antiquarische oder fachwissenschaftliche Interessen hielt und hält er sich nicht zuständig. Bücher zu verlegen, aus Überzeugung und Instinkt, die aus der geistigen Zeitbewegung kommen und wieder in sie hineinwirken, Werke von Originalität und Anregungskraft zu entdecken und zu verbreiten – das begreifen wir als unsere Aufgabe. Der Piper Verlag ist keiner Doktrin, keiner Ideologie verpflichtet. Der Begriff ›Offener Horizont‹ (den ich 1953 als Titel einer Festschrift für Karl Jaspers wählte) möge diese Haltung kennzeichnen. ›Offener Horizont‹ – das heißt auch bewußte Zukunftsorientierung.« (75 Jahre Piper, S. 8)

In diesem Jahr feiert der Verlag sein 90jähriges Firmenjubiläum. Die Aussage des Verlegers von damals hat noch heute ihre Gültigkeit, wenn sich auch die äußeren Umstände in vielerlei Hinsicht gewandelt haben. Damit sind nicht nur die politischen Veränderungen, sondern auch die mit dem Wechsel der Zeiten gewandelten Bedürfnisse der Leser und die daraus notwendig in anderen Schwerpunkten zu definierenden Aufgaben, Ziele und Programmfelder eines Verlages gemeint. Aber genau dafür

73 *Die Vertreter des Piper Verlages. Obere Reihe von links nach rechts: Thomas Jordan, Babette Giesecke, Guido Aellig, Friederike Albrecht-Rother, Ernst Sonntag, Gottfried Rother, Jochen Böge, Jochen Stamm. Untere Reihe von links nach rechts: Hans-Georg Sasse, Dorothea Domzalski, Olf Lenzing*

scheint die von Klaus Piper geäußerte Auffassung vom »Offenen Horizont« die richtige Losung.

Ein Unternehmen wie das eines Buchverlages definiert sich aber nicht nur über die Ideen und Vorstellungen der geschäftsführenden Verlegerpersönlichkeiten, sondern auch durch die seiner zahlreichen engagierten Mitstreiter und Mitarbeiter, die alle zum Erfolg beitragen. Deshalb seien sie am Ende dieser Chronik, die an dieser Stelle 90 Jahre Verlagsgeschichte beschließen und ein weiteres Jahrzehnt eröffnen will, einmal namentlich aufgeführt. Es sind dies im Sekretariat der Geschäftsleitung: Marianne Adickes (Ralf-Peter Märtin), Silvana Lux (Klaus Piper),

74 *Die Mitarbeiter des Piper Verlags im Winter 1993*

Obere Reihe von links nach rechts: Silvana Lux, Isabella von Douglas (verdeckt), Waltraud Wacht, Emmi Rech-Weidmann, Jette Hampe, Alexandra Hauser, Hildtrud Sandt, Michaela Kenklies, Monika Dobler (verdeckt), Cordula Starke, Martina Berger, Mareike Thoß, Wolfgang Schießl, Brigitte Poschmann, Friederike Specht, Klaus Koop, Ernst Reinhard Piper, Michaela Schießl, Klaus Piper, Michael Lemster, Ralf-Peter Märtin, Marianne Adickes, Tanja Graf, Uwe Heldt, Wilma Kotzam, Eva Fink, Paula Kollmer, Christina Scheungrab, Elke Verwohlt, Gerda Maneval, Petra Konerding, Ksenija von Malm, Eva Brenndörfer

Untere Reihe von links nach rechts: Brigitte Wolff, Anna-C. Brauckmann, Rita Purps, Cornelia Braesel, Roswitha Hoffmann, Siegrun Rönsberg, Eva Leupold, Klaus Stadler, Monika Haustedt, Susanne Jullien, Hanns Polanetz, Elke Tonn, Annette Wichlajew, Rauni Lange

Es fehlen: Hubert Bergmoser, Sigrid Bubolz-Friesenhahn , Renate Dörner, Petra Kollmaier, Christa Liebscher, Albrecht von Stosch, Ingrid Ullrich, Ulrich Wank

Ksenija von Malm (Ernst Reinhard Piper); am Empfang: Isabella von Douglas, Michaela Kenklies; in der kaufmännischen Leitung: Albrecht von Stosch; in der Abteilung Verträge: Mareike Thoß, Cornelia Braesel; im wissenschaftlichen Lektorat: Klaus Stadler, Renate Dörner, Ulrich Wank, Eva Leupold, Wilma Kotzam; im belletristischen Lektorat: Uwe Heldt, Monika Haustedt, Tanja Graf, Monika Dobler; in der Taschenbuchabteilung Serie Piper: Gerda Maneval (bis Januar 1994), Michael Lemster, Monika Reile; in der Abteilung Lizenzen: Friederike Specht, Eva Fink, Susanne Jullien; in der Herstellung: Klaus Koop (bis Dezember 1993); Michael Wörgötter, Hanns Polanetz, Brigitte Wolff, Roswitha Hoffmann, Hildtrud Sandt, Uwe Steffen; in der Abteilung Presse Hauptprogramm: Sigrid Bubolz-Friesenhahn, Elke Verwohlt; in der Abteilung Presse Serie Piper: Eva Brenndörfer, Cordula Starke; in der Werbung: Ingrid Ullrich (bis Januar 1994), danach Astrid Riedlbauer, Paula Kollmer, Alexandra Hauser; im Vertrieb: Hubert Bergmoser, Waltraud Wacht, Petra Konerding, Rita Purps, Annette Wichlajew, Emmi Rech-Weidmann, Martina Berger, Michaela Schießl; in der Poststelle: Wolfgang Schießl; und in der Buchhaltung: Brigitte Poschmann, Petra Kollmaier, Siegrun Rönsberg, Christa Liebscher, Christina Scheungrab.

Für den Piper Verlag sind als Verlagsvertreter tätig: Jochen Böge (Schleswig-Holstein, Niedersachsen, Hamburg, Bremen), Jochen Stamm (Berlin, Mecklenburg, Brandenburg, Bezirk Dresden), Dorothea Domzalski (Berlin), Olf Lenzing (Nordrhein-Westfalen), Babette Giesecke (Thüringen, Sachsen-Anhalt, Sachsen ohne Bezirk Dresden, Teile von Nordrhein-Westfalen), Hans-

Georg Sasse (Baden-Württemberg), Gottfried Rother, Friederike Albrecht-Rother (Bayern, Hessen), Thomas Jordan (Hessen, Teile von Nordrhein-Westfalen, Saarland, Rheinland-Pfalz, Luxemburg), Ernst Sonntag (Österreich), Max Kürz und Guido Aellig (Schweiz).

Im Jahre 1984 hatte Klaus Piper konstatiert:

> »Die Beschleunigung der Lebensprozesse hat das Klima für die Buchkultur verändert. Wir, die Büchermacher, sind aber davon überzeugt, daß in dieser Situation Bücher, die auf tausend Wegen Wahrheit suchen, in Zukunft erst recht ihre Aufgabe und ihre Notwendigkeit haben. Wir brauchen Bücher, die die Conditio humana unter den Bedingungen der ›postmodernen‹ Gesellschaft aus kurzfristigen Denkschablonen herausschälen und die unermeßliche Fülle des menschlichen Daseins immer wieder neu aufzeigen und ›zur Sprache‹ bringen. Was Bücher vermögen – und es ist nicht wenig –, hat mein Jugendfreund, unser Autor Robert Havemann, im Titel seiner Autobiographie ausgesprochen: ›Fragen Antworten Fragen‹. Piper ist ein zeitgenössischer und er ist ein Autorenverlag. Der Rang seiner Autoren bestimmt seinen eigenen Rang.« (Piper Almanach zum 80. Jahr, S. 10)

Diese Worte aus dem Piper-Almanach zum 80. Jahr des Verlags (1984) werden auch in Zukunft die Leitlinie des Hauses Piper sein. Denn »Lesen bedeutet doppelt leben«.

Namensregister

Nicht ins Register aufgenommen sind die Verleger Reinhard Piper und Klaus Piper.

Bildnachweis

André, Holger: Abb. 72
Bildarchiv Kultur und Geschichte: Abb. 35
Böhmer, Bettina: Abb. 47, 51
Cappellari, Ciro: Abb. 44
Foto-Joppen: Abb. 50
Kleinhans, Lutz: Abb. 39, 42
KNA Pressebild: Abb. 37
Köhler, Wolf-Dieter: Abb. 48
Koop, Peer: Abb. 52
Lemster, Michael: Abb. 60
Neumeister, Werner: Abb. 49
Ohlbaum, Isolde: Abb. 40
Piper, Hans: Abb. 36
Reisp, Günther: Abb. 63, 64
Reiss, Heide: Abb. 68
Sauerbier, Matthias: Abb. 57, 69
Schwarzott, Norbert: 65
Simon, Sven: Abb. 38
Strub, Christine: Abb. 61, 62, 66
Voigt, Karin: Abb. 34
Zimpel, Reto: Abb. 53, 54, 55, 58, 70, 71
alle übrigen Abbildungen: Archiv R. Piper GmbH & Co. KG, München

Der Blaue Reiter

Herausgegeben von Wassily Kandinsky und Franz Marc.
Dokumentarische Neuausgabe von Klaus Lankheit.
362 Seiten mit 161 Abbildungen. Serie Piper 300

Diese dokumentarische Neuausgabe des berühmten Almanachs, der die Entwicklung der modernen Kunst in Deutschland und dem übrigen Europa entscheidend beeinflußte, wurde besorgt von Klaus Lankheit, em. Ordinarius der Kunstgeschichte an der Universität Karlsruhe und Honorarprofessor an der Universität Heidelberg. Die Ausgabe bietet den vollständigen, unveränderten Originaltext und sämtliche Abbildungen der Ausgabe von 1912, die schon damals im Piper Verlag erschien, sowie einen dokumentarischen Anhang, vor allem einen Katalog sämtlicher Textbeiträge und Abbildungen, wie er den heutigen Erkenntnissen und Erfordernissen der modernen Kunstwissenschaft entspricht.